学校发展论著

林天伦 著

中山大学出版社
·广州·

版权所有　翻印必究

图书在版编目（CIP）数据

学校发展论著/林天伦著．—广州：中山大学出版社，2022.7
ISBN 978 - 7 - 306 - 07560 - 4

Ⅰ.①学… Ⅱ.①林… Ⅲ.①学校管理—研究 Ⅳ.①G47

中国版本图书馆 CIP 数据核字（2022）第 104024 号

出 版 人：	王天琪
策划编辑：	谢贞静
责任编辑：	黄浩佳
封面设计：	曾　斌
责任校对：	廖丽玲
责任技编：	靳晓虹
出版发行：	中山大学出版社
电　　话：	编辑部 020 - 84110283，84113349，84111997，84110779，84110776
	发行部 020 - 84111998，84111981，84111160
地　　址：	广州市新港西路 135 号
邮　　编：	510275　　　　　传　真：020 - 84036565
网　　址：	http://www.zsup.com.cn　　E-mail：zdcbs@mail.sysu.edu.cn
印 刷 者：	广东虎彩云印刷有限公司
规　　格：	787mm×1092mm　1/16　17.5 印张　320 千字
版次印次：	2022 年 7 月第 1 版　2022 年 7 月第 1 次印刷
定　　价：	58.00

如发现本书因印装质量影响阅读，请与出版社发行部联系调换

自序：在淬炼中成长

奥斯特洛夫斯基说："人的一生可能燃烧也可能腐朽，我不能腐朽，我愿意燃烧起来！"回看自己与教育结缘的历程，说不上波澜壮阔，但也跌宕起伏；说不上灿烂夺目，也在自觉努力燃烧。十七岁从教，踩在时代的鼓点上，一路奔跑，一路前行。从高考落榜生到"双一流"建设大学博士，再到国家"双一流"建设大学教授、博士生导师；从乡村小学一二年级复式班民办教师到重点中学校长，再到国家"双一流"建设大学中层管理者，到再任中学校长，角色的不断变换与历经了四十多载的淬炼，使自己成为"全学段的学生""全学段的教师"和"全角色的校长"①。

◆ 履职民师，发现自我

1979年7月，我毕业于罗定中学高中尖子班，高考却榜上无名。时值基础教育学制从"522"②向"633"③回归，各地逐步复办初三和高三。所属的公社④中学也要复办初三年级，一时间数理化教师紧缺。时任教育组⑤组长托人问我，是否愿意在镇上当民办教师，任教初三年级的数学、物理或化学。对于落榜的农家子弟，这无疑是一条不错的出路，既不用在农田里干活，又可以边教边学边考，因而我愉快地接受了。没过几天，所属大队⑥的附中，一个任教初一语文的民办教师突然辞职了，教育组领导找到我并希望我去接替他的工作，我同意了。可任教不久，该老师回来了，我就成了多出来的教师。校长找我谈心，给了两种选择：要么回到所属村庄任教小学一二年级复式班，要么自谋他事。此情此境，我决定不当民办教师了，回高中母校复读，来年再参加高考。回到母校，恰好在校园里遇见了母校的校长，心里暗喜；可当校长说，班

---

① "全学段的学生"指读过小学、初中、高中、专科、本科、硕士、博士；"全学段的教师"指教过小学生、初中生、高中生、专科生、本科生、硕士生、博士生；"全角色的校长"指先做校长，后研究校长、指导校长、遴选校长，再度出任校长。
② "522"指小学5年，初中、高中各2年。
③ "633"指小学6年，初中、高中各3年。
④ "公社"现在一般称"镇"或"乡"。
⑤ "教育组"后称"教办"，现一般称"中心小学"或"教育指导中心"。
⑥ "大队"后称"管理区"，现一般称"村委会"。

额已满、没有空位,不能安排复读时,我心里实在难过。于是,带着无奈的心情回到村子,接受了任教小学一二年级复式班的命运安排。两个班共20来个孩子,分坐在两间房子。当给一个年级的学生上课时,另一个年级的学生就看书、做练习;上课、游戏等都由我全包起来,日复一日……孩子们挺乖,课间休息时个别孩子还会拿着芭蕉扇给批改作业的老师扇凉。任教一年半后,那个语文教师又辞职了,于是我重新接替了他的工作。

1982年,肇庆教育学院(现肇庆学院)数学系招收专科函授班,学员毕业后可以拿到专科毕业证。如果是民办教师报读,毕业后仍然是民办教师。尽管不是理想选择,我还是报考并被录取了。此时传来了一个消息,肇庆教育学院英语系招收大专班,学员入学后可享受全日制专科生待遇,但要考语文、政治、历史、地理、英语五科。我顿时喜出望外,可自己读高中时学的是理科,毕业后也没任教过英语,怎么办?但想着机会难觅,我还是决定要去搏一搏。去报考时,相关人员不让报名,理由是我不任教英语,报考的人都是任教英语的民办教师。领导见我报考愿望强烈,后来还是同意了我报考。于是,焚膏继晷,夙兴夜寐,边教学边备考。终于,笔试成绩发榜了,入围了,面试了,通过了,被录取了。我终于有机会入读高等院校,成为家族里的第一个"大学生",从此,更坚信"天道酬勤,力耕不欺"之古训。

入学后发现,与那些英语民办教师出身的同学相比,作为理科生的我,太需要追赶了。唯有发奋努力才能对得起这来之不易的深造机会。默写单词、背诵课文、记忆语法、练习听说……经过半个学期的锤炼,各科成绩上来了,从跟跑、并跑变成了领跑。因学习的不断进步,我经常受到王春焕、伍桂林等老师的表扬,并成为他们口中鼓励我的师弟师妹们发奋学习的"榜样"。1984年6月,我如期毕业,学业优秀。

◆ 任职母校,成就自我

毕业后,我被安排到母校——罗定中学负责初二年级3个班的英语教学。母校是一所老校、名校,年轻教师不多,适逢启动教育教学改革,英语教学改革的担子自然就落在年轻教师身上。用英语上课!这在当时算得上是一种改革创新。不久,地级市教研员深入我课堂听课,听后予以高度评价。校长也在全校教师大会上肯定和表扬我的课堂教学改革。初出茅庐的我,很快被老师们关注起来了。慢慢地,越来越多的教师来听我的课。甚至有一次,到课堂来听课的老师比学生还要多。随后,因教学改革的需要,相关部门决定对我的课堂进行录像推广。鉴于当时学校不具备录课条件,相关部门让我到当时罗定师范学校的教室里上课、录课。

1985 年，我迎来了专科升本科的招生考试机会。我报考并被广东教育学院（现广东第二师范学院）录取，脱产攻读本科英语专业，与来自全省各地的同学一起享受带薪读书的优越条件。领导器重我，让我担任了外语系团总支副书记。学习之余，我组织团员们开展形式多样的社会实践，深入了解与服务社会。

1987 年 6 月，我毕业后回到原任教学校，负责高二英语教学。当时高二学生中的大多数读初二时，就是我任教的。1988 年 9 月，我开始任教高三。1989 年 9 月至 1994 年 7 月连续五年任教高三并担任班主任，前面四年担任理科班班主任，第五年担任文科班班主任。我每年接手的都是高二年级结束时成绩靠后的班，但经过一年的悉心管理，后来都成了靠前的班，累计有 3 人考上北京大学，1 人考上清华大学。

1994 年 9 月起，我继续任教高三英语，并先后担任学校工会副主席、党总支副书记、副校长；1998 年 3 月成为罗定中学第三十任校长，兼任学校党总支书记。担任副校长、校长期间，我读完了硕士研究生课程，并获得了北京师范大学教育经济与管理专业硕士学位。

从 1998 年到 2001 年，罗定中学每年高考在省属大专线以上人数不断攀升，312 人，411 人，473 人，632 人！2001 年相比 2000 年实现了两级跳攀升，大家欢天喜地。在上级的大力支持下，学校组织了入围省属大专线以上的所有学生和高三教师前往肇庆星湖、鼎湖开展一日游，兑现了考前对高三师生许下的集体奖励的承诺。

2001 年 8 月，2002 届高三开始上课。该届学生高二升高三时考试成绩并不如意，与 2001 届同期相比有一定差距，在动员大会上我说："你们十几岁，就不爱读书，我几十岁了，还想读书！"话音刚落，便听到下面"是吗？"的回应。面对突如其来的反问，我愣了，稍微思考，便说："是的，我要考博士。"学生随即报以掌声。动员大会结束后，静心反思，才发现自己实在太冲动了。"要考博士"，谈何容易。自己刚刚才拿到硕士学位，读硕士以及撰写硕士学位论文时的煎熬与劳累还没完全消退，就又要上"战场"了！然而，一言既出，驷马难追。既然承诺了，就要付诸实践，就要让"考博士"成为释放自身潜能、激发学生学习斗志的力量。

为了提高对这届学生的培养成效，我推行了多项改革举措：减轻教师班额负荷、夯实基础知识、深化课堂改革、加强备考研究、启动八圈长跑等。我也亲自任教高三两个班的英语并担任这两个班的总班主任，带领高三师生长跑八圈。这学年，我就在"科任教师、总班主任、校长、备考博士的考生"等多种角色的平衡、协调中度过。大家一年辛劳的付出结出了硕果，2002 年高考又创辉煌，进入省属大专线以上的人数达 728 人，比上年增加了 96 人，有 1 人考上北京大学；与此同时，我也考上了北京师范大学全日制博士研究生。

1998 年至 2002 年，在我任校长近五年的时间里，学校实施了一系列改革创新举措，教育教学质量大幅度提升，实现了考上省属大专线以上的学生人数从 312 人到 728 人的飞跃，累计有 7 人考上北京大学、2 人考上清华大学。2000 年，我被国务院授予"全国先进工作者"称号，同年 11 月《中国教育报》以《林天伦的办学思想与实践》为题进行了报道。

◆ 重做学生，革新自我

收到北京师范大学博士研究生的入学通知书后，考虑了多方因素之后，我向组织提出辞去校长兼党总支书记的职务。组织同意我去攻读博士但不批准我的辞职申请，也不允许我把攻读博士之事告知老师们。根据组织的要求，入学后我仍然担任校长兼党总支书记。

2002 年 9 月上旬，我携带着行李来到了北京师范大学报到，过上了学生生活，成为首都市民，师从当时北京师范大学最年轻的博士生导师褚宏启教授攻读博士。

从校长到学生的角色转换意味着从自己主讲到听人主讲、从协调人际到专注看书、从事务处理到知识整理、从生活语言到学术语言、从实践改进到理论创新……转变的过程既充满挑战，也难免有倦意。"边看书边打瞌睡，边打瞌睡边用冷水洗脸"就是我第一个学期的常态。诚然，我就是在这样的过程中不断挑战自我、锻造自我，实现了自我的革新。

2003 年春节回家度假，我再次向组织提出辞请，组织同意了。寒假结束后，我回到了北京师范大学专心致志做学问。此时，北京遇上了"非典"，学校封闭管理，自己每天都在看书思考、预防感冒却又在感冒中度过。

"非典"结束后，我恢复了正常的学习生活，每天过着看书、听课、汇报、讨论、调研、写作、健体等简单而充实的生活。

不知不觉，到了选题、开题阶段。老师们常说，一个好的选题就是研究的一半。选什么题？怎样的题才是好题？这两个问题在相当长的一段时间里日夜萦绕着我。在图书馆寻找不到灵感，我有时候就一大早背上书包、带上馒头、骑上自行车到学校附近空气清新、环境清静的公园里苦思冥想，以图找到答案，可就在静静思考时，大叔大婶来晨运了，打破了公园的宁静。一天中寻找灵感的最佳时间也就这样过去了。离开题的日子越来越近，可研究的题目仍未确定。一时觉得这个题目有意义、易研究，可细想后发现很难驾驭；一时觉得那个题目有意义、易研究，可深思后发现困难重重。好不容易，最后把选题关注点定在了"中小学校长领导力研究"和"中小学校长影响力研究"上。在导师的悉心指导下，经过深入考量，选定了"中小学校长影响力研究"作为研究题目。2005年6月，我顺利通过了答辩。

读博这三年，教育管理学院邱明杰书记等领导、老师对我厚爱有加，视我为同事，邀我一起参加院里的教职工活动；教育学院的靳希斌伉俪以及其他老师也常关心、指导我；时任学校党委书记陈文博和他的太太，尽管我是在入学后的一次偶然机会拜识的，但他们也十分关心我的学习和工作；时任学校党委副书记的唐伟老师也经常过问我的学习；导师和师母对我的学习和生活更是关怀备至。

◆ 择业高校，发展自我

2005年7月，我应聘到华南师范大学公共管理学院，从事教学、科研工作。从中学来到大学、从为高校输送学生到培养高校的学生，无论是价值取向、教育理念，还是学科知识、教学方法等都颇具挑战性，但艰难是追求上进的表征，是事物发展的必然，是使人聪慧的源泉，也是成就非凡的机会。忘记过去，从零开始，按照华师的要求革新自我、塑造自己——教学、写论文、申报课题、晋升职称、服务基础教育等。功夫不负有心人，2010年，我通过了教授职称的评审，同年通过竞岗担任华南师范大学教务处副处长，分管基础教育服务和师范生培养工作；2012年通过了博士生导师的遴选。

在教务处工作期间，根据学校、处领导的指示精神，我主要抓好两方面的工作：一是深化师生培养改革，二是提升培养质量。为此，以项目带动的形式开展培养改革的探索，"卓越教师全程优化培育""华南师范大学卓越教师培养协同育人中心"等获省级立项，"华南师范大学卓越教师全程优化培养实践基地""卓越中学教师'三位一体'协同培养模式的理论与实践"等获国家级立项。

随着改革项目的推进，我们明确了师范生的培养目标为"骨干专家型教师"，开发了"想、信、爱、能、会"五位一体要素结构；对培养主体、课程设置、培养策略、平台建设、实践教学、队伍建设等过程要素展开改革探索，构建了协同性的培养主体、层次性的课程结构、多样性的培养策略、立体性的平台建设、丰富性的实践教学、引育性的队伍发展等"六性"培养体系，形成了"五维六性"的师范生培养特色。同时，构建并实施了"分段式、层次性四年一体"实践教学模式，将实践教学贯穿师范生培养全过程；成立了"华南师大－普通中小学"协同发展联盟，通过互惠共生机制吸引了遍布粤东、粤西、粤北及珠三角地区的160多所知名中小学（以国家级示范性高中为主）加盟，聘请这些学校的校长和名师担任"名校长/名教师讲堂"的讲座教授或兼职教师，他们通过个别指导、专题讲座、课程共建、课题共研等形式参与指导、培养师范生；组织编印了《华南师范大学师范生培养100问》，导引培养的开展。

一系列改革探索取得了可喜业绩。我多次应邀在全国性会议上进行师范生（卓越教师）培养经验交流，多篇论文在《教育研究》等教育类顶级刊物上发表，实践教学成果获广东省教学成果二等奖。在教育部主办的"东芝杯·中国师范大学理科师范生教学技能创新大赛"中，华南师范大学连续八届（截至2019年）累计获奖人数及一等奖（冠军）人数均居全国第一。

2019年4月，我担任华南师范大学教师教育学部副部长，不再担任教务处副处长；2020年不再担任教师教育学部副部长。

◆ 再任校长，考验自我

2019年8月30日，华南师范大学选派我担任华南师范大学附属南沙中学校长。就任仪式上，我提出了自己履职的四大任务：理清学校基本概况、完善学校发展方略、引领方略有效实施、办成"特色凸显的现代化名校"。随后，我深入研读了习近平总书记有关教育的重要论述、相关法律法规、社会主义核心价值观、国家新发展理念、中国学生发展核心素养、南沙教育发展理念以及华南师范大学校训，分析了学校发展的期盼及困境，在此基础上构建了学校的发展方略，我将其表述为"围绕一个体系、突出一个目标、聚焦两个重点、实施五种策略"（简称"1125"方略）。"围绕一个体系"是指学校工作围绕由校训、办学理念、办学目标、培养目标、学校精神、校风、教风、学风等八要素组成的办学理念体系展开，"突出一个目标"就是把学校办成"特色凸显的现代化名校"，"聚焦两个重点"就是"提高师生员工综合素质""提升教育教学质量"，"实施五种策略"分别指"三鼓""四抓""五研""六变"和"七强"[①]。创新学校治理，构建方略导引下的"双线七位一体"现代学校治理

---

① "三鼓"指鼓舞学生学习斗志、鼓励学生积极发问、鼓足教师工作干劲；"四抓"指抓好校园文化建设、抓好学生良好行为养成培育、抓好学生社团建设、抓好设备设施的配齐与育人功能的开发；"五研"指研读《习近平谈治国理政》、研读相关法律法规、研究学生心理和学习、研究中考和高考备考、研究师生评价；"六变"指人的发展观念要变、思维方式要变、教学方法要变、人与人之间的关系要变，对待工作、学习的价值认识要变，对待自身的工作、学习评价要变；"七强"指强化高质量发展意识、强化生命教育、强化党政工团队家的建设、强化学生自我管理、强化教学改革与创新、强化竞赛组织与辅导、强化校外合作。

模式、"一目标四举措"育人模式、"三层五维"德育模式,大力推进课堂改革,发展素质教育,着力通过实施具有前瞻性、系统性、特色性的改革提供"适合的教育",把学生培养成"更满意的自己,能报国的人才",把学校办成"特色凸显的现代化名校"。

学校发展方略的逐步实施使立德树人各方面都发生了极大变化,使学校迈进了高质量发展阶段,受到了上级领导和兄弟学校好评,获评为"广州市教育工作先进集体",现代化名校特色凸显。2022年3月,中央新影发现之旅频道《聚焦先锋榜》以"崇学明理,创新致远"为题介绍了学校立德树人的概况,时长15分钟。

◆ 研究改革,贡献自我

改革开放以来,党和国家高度重视教育,颁布了一系列政策法规,涉及的改革内容十分丰富,包括简政放权、"放管服"、实施素质教育、发展素质教育、公平发展、高质量发展、教育现代化、立德树人、核心素养培养、招考改革、课程改革、加强队伍建设、强化党的领导、评价改革、办人民满意的教育等。

一系列教育改革创新的要求为我的研究指明了方向、明确了重点。基于教学、研究和管理经历,我选择了课堂教学、学校管理、教师专业发展、校长专业发展等领域作为研究的关注点、切入点,取得了一定的研究成果。自2001年至2020年,共刊发了36篇论文:论及课堂教学3篇、学校管理8篇、教师专业发展12篇、校长专业发展13篇。有些成果被《新华文摘》和中国人民大学书报资料中心《中小学学校管理》全文转载。

学校的发展是内外因素互动、多种要素协调联动的结果。在众多的要素中,校长、教师、教学、管理等起着至关重要的作用。因此,《学校发展论著》主要从校长专业发展、学校治理、课堂教学改革和教师专业发展等四个角度探索学校的发展。

人们常说,一个好校长就是一所好学校。好校长,其"好"在哪儿?首先是"心好",要有正确的教育观、育人观、发展观,能提出战略性、系统性、特色性的办学理念体系;其次是"脑好",要能制定出具有前瞻性、激励性、符合学校发展实际的具体管理制度和措施;最后是"手好",随着理念、措施的出台,要培养管理团队,以身作则带领大家实施学校的办学理念体系。然而,一个校长如何才能成长为好校长?校长的好与学校的好怎么才能联系起来?"校长职业进阶"章节作出了回应。

国家治理体系和治理能力现代化要求学校治理现代化。无论是管理抑或是治理，都要求激发人的主观能动性，释放人的参与潜能。"学校治理探索"章节提供了一些可参考的做法。

课堂是落实立德树人根本任务、发展素质教育、培养学生核心素养的主渠道，课堂改革是教育改革的"最后一公里"，是深水区。如何改革课堂、构建什么样的课堂，才能真实诠释"教师主导、学生主体""合作、探究、自主""育心育智并举"等理念？"课堂教学改革"章节提供了参考借鉴。

教育大计，教师为本。有好的教师，才会有好的教育。好老师的塑造涵盖教师职业发展的全过程，既受入职前培养的影响，又受入职时培训的影响，更受入职后实践研修的影响。每一个阶段如何去影响？从哪些方面进行影响？造就卓越教师是大家的共同关切，然而，卓越教师应包含哪些要素？怎样练就这些要素？"教师专业发展"章节提供了理论诠释和实践借鉴。

结缘教育几十年，既在教育改革创新中成长，又一定程度上研究、促进了教育改革创新。出版《学校发展论著》，一是为了整理以往的研究成果；二是便于与教育研究同仁进行对话交流，三是便于为教育实践同仁提供借鉴参考。

一步步的前行让我坚信：有一种力量能点石成金，那就是"教育"；有一种信念能超越平凡，那就是"能发展"；有一种精神能滴水穿石，那就是"坚韧不拔、勇毅前行"。

回望过往，我之所以能在淬炼中成长，不仅因为个人与时俱进、持续奋进，更因为一路上得到了领导的认可和支持，老师的教导和指引，同仁、同学的信任与帮助，亲友、门生的鼓励和关爱，家人的付出与陪伴。在此，致以衷心的感谢！

特别感谢洪成文、张爽、王本中、王楚松、杨宝祥、吴国通、陈科妮、张俊友、茅锐、张文青、刘义国、彭上观、张伟坤、刘喆、陈思、邓亮、陈国香、王库、胡元琳、刘荣华、余晓标等友人为本书的出版做出的贡献！

2022 年 3 月 30 日成文于南沙华附

目 录

第一章 校长职业进阶 ··· 1

学校管理者如何成为有效管理者
——以魏书生为例 ·· 2
中小学校长影响策略现状与分析 ·· 10
校长的影响需要与影响方式研究 ·· 16
捡，还是不捡？ ·· 23
校长影响力生成与提升策略探析
——基于教师对校长影响方式期待倾向的思考 ················ 27
有关校长影响力的几个基本问题 ·· 36
影响校长影响力的因素分析 ·· 45
校长影响力的形式及其相互关系 ·· 52
我国中小学校长胜任力研究述评 ·· 58
中小学校长胜任力结构要素及其解读 ·································· 68
中小学校长胜任水平、影响因素及提升策略 ······················· 76
中小学校长负责制30年：困境与对策 ································ 87
中小学校长职级制施行的现实情境与破解之策 ···················· 96

第二章 学校治理探索 ··· 105

这支队伍该怎么带？ ·· 106
学校管理的目标激励分析 ·· 111
中美英三国学生纪律处分制度的比较研究 ·························· 118
学校管理的升华：使工作富于激情 ···································· 125

书包限重：再次聚焦"减负" ·· 129

基于博弈论的师生冲突分析 ·· 137

美国公立大学发展新理念与筹资战略有效性研究

　　——以印第安纳大学为例 ·· 144

薄弱学校委托管理制度建设：困境与出路 ···························· 151

第三章　课堂教学改革 ·· 163

"六个一"课堂教学的理论与实践 ···································· 164

论生成教学的特征、原则与实施 ······································ 170

谨防课堂教学对新教材本义的偏离 ···································· 177

第四章　教师专业发展 ·· 183

教师教育叙事与身份认同：关联及有效性前提 ························ 184

顶岗实习：助推教师教育人才培养模式改革 ·························· 188

中小学特级教师结构现状及其发展对策

　　——基于广东省的实证研究 ······································ 193

骨干专家型教师"五位一体"培养模式构建与实践 ···················· 201

中小学"教师资格统考"制度实施的若干思考

　　——基于《教师教育课程标准》的视角 ·························· 207

分段式、层次性四年一体教育实践模式构建与实践 ···················· 214

卓越教师培养的实践探索 ·· 219

"一体三维多元"师范生实践能力养成机制：构建与实践 ·············· 224

教育实践工作坊的构建与应用研究 ···································· 232

新时代与新师范：背景、理念及举措 ·································· 240

学科课程与教学论教师专业发展：现实困境与突围路径 ················ 250

构建"五位一体"的教育实习质量保障体系

　　——以华南师范大学为例 ·· 261

第一章

校长职业进阶

学校管理者如何成为有效管理者
——以魏书生为例

【摘　要】 20世纪管理理论经历了古典组织理论、人际关系学说、系统论和权变理论的发展历程。尽管不同时期产生不同理论，但这些理论都在担负着一个共同的使命：使管理成为有效的管理。本文以《魏书生的"关系"哲学》一文为蓝本探寻其管理之所以有效的因素，提出有效的管理不是一种理论引致的结果，而是多种理论协同作用的产物。

【关键词】 系统；协同；有效

随着管理活动的出现，人们就一直不停地关注其有效性，因而形成了众多观点和思想，进入20世纪，管理研究更是走过了一段不平凡而又卓有成效的历程。随着以科学管理理论为先驱的古典组织理论的兴起，人际关系学说、系统论、权变思想等接踵而来。尽管不同研究者看问题的视角有异，不同时期会诞生不同的管理理论，但研究者们及其理论都在践行着同一使命：使管理成为有效的管理。

说到有效的管理，笔者不自觉地想起了魏书生。笔者曾聆听过其一次演讲，读过关于他的采访报道，最近再读李理的采访《魏书生的"关系"哲学》一文，越读越发现他的管理实践蕴藏着丰富的现代管理理论，折射着科学管理、人际关系学说、系统论、权变理论等的思想精髓。他出色的管理不是这些思想单独引致的结果，而是它们协同作用的产物。可以说以这种思想从事管理，无论是他抑或是他人，成为有效的管理者都将是一种必然！

有鉴于此，笔者以《魏书生的"关系"哲学》一文为蓝本，试图透析其管理有效的主要因素，以与读者商榷。

一、系统思想

随着1937年美籍奥地利生物学家贝塔朗菲第一次提出了"一般系统理论"以后，系统思想成为人们思考自然与社会发展的重要参考框架。系统思想反映到学校组织就是将学校视为"为了特定目的而作为整体发挥作用的一系列相互关联的要素"。学校的发展就是这些要素相互作用的结果。这种系统思想更是获得了彼得·圣吉的青睐，在他的《第五项修炼》一书中，系统思考被排在了首位。

在学校管理中，系统思想主要表现为构成管理的各种要素，以及它们之间的一种关系，而这种关系具体表现为相互作用、相互影响，如校长可以影响老师、学生，而老师、学生又可以影响校长，人可以影响工作，而工作又可以影响人，人可以影响环境，而环境也可改变人，等等。正是这种相互影响发挥着事物单方面不能实现的作用，从而促进事物整体优化发展。这就是系统思想的价值所在。

透过魏书生对其管理实践描述的分析，人们会发现系统思想在统领着他的管理行为。这种系统思想首先体现在管理者与被管理者的关系处理上。管理者为被管理者服务，且在服务过程中又获得服务，提升自我；而被管理者在接受服务的过程中又服务管理者，促进管理者的发展。正如魏书生所说："我和学生是一家人，他们都帮着我出主意，我也帮学生出主意，合力大于分力之和。总也没有管学生这个心态，而是为了学生好。到后来当了校长，包括现在这个活儿（教育局长），都坚持一条：不是管人家，而是为人家好。为人家好，人家就容易接受，大家共同把事情做得更好，让每个人活得更好。"

其次是人与工作的系统。人原本是因工作而成为人，人不能脱离工作而存在，可现实中人们并非都热衷于工作尤其是本职工作，因而总避免不了出现怠工、工作无精打采或者得过且过的现象。因而，让人们神化工作意义的认识、从工作中发现乐趣是使他们有效工作的前提，更是管理者获得管理有效性的基础。人与工作之间的关系在魏书生那里得到充分体现，如他说："地球上任何一份平凡的工作当你全身心去做的时候，它都是一个宏大的世界，都有无穷无尽的学问。工人做工，车零件、焊器物，农民种田、养鸡、养猪、养花，干进去，真的都是宏大的事情，就在于你能不能全身心地投入。我说，人和工作之间有五种境界：一、无心无意；二、三心二意；三、半心半意；四、一心一意；五、舍身忘我。当你进入舍身忘我的境界，做这份平凡的工作时才感到一花一世界，一叶一如来。一杯水一个世界，一滴水一个世界，一个水分子一个世界，这样你钻研起来当然有无穷无尽的乐趣。如果你不这么看，很容易瞧不起有些行业，就容易静不下心来，守不住宁静，你自然灵魂流浪、精神漂泊、思想浮躁。"

正是对人与工作之间关系的这种认识促使魏书生干一行爱一行成就一行，正如他说："愿意多做事，高高兴兴地做事，做了一件事又一件事。"

第三是大与小系统。大与小是个相对概念，正所谓大可化小而小可变大，因此，这种大与小就得因事情性质及时空而定。如学生做操出勤不出力这一现象可以是大事也可以是小事，如把它仅视为一种做操行为，它可以是小事，如把它视为一种学风、人风的反映，那就是大事了。大与小系统要人们以权变思想思考和处理事情。在大与小的关系处理上，魏书生有这样的表达："'处天外遥望，地球很小；居体内细察，心域极宽。'我用前半句话鞭策自己把大事看小，出得来，放得下，输得起。但如果这样就容易消极避世，所以我用后半句解决这个问题，不小看自己，自己是一个宏大的世界，宏观上极其渺小，微观上非常宏大，那么就要尽到生存的责任，自己都是世界，那眼前做的更是一个世界，拿过来，有滋有味地去做。那活得就便宜，尽到了责任，尝到了乐趣儿。"

第四是内与外系统。内与外也是个相对的概念。内可以影响外而外又可以促进内，如一学校发展起来了可以改变外界的评价，而外界的评价又会影响学校的发展。在内与外的关系上，辩证唯物主义认为内因是事物发展变化的根据，外因是事物发展变化的条件，外因通过内因而起作用。这种内外关系的处理会影响学校组织管理的有效性，如现实中总有一些学校管理者把学校发展不起来归结为政策、制度不好，而在魏书生看来，内因是主要的，因而他说："我还是比较清醒，知道咱活在老百姓生活水平不太高的阶段，所以用不着出国转一圈回来埋怨国家落后。有了现实感就知道在自己活着的这段中国能达到什么水平，这样，面对政策和政策打架、制度和制度碰撞等现象就不至于愤懑、不平衡。"

二、科学管理

20世纪初，泰罗等管理先驱就意识到有效的管理需要"有效的制度"，而在他看来，"制度"就意味着建立规章、建立标准和程序。在他的努力下，一种主要包含四方面内容的管理"制度"就诞生了，后来人们把它称为科学管理理论。科学管理理论的目的在于为管理寻找方法、秩序和效率，而有效率与否决定于方法和秩序，因而可以说科学管理理论主要关注管理方法与秩序。为了获得有序的管理，科学管理理论特意要求对管理者和工人在工作与职责上进行划分，如其中一要点曰"管理当局与工人在工作和职责上的划分几乎是相等的，管理当局把自己比工人更胜任的各种工作都承揽过来"。依据这一要点，管理者从事管理工作必须弄清楚自己"是什么"、明确自己"要做什么"、知道自己如果不做"会怎么样"，只有这样，管理才有秩序，才能产生效率。

从魏书生对其管理实践的描述中可以发现他对科学管理思想的青睐，以及科学管理为其成功而做出的贡献。他将其成功归因为"一靠民主二靠科学"，并说"'科学'则是将这种热情用制度、程序落实在具体的时间和空间上，有了民主和科学，很多事真的就好办了，做起来就比较省劲儿"。

说科学管理思想在魏书生的管理实践中有着充分的体现不仅仅是因为他说

了"一靠民主二靠科学",而是他的管理实践充分反映了科学管理的思想。

如前所说,管理者从事管理必须首先清楚自己"是什么"、明确自己"要做什么",然后再把思想固定在要干的事情上,把精力投放到待做的事情上。"是什么"决定"要做什么","做什么"是角色规定性。这种思想反映到学校管理工作中就要求管理者明确自己的角色定位,坚守工作岗位。

影响学校管理的因素有很多,如上级教育主管部门、兄弟学校、学生家长、学生、同事等等,他们的意见都会左右我们的工作。然而,究竟谁的意见最重要,这就取决于我们"是什么",以及"要做什么",魏书生的成功就在于明确了自己的角色,找准了工作方向,并且朝着方向持续努力。

作为一个学校管理者,知道自己"是什么",以及"要做什么"之后,要求鉴别出谁是真正的服务对象,只有目标明确了,管理者的时间和精力才能用于刀刃上,才能体现投入与产出的正向关系。魏书生的成功就在于找准了自己的工作对象,如他说:"老师是为学生服务的,不是为'婆婆'服务的。语文教学'婆婆'多,最外行的领导、文化水平很低的家长都可以指点语文教学,如果把各位'婆婆'的见解都拿来指导自己的话,那这堂课就彻底没法上了,而且肯定也就离开了学生的实际。"作为一个学校管理者,知道自己"是什么",以及"要做什么",同时要求面临多种价值取向时进行价值选择,而价值选择又决定于"是什么"。如学校开展各种教育培训活动究竟是"公益心"的召唤还是"营利心"的支配?作为学校管理者,是为其成员服务抑或是让学校成员服务?这种价值定位常常是事业兴衰的关键。对于魏书生而言,知道自己"是什么",以及"要做什么"之后,要解决的"价值选择"问题就能被定位得非常清楚,如他在谈到出任民办学校校长究竟是为了营利抑或是为了干一番事业时如是说:"我是为了干事,不是为了赢利,我事先就说了。"这不仅仅是他言语上的许诺,更重要的是日后他通过行动证明了。

作为一个学校管理者,知道自己"是什么",以及"要做什么"也意味着为管理对象提出发展要求并让他们践行要求。如他在谈到对学生和老师的要求时说:"对学生我要求每天写日记、抄格言、读课外书、唱歌、跑步,对老师我要求都要在教室办公,因为我一直在教室办公,这都是一致的。"作为一个学校管理者,知道自己"是什么",以及"要做什么",更要求处理好多重角色之间的关系。学校管理者的角色是多元的,在这样一个"角色丛"里,管理者如果主次不分,就会造成角色越位,就会带来混乱。如校长以科任教师的身份参加学科组活动,他就得服从学科组的安排。在多种角色的处理上,魏书生成为典范,如他在谈到出任教育局局长后在职业技术师范学院教课时说:"现在我在职业技术学院师范系教两个班的语文教法,一周四节课。1998年到

2000年我在那儿当院长，现在我在那儿教课，职院院长也没什么想法呀，倒是找我商量工作更方便了。"

知道自己"是什么"，以及"要做什么"意味着理想与现实的和谐，应然与实然的统一。这种"和谐"与"统一"表达的不仅是诺言的兑现、要求的实现，而且传递了一种事业成功所必备的秩序、一种正直美德，当这种秩序和正直辐射到攸关者时，他们效仿的就不是有碍而是促进工作的因素，当这种秩序和正直得以复制、拓展时，一种热爱工作、固守岗位的氛围就得以形成，管理就找到了替身，管理之需要自然就减少，从而达到不治而为的境界。与此相对的是，如果管理常常越位、缺位、有说无行、言行不一，那么复制与拓展的自然是有碍工作的因素，一旦这种氛围得以形成，管理者越管，远离工作的可能性就越大，工作之完成就会出乎管理者"所料"，"管理"就会大失所望。因此，知道自己"是什么"，以及"要做什么"关涉的不仅是管理者个人的事情，更重要的是向组织其他成员传输了一种希望，一种有助于工作完成的希望。

然而，在学校的工作中不乏"该做的事没有做，不该做的事做了"这种缺位、越位现象，正是这些现象使我们的管理者常常陷进苦闷、烦恼之渊，以致不断消磨我们的意志、弱化我们的信心、挫伤我们工作的积极性。

三、人际关系学说

埃尔顿·梅奥和他的助手于1927年至1933年间在芝加哥附近的西部电气公司的霍桑工厂所进行的一系列研究表明，劳动生产率的提升是由于士气、归属感等这些人的社会性因素，以及运用了激励、引导、参与决策和有效的沟通等人际交往技巧。随后，人际关系学说就诞生了，人的因素在管理中得到了重要强调，并认为人际决定管理的成效。

分析魏书生对其管理实践的描述可以发现，人际关系思想在其管理实践中得到很好的体现，尤其是在民主管理和公正处事方面。

1. 民主管理

"管理就是一个协调工作的过程，以便能够有效率和有效果地同别人一起或通过别人实现组织的目标。"依据此定义，管理之目的是要实现组织的目标，而组织目标的实现又依赖于管理者"同别人一起或通过别人"的努力，所以管理本身就蕴藏着要发挥被管理者的聪明才智、调动他们的工作积极性之含义。在罗宾斯看来，民主是管理固有的，没有民主就谈不上管理，因而民主是一种行为能否称得上管理的重要标志，是管理能否成为管理的尺度。因此，懂民情、知民意、融民智以使工作有效完成是管理者的天职，是鉴别管理者守职与否的标志。

懂民情、知民意、融民智在魏书生的管理行为中表现得淋漓尽致，无论是其早期的班级管理，抑或是后来的学校管理、教育行政部门管理。如他在进行成功归因时说"一靠民主二靠科学"。又如他在谈到教学时说："跟学生商量着教"，在谈到班级管理时说"我就研究让学生进行自我教育，发挥他们的作用，大家分头承包一些事情，我更多的是观察与指导。很多人觉得我这种管班的方式比较新鲜，似乎没费多少劲儿，就使班级井井有条，学生学得高高兴兴，于是就成了先进典型"。可见，在管理中善于倾听管理对象的意见在魏书生的成功中起着重要的作用，是使其成为有效管理者的关键，是其从小管理者通向大管理者的有效途径。

然而，管理中实施"民主"要求管理者对攸关的人和事的理解和宽容，因为民主过程不可避免会产生冲突，而这种冲突需要管理者通过认识别人而达到认识自身、实现自我。民主的结果是优胜劣汰，这就意味着最后的决策反映的可能是管理对象而不是管理者自己的思想。魏书生之所以能善于聆听管理对象的意见，正是因为他具有这种思想基础，能更多地从美好的方面对待攸关的人和事。如他说"所有的活人都是一个世界，所以应该最大限度地去理解和包容"，"人皆可以为尧舜，向真向善向美之心人皆有之，这是肯定的。咱们就是去发现这些，然后帮着人家壮大和发展人性中最美好的那部分。当老师、当校长就是干这事的"。

2. 公正处事

管理是为了实现目标，而目标的实现又有赖于"同别人一起或通过别人"。然而，"别人"怎样才会与管理者一起？或者说，管理者怎样才能把"别人"聚合在一起，使自己的想法成为"别人"的共识，让别人愿意把时间和精力往共识方向投放？这与管理者处理事情公正与否有关。管理者如能公正地对待人和事，他的号召力就强，就更能获得员工的爱戴，就更能让员工愉快工作，正如泰罗所言："受到公平对待的感情一般来说会使工人们更为果断、直率和诚实。他们工作时将更加愉快，相互之间，以及同雇主的关系也会更加亲切。"然而，何谓公正？

对于公正，罗尔斯提出的著名概念"愚昧的面罩"也许给予了最好的诠释。他认为当我们处在这种面罩之下时，我们被假定对我们自己的一切一无所知，我们不知道我们是学生、教师、管理者还是家长，或者我们不知道自己在学校层级中处于什么位置。他认为如果在"愚昧的面罩"被揭开之前，我们不知道自己实际上是什么人的话，我们将按原则行事，并且做出不考虑自利的决策。由于自利被放在了一边，原则就变得更公平、更公正。在罗尔斯看来，处事公正会使我们自己的利益得到最好的体现。罗尔斯认为，我们先采取一种不清楚自己角色的态度,然后再做决定。哈贝马斯就公正问题也提出过类似的解释,他的"移情时刻"理论认为,每个家长、校长、学生、教师或共同体的其他成员在与别人交谈时,都把他/她自己置于他人的位置,以便探讨某种要求被接受的规范是否对人人都足够公平。哈贝马斯建议,我们不仅肯定要明白我们的角色,而且也要进入他人的角色。

罗尔斯与哈贝马斯的公正观在魏书生的管理实践中得以很好地实现,如他在谈到为学生服务时说"我就想咱读书的时候喜欢什么样的老师,感同身受,己所意欲尽施于人。很简单的生存感悟";谈到荣誉与工作关系时说"我觉得自己比较幸运,说良心话,比我干得苦的、付出力气大的人有的是,人家都没我得到的荣誉多。为了减少和荣誉之间的差距,就只有更勤奋地工作,更多地干事,才对得起大家的信任";谈到自己一身兼几职及做操时说"处理书生中学的事,周六周日去,这边的事我就全放下,到那儿不慌不忙的,有几件事,办几件事,周一回来照样给学生上课。8点钟赶到这儿来,领着我教育局机关的员工做操,我做操可能是最认真、最规范的"。

然而,学校管理中不乏不公正之事,如老师面对学生提出的问题时总爱这样说:"这么浅的问题都不懂。"又如校长在面对老师提高待遇的要求时也常会这样说:"这些老师就是不想好好干活,老是想着提高待遇?"学校管理者以这种不公正的方式对待管理对象,怎么可能实现管理的有效性呢?

四、权变管理

权变管理理论是由菲德勒通过研究许多不同的管理者在不同工作情境中的管理风格而发展起来的。该理论认为,管理的有效性取决于管理者的风格与情境相适应的程度。根据这一理论,管理情境决定管理方法,并且只有当这两者一致时才会产生管理的有效性。可见,权变思想传达这样一种信念,匹配才能有效。这种思想反映到个人的事业上就是只有从事与自己实际相一致的工作才有希望取得成效。魏书生的工作之所以卓有成效,与他从事适合于其本人实际的工作是分不开的,正如他说:"下乡的时候在农村当过老师,当时大人忙着搞阶级斗争,和孩子在一起更单纯。这个经历也使我觉得自己当老师挺合适、挺快乐。"

管理情境决定管理方法意味着方法随着情境的变化而变化,它要求管理者具有创新的思想和行动。正是这种要求使得魏书生打破原有的班级管理方法,探索出"主人管理"策略。透过对其管理实践描述的分析可以发现,他那"主人管理"策略正是在工作环境发生变化时产生和形成的。正如他说:"当了主任后,又教课、又当班主任,使得我管理班级的时间少了。我就研究让学生进行自我教育,发挥他们的作用,大家分头承包一些事情,我更多的是观察与指导。"

管理情境决定管理方法意味着教育情景就应该采用教育的方法。然而，时下一些学校打着"素质教育"的牌子而放松了对学生学业的要求，没有较高的学业标准、没有严格的学业管理，哪能培养出高素质的人才？在这一点上，魏书生予以了很好的回答。正如他说的："对学生我要求每天写日记、抄格言、读课外书、唱歌、跑步，对老师我要求都要在教室办公，因为我一直在教室办公，这都是一致的。"正所谓无规矩不成方圆。

管理情境决定管理方法要求管理者放弃那种"简单移植"的思想。在学校管理实践中，我们不难发现一些管理者把参观、考察的所见所闻在其学校管理中进行简单的复制，结果事与愿违，尝不到有效管理的喜悦。

管理情境决定管理方法同时要求管理者放弃"固步自封"的思想，要解放思想，大胆实践与探索。在管理实践中，我们也不难发现有些学校管理者总以学校实际为理由而拒绝改革，把学校的现状归结为学校环境决定的，以此逃避管理责任。这种"环境决定论"的思想也难以使管理者尝到有效管理的喜悦。

管理受制于环境，但管理者是人，是具有能动性的人，因而通过管理者主观能动性的发挥可以改变管理环境。魏书生扬名的盘锦市实验中学并不是一直都很好的学校，但在魏书生的主政下，学校发生了巨大的变化，一举成为辽宁省的重点中学。这就是管理者通过自身的努力而使环境改变的例证。

透过以上对魏书生管理实践描述的分析，人们不难发现，他的管理之所以如此有成效，就在于他的管理实践中蕴藏着丰富的现代管理理念，折射出科学管理、人际关系、系统论和权变思想等的思想精髓，他的成功是多种管理理论协同作用的产物。因此，试图只采用某种方法来获取管理的有效是徒劳的，试图以不变应万变也是徒劳的。

（此文原载于2007年《现代教育论丛》第8期）

中小学校长影响策略现状与分析

【摘　要】学校的管理效能很大程度上取决于其管理者尤其是校长的影响力，而影响策略的使用，更是直接决定了校长影响力的强弱。但目前我国境内，对校长影响策略的实证探讨并不多见。本文在影响力定量实证研究方向上作出一定探索，并通过问卷方法，分析和描述了我国中小学校长影响策略使用的现状。

【关键词】校长；影响力；影响策略

一、前言

影响力是指在交往过程中，一个人改变他人的心理和行为的能力。故，一个人在交往过程中，改变他人心理和行为的方式，我们称其为影响策略。

一些西方发达国家很早就开始了对影响力研究的定性和定量的探讨，但由于国家、文化、研究方法和研究角度的差异，研究者得出了不同的分类。如 Kipnis 等人（1980）的研究结果显示，经理们较常用的影响策略有 7 类：合理化、硬性指标、友情、结盟、谈判、高层权威、规范性约束力。在对影响方式研究进行综合的基础上，基普尼斯和施米特（1985）把影响行为主要划分为 3 类：硬性策略、温和策略和理性策略。乔恩·L. 皮尔斯等设计了含有 20 道题目的影响策略问卷。[1]该问卷把影响策略作了 8 个维度的划分，分别为理性劝说、压力、吸引力、交换、逢迎、联盟、鼓舞、协商。我国学者谢晓非等人从权力规范、人格及关系 3 个维度对影响力进行了研究。

更多的学者则从权力和非权力影响两种方式进行了大体归类。早期的研究者将对影响力的研究包含于对权力的研究中，David Willer 等人在《权力和影响力：一种理论桥梁》一文中如是说："社会理论家们常常把权力和影响力混在一起，把影响力归属于广义的权力。"随着研究的逐步发展，人们渐渐将影响力从权力中分离出来，区分为权力影响和非权力影响。如史蒂芬·迪夫的《影响力》、罗伯特·B. 西奥迪尼的《影响力》和玛丽·布莱格的《发掘影响力》等著作，都主要探讨了权力和非权力的影响方式。

国外学者 Anit Somech 和 Anat Drach-Zahavy（2002）从 3 种影响策略：硬性策略、理性策略和温和策略出发，研究了管理者的影响力。在国内，有关校长影响力的研究尚处在理论探讨阶段。大多数学者也是循着权力和非权力影响方式的分类展开讨论，认为校长影响力分为权力性影响力和非权力性影响力。权力性影响力的核心是权，属于硬件影响力，由职位、传统和资历组成；非权力性影响力的核心是权威，属于软件影响力。如朱家驹认为校长的权力和威信产生校长的影响力。校长的非权力性影响力最终来源于校长身上的人格力量。这种人格力量，在校长身上就是校长的威信。在谈到校长非权力性影响力时，把品德、才能、知识、情感视为其主要的构成要素，这些要素成为校长的非权力性影响力的来源。[2]

根据前人的理论结果，本研究将校长影响方式区分为权力影响方式及非权力影响方式。其中，权力影响策略指校长依靠组织赋予的正式职权和学校形成的规范施加影响的方式。根据探索性因素分析及验证性因素分析，发现其具体包括3种影响策略：公开奖励、合法倡导、监督强制。非权力影响策略指校长通过自身的品质、作风、知识、能力、业绩与行为榜样等来影响师生。具体来说，包括7种影响策略：关怀支持、愿景榜样、联盟合作、激励鼓舞、理性劝说、交换指导、智力启发。

二、研究工具

本研究采用笔者本人于2005年编制的《中小学校长影响策略问卷》[3]对来自全国不同地区的314名校长进行了研究。其中，问卷经过了严密的心理学信效度检验，均符合测量标准。该问卷包含两个分量表：权力影响策略量表和非权力影响策略量表。各量表维度的解释如下：

（一）权力影响策略分量表

公开奖惩：校长通过晋升、评先评优，以及解聘、免职、降职、公开批评等形式限制他人的行为选择自由，使他们有所为有所不为，从而按照校长的意愿行动。

合法倡导：校长通过颁布管理规章制度、利用大会宣讲典型或发表讲话等公开活动，使他人接受影响。

监督强制：校长通过合法的发布命令的权利对教师和学生的日常工作和学习行为进行监督控制，而师生有公认的服从义务。

（二）非权力影响策略分量表

关怀支持：校长通过给对方情感的支持和生活的关怀，使教师或学生接受其影响。

愿景榜样：校长通过学校的发展愿景、个人的期待及优秀的人格特点为师生树立榜样，唤起下属的希望和梦想，促使他们朝着理想方向发展。

联盟合作：校长通过鼓励参与决策，争取他人拥护或者亲自加入合作等方式，以使教师或学生支持自己的要求。

激励鼓舞：校长通过表扬和鼓励、运用恰当的信念和想象等方式，促使师生挑战自我，满怀信心投身于他们的工作和学习。

理性劝说：校长通过事实或数据使要表达的想法符合逻辑或显得合理，从而使教师或学生按照要求行动。

交换指导：校长通过承诺施惠、工作指导等形式让对方觉得受到特别对待而产生互惠心理，从而使其行为朝着理想状态发展。

智力启发：校长通过智力上的激发，创设容忍极端意见的环境，培养人们质疑自己和学校的价值观和信仰，深入思考，从而改变行为。

三、我国中小学校长影响策略总趋势

（一）校长权力、非权力影响策略总趋势

表1和表2表明，校长的非权力影响方式的得分显著高于权力影响方式的得分。这说明，目前我国中小学校长普遍更多地使用非权力影响方式对教职工施加影响。校长们有意识无意识地通过自身魅力来影响师生，注重同他们建立非权力关系。

表1 权力、非权力影响方式比较

	平均数	标准差
非权力	5.9078	0.5482
权力	5.1478	0.6073

表2 权力、非权力影响方式差异显著性检验

	t	df	Sig(2-tailed)
权力-非权力	22.338	313	0.000**

**$P<0.001$

这一现象表明了我国校长在影响策略的使用上呈现出一种良性发展的趋势，即随着市场经济的发展，校长们已充分认识到，教师作为重要而核心的人力资源，是学校走向市场过程中的核心竞争力。因此，对人的关注成为保持和发展教师队伍的重要手段，而非权力影响策略的使用，是在有限的职权范围

内,有效管理师生的重要手段。不论是用行政权力影响教师的晋升,还是对教师工作进行监督和控制,或利用各种场合强调教师的责任和义务等的权力性影响策略,其影响力的发挥更大程度上依赖于非个人可控的制度或职权因素,而非权力影响力是具有更大弹性的无限力量。因此,校长影响力的总体发挥程度,最终取决于非权力性影响力的发挥,并且运用良好的非权力影响策略反而会促进而不是削弱权力影响力的发挥。

非权力性影响力的发挥,可以对学校师生起到润物细无声的作用。校长通过更多地给予师生情感的支持和生活的关怀,鼓励他们参与决策、挑战自我,通过个人强有力的宣讲表达或建立友好的非工作关系,可以使师生潜移默化地接受影响,从而心悦诚服地去做,并乐于做、主动做。而只注重用权力实施管理,忽略或轻视非权力性影响力的形成或使用,不仅是一种浪费管理资源的行为,更会导致对其非权力性影响力的削弱,最终降低管理效果。

(二) 校长非权力影响方式的总体趋势

虽然校长们会更倾向于使用非权力影响策略,但本研究表明,校长们对 7 种非权力影响策略的使用频率并不是均衡的,各种影响策略的使用程度存在显著差异($P<0.000$)。(见表 3、表 4)

表 3 非权力影响方式 7 种因素显著性检验

	平方和	df	均方	F	Sig
因素	76645.284	1	76645.284	36820.127	0.000**
误差	651.545	313	2.082		

**$P<0.001$

表 4 非权力影响方式各因素的描述统计及多重比较

	平均数	标准差	多重比较
关怀支持	5.826	0.038	$1<2^{**}$,$1<3^{**}<4^{**}$,$1>6^{*}$,$1>7^{**}$
愿景榜样	6.049	0.034	$2>1^{**}$,$2>4^{*}$,$2>5^{**}$,$2>6^{**}$,$2>7^{**}$
联盟合作	6.075	0.038	$3>1^{**}$,$3>5^{**}$,$3>6^{**}$,$3>7^{**}$,$3<4^{**}$
激励鼓舞	6.130	0.035	$4>1^{**}$,$4>2^{*}$,$4>3^{**}$,$4>5^{**}$,$4>6^{**}$,$4>7^{**}$
理性劝说	5.863	0.040	$5<2^{**}$,$5<3^{**}$,$5<4^{**}$,$5>6^{**}$,$5>7^{**}$
智力启发	5.725	0.040	$6<1^{*}$,$6<2^{**}$,$6<3^{**}$,$6<4^{**}$,$6<5^{**}$
交换指导	5.668	0.041	$7<1^{**}$,$7<2^{**}$,$7<3^{**}$,$7<4^{**}$,$7<5^{**}$

*$P<0.05$,**$P<0.001$

从上面的比较可以看出，激励鼓舞策略的得分显著高于其他影响策略。其次是联盟合作、愿景榜样，再次是理性劝说及关怀支持，最不常使用的影响策略是智力启发和交换指导。如图1所示。

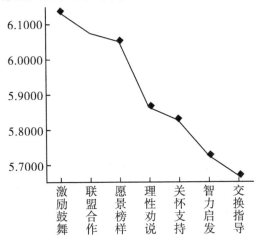

图1　校长非权力影响方式的总体趋势

这说明，我国中小学校长更注重通过赞扬和鼓舞，让教职工感到胜任力，或通过强调其工作的重要性和意义，来增强教职工的价值感，从而使其对工作充满热情；鼓励教职工参与决策，并倾听他们的建议等非权力影响方式，来影响其心理和行为。这在某种程度上表明，校长们已将单纯对追求升学率的硬指标，转移到关注教师个人的心理需求，比如成就需求和权力需求，这本身是一个进步。但同时，我们也发现，正是由于这些策略更关注每个教师个体，因而，它的影响范围是有限的，操作成本也是巨大的。因此，在校长有限的精力内，很难大范围展开工作，这一方面容易滋生教职工间的不公平感，使影响效果降低；另一方面，根据单纯的参与决策，起到的影响效果都是短暂的，如果没有递增式的激励，会逐渐使人形成习惯甚至产生厌倦，从而降低管理效果。

解决这一影响策略所产生问题的重要方法，便是愿景榜样的影响策略的使用。一方面，根据社会学习理论，树立激励的榜样和典范，可以使人产生压力和动力，同时由于这个典范正是校长本人，即校长通过其个人人格魅力的展现来激励和鼓舞员工，不仅可使这种影响策略的作用方式扩大到广大教职工，从而节约了其操作成本，而且可增强教职工对校长、对学校的信赖和认同，从而提高了其组织忠诚度。另一方面，对学校未来发展方向、愿景的阐述，对其工作给予更高期望，对教职工来说，满足了他们对个人未来职业生涯发展规划的需求，可以起到长期目标导向的作用，增加其行为的持续性。

但研究中，我们发现，目前我国校长对愿景榜样、理性劝说、智力启发等影响策略的使用,还远远低于激励鼓舞和联盟合作。而这些策略的使用,恰好是校长智慧、远见、说服力等个人魅力的展现,根据影响力理论,这些正是非权力性影响力最重要的来源。因此,可以说,虽然目前我国校长已更重视非权力影响策略的使用,但在具体的影响策略方式上,还处于相对简单和外在的使用阶段,对自身素质的修炼、关注和展现的力度尚重视不够,对迈向更高层次的管理直至达到魅力感召的无为而治的境界,还需要一定的探索和实践。

参考文献

[1] 皮尔斯J L,纽斯特罗姆J W. 领导者与领导过程 [M]. 北京华译网翻译公司,译. 北京:中国人民大学出版社,2003.

[2] 朱家驹. 浅谈中学校长的影响力 [J]. 黔东南民族师专学报,1997 (6).

[3] 林天伦. 中小学校长影响力研究 [D]. 北京:北京师范大学,2005.

(此文原载于2007年《华南师范大学学报(社会科学版)》第4期)

校长的影响需要与影响方式研究

【摘　要】 校长的影响需要是校长对学校师生施加影响的初始动机，只有当校长心存影响需要的时候，才能自觉主动地施加自身的影响。在学校管理实践中，校长的影响方式是多种多样的，只有当校长的影响需要及影响方式与学校师生的影响需求相匹配的时候，校长的影响力才能发挥真正的作用。

【关健词】 校长；影响力；影响需要；影响方式

校长影响力是校长在领导学校过程中通过职权和自身因素的发挥使师生员工的心理和行为发生预期改变以实现学校目标的力量。本文主要探讨校长影响力的性质和影响方式。

一、校长影响力的性质和校长的影响需要

校长的影响力包括权力影响力和非权力影响力两种。校长的权力影响力是指校长通过权力的行使而产生影响的能力，实际上是一种地位权能，校长由于处于领导地位，控制着学校集体资源如招生、人事、经费等资源，通过职位权力要求师生员工按章办事。校长非权力影响力是指校长通过其品质、作风、知识、能力、业绩及行为榜样等自身因素对师生员工造成的影响力。这种影响力更多地属于自然性影响力，其产生的基础要比权力性影响力广泛得多。这种影响力表面上并没有职权影响力那种明显的约束力，但在实际上它常常发挥权力影响力所不能发挥的作用。

校长影响力首先是一种关系，这种关系假定参与双方都有所需、都有所供，都认为对方能供给自己所缺以满足需要。在这种关系中，供方是实质上的影响者，需方是被影响者。事实上，每方又都是供需的统一，通过供给满足需求。这样，在校长影响力关系中，校长既是供方又是需方。作为供方，校长拥有个人资源和学校集体资源的支配权；作为需方，校长有职责要求和个人需求。职责要求表现为校长的角色要求，如完成上级的各项任务，培养德智体美全面发展的人才，师生有良好的表现，高升学率、低缺勤率和流动率、师生的满意度等；校长的个人需求可以表现为继续校长生涯、晋升到较高级职位、成为优秀校长、受到社会的敬重等。同样，校长的主要影响对象——学校师生员工也既是需方又是供方。作为供方，他们可以向校长让渡自己的支配权，接受

校长的影响，在心理和行为上发生校长所期望的改变；作为需方，他们又有尚未满足的需要，如对知识的渴求，对身心发展的需要，对财富、对权力、对声望的追求等。他们的这些需求试图通过参与校长的影响关系而获得满足。校长与师生员工的这种相互供需关系就产生了校长影响力。

校长的影响是有计划、有意识、有目的的。亚瑟·柯姆斯（Adams Kinnse）说过："人们总是有动机的；实际上，不存在没有动机的人。他们也许没有受到激励去做我们希望他去做的事情，但说他们没有动机则是错误的。"[1]施加影响是为了使师生的心理和行为发生校长所期望的改变。在这种影响关系中，校长是影响者，师生员工是被影响者。校长与师生员工之间是一种非对称的关系。校长的影响旨在获取服从或合作行为以便实现学校的目标。校长影响关系的不对称性之所以能获得人们的认可和支持，是因为校长承担着整个学校发展的责任。校长通过施加影响把师生员工的心理和行为导入学校发展的方向以实现学校培育高素质人才的目标。

校长是一所学校的最高行政负责人，担负着学校发展的责任。作为领导者，校长的工作就是向下属施加影响，将他们按照适当的方式组织起来，让他们朝着特定的方向努力，达成预期的目标、实现学校的愿景。所以，向师生员工施加影响，不取决于校长的偏好，而是取决于校长的职责要求。

校长是学校的领导者，校长之所以成为校长并不是一朝一夕的事情，必然经历了一次又一次的对他人成功的影响。就如强化理论所说，如果人们因为某种理想行为而受到奖励，他们更有可能重复这种行为。[2]对他人影响成功，是影响者自我实现需要的体现，是影响者对自己的一种奖励。学习理论认为，在任何情境下每个人都能学到某种行为，在多次学习之后还可能成为习惯。当相同或类似的情景再次出现时，个体会采取惯用的方式做出反应。[3]据此，对他人施加影响逐渐成为校长的一种习惯。

校长职位相对于学校的其他职位来说是一种优越职位，是一种能激发人们追求的职位。换言之，校长职位会唤起担任非校长职务的学校成员的青睐。但是，相对于学校外部的职位如教育局长职位来说，校长职位又是一种劣势职位。担任校长职务的人，不可避免地想追求较为优越的职位。可见，无论校长是继续校长生涯还是进一步的升迁，他都必定要对他人施加影响，获取影响力；否则，他就会失败。阿尔弗雷德·阿德勒（Alfred Adler）的"寻求优越"论认为，人总是倾向于成功而避免失败。[4]约翰·阿特金森（John Atkinson）也认为，个人为两个已知的特点所激励：取得成功的需要；避免失败的需要。[5]只不过这两种需要在不同的人身上所占的比重不同而已。大卫·麦克莱兰（David McClelland）继承并发展了阿特金森的观点，认为个体在工作情境中有3种主要的动机或需要：成就需要、权力需要、归属需要。[2]无论是阿德勒，还是阿特金森、麦克莱兰，他们都有着相同的信念：追求优越、获得成功是人的必然需求。作为校长，掌管着学校集体的资源，占据着学校最高职位，他具有的这种优越感使他难以放弃校长职位。同时，比校长职位更优越的职位又在吸引着他、驱动着他，使他不满足于校长的职位。这些情况表明，校长必须有影响力，而这种影响力又必须以符合师生员工影响的需要为前提。

二、校长的影响方式

需要导致行为。校长的影响欲望通过校长的影响行为得到反映。校长是学校的领导者，可以通过职位带来的权力影响师生员工；可以通过监督职责影响师生员工；可以通过制订学校目标、给予关心支持、激励鼓舞影响师生员工。可见，校长对师生员工的影响是多方面的。

众多的影响方式可以归结为权力影响方式与非权力影响方式，或如基普尼斯和施米特（Kipnis & Sehmidt）那样，划分为硬性的、温和的和理性的影响行为。[6]当然，也可以像乔恩·L.皮尔斯（Jon L. Pierce）等人那样把所有的影响方式归结为理性劝说、压力、吸引力、交换、逢迎、联盟、鼓舞、协商[7]，或者像我国学者谢晓非等人把它们分为权力规范、人格、关系等3类影响行为。[8]

尽管校长对师生员工的影响方式多种多样，然而，它们又是通过校长对学校日常工作的领导予以实现的。换言之，校长的影响行为实际上就是校长的领导行为或者领导方式。所以，探讨校长的影响行为方式，实质上就是探讨校长的领导方式问题。

有关领导方式研究的文献很多，如俄亥俄州立大学的"领导四分图"，密歇根大学的"员工导向与生产导向"，布莱克（R. R. Black）和莫顿（J. S. Mouton）的"领导方格图"，我国学者俞文钊的"三维领导模式图"、凌文检等人的"CPM理论"等行为理论的领导方式以及菲德勒的"领导权变模型"，赫塞（Paul Hemey）和布兰查德（K. Blanchanl）的"权变理论"，豪斯（House）等人的"路径—目标理论"等权变理论的领导方式。

近些年来，较为流行的领导方式理论包括3种。在詹姆斯·麦格雷戈·伯恩斯（James MacGregor Bums）看来，可以将所有的领导方式划归为两类：交易型领导（transactional leadership）和变革型领导（transformational leadership）。交易型领导是指在某一特定组织文化下的领导，而变革型领导则是通过变革原有组织文化进行领导。[9]勒温（K. Lewin）及其同事利皮特（R. Lippitt）和怀特（R. K. White）认为，领导方式可以分为三种类型：①专制型：领导者一人掌握权力，进行决策，制订政策，下达任务，指定合作者，监督下属工作，根据自己的好恶进行表扬和批评，与下属保持一定的距离，没有感情交流；②民主型：领导者把权力交给群体，组织成员讨论决策，让他们决定活动方针、工作方法和达成目标的步骤，鼓励他们表达意见，公正地表扬和批评，关心、尊重成员；③放任型：领导者放弃权力，只负责布置任务，对群体成员的活动不参与、不干预、不协调、不监督、不检查、不评价，只有当他们提问时才回答，但也不做积极指示。[10]在勒温研究的基础上，利克特（R. Likert）于1961年提出了领导方式"四体制"说。"四体制"说将领导方式分为4种体制：剥夺式的集权领导、温和式的集权领导、协商式的民主领导及参与式的民主领导。[10]表1是各种领导方式、影响策略的比较与校长影响方式的初拟因素。

表1 各种领导方式、影响策略的比较与校长影响方式的初拟因素

名称	领导/影响行为的因素	校长影响方式的因素
交易型领导	明确任务和职责、指明完成任务的方法、制订奖惩措施、强调员工的权利和义务	
变革型领导	理想化影响、鼓舞干劲、智力激发、关怀信任	交换、倡导、监督
勒温的领导方式实验	授权、决策、鼓励、表扬和批评、关心、尊重	强制、压力、协商
利克特的领导"四体制"	信任、交往、沟通、奖惩、决策、控制、参与、目标设置	吸引、劝说、联盟
基普尼斯（Kipnis）等人的影响策略	合理化、硬性指标、友情、结盟、谈判、高层权威、规范性约束力	逢迎、合法、指导
T. R. Hinkin 等人的影响策略	酬劳、强制、合法、指导、专家	鼓舞、激励、信任
尤克（Yuki）等人的影响策略	理性劝说、鼓舞、协商、逢迎、交换、个人魅力、联合、合法化、压制	关怀、以身作则、远景、交往、沟通
乔恩·L. 皮尔斯等人的影响策略谢晓非等人的影响策略	理性劝说、压力、吸引力、交换、逢迎、联盟、鼓舞、协商	权力、人格、关系

从表1可知，交易型领导的行为主要表现在明确任务和职责、指明完成任务的方法、制订奖惩措施、强调员工的权利和义务；而变革型领导的行为包括理想

化影响、鼓舞干劲、激发员工的智力、关心和信任员工等；勒温的领导方式实验从授权、决策、鼓励、表扬和批评、关心、尊重等方面把领导方式划分为专制型、民主型和放任型并且认为民主型领导更有利于领导成功；利克特的领导方式"四体制"说从信任、交往、沟通、奖惩、决策、控制、参与把领导方式区分为剥夺式的集权领导、温和式的集权领导、协商式的民主领导、参与式的民主领导并且认为一般情况下参与式的民主领导更有利于提高领导效果。

综合上述各种领导方式以及影响策略的因素分析，本文在认知上把交换、倡导、监督、强制、压力、协商、吸引、劝说、参与、称赞、合法、指导、鼓舞、激励、信任、关怀、以身作则、远景、交往、沟通等因素视为校长影响行为的主要构成要素。在此基础上，笔者对这些因素进行了实证探索，结果显示校长的影响方式包括权力影响方式和非权力影响方式，其中权力影响方式分为3个维度，分别命名为公开奖惩、合法倡导和监督强制；非权力影响方式分为7个维度，分别命名为关怀支持、愿景榜样、联盟合作、激励鼓舞、理性劝说、智力启发、交换指导。[11]

三、校长影响方式与被影响者需要的匹配

"匹配"是结构功能主义思想的反映。这种思想认为事物的结构决定功能，合理的结构就能使其发挥最大功能。"匹配"思想在古代中国就有反映。"天人合一""交感""中庸"都是"匹配"思想的反映。在西方，领导学研究中的情景理论反映了"匹配"的思想。情景理论的研究者们认为，只有当领导行为与所在情景匹配时，领导才会成功。管理研究的发展更是遵从了"匹配"思想。丹尼尔·A. 雷恩（Daniel A. Renn）指出："正如研究人及其文化一样，研究管理也要逐步阐明人们对工作的性质、人的本性以及各种组织的职能所持的看法发生了什么变化。"[12] 在雷恩看来，要根据文化环境来研究管理思想。这种研究主张就是"匹配"思想的反映。

校长影响力是一种使师生员工心理和行为发生改变的力量。只有当师生员工心理和行为出现了所期望的改变时，校长对师生员工的影响才有效，校长才具有影响力。可见，校长影响力实际上是校长对师生员工的有效影响。

国外一些研究表明，最有效的领导行为方式不是固定不变的，它因领导情形和相关员工的不同而不同。[13] 校长要实现对师生员工的有效影响，即使师生员工的心理和行为出现了所期望的改变，校长的影响行为也必须符合他们的需要。

然而，校长的影响行为也并不总是与师生员工的需要相一致的。也就是说，校长的影响可能是师生期望的，也可能不是师生期望的；校长有可能满足师生员工的需要，有可能不满足他们的需要。情境领导理论认为，不同的情境

需要不同的领导，有效的领导要求一个人的领导类型要适应不同情境的要求。据此，只有当校长的影响行为符合师生员工的需要时，校长的影响才得以有效，校长影响力才得以生成。换言之，如果师生、员工期望校长以某种方式影响他们，校长确实以这种方式向他们施加了影响，校长的影响就会有效，校长影响力就会得以生成；如果师生期望校长以某种方式对他们施加影响，校长并没有以这种方式施加影响，校长的影响就会无效，校长的影响力就不能生成；如果师生不期望校长以某种方式向他们施加影响，校长也确实没有以这种方式影响他们，校长的影响也会有效，校长的影响力也会生成，正所谓"无为而治"是最高的领导境界；如果师生不期望校长以某种方式施加影响，校长却进行了影响，校长的影响就会无效，校长的影响力就难以生成。校长影响力的这种关系见图1。

图1　校长影响力的生成机理

可见，当校长的影响力及其影响方式与学校师生的影响需求相"匹配"时，才能最大限度地发挥校长影响力的效力，否则，校长的影响力则不能产生实际效果；也就是说，当且仅当校长遵循"匹配"思想并实施影响时，才能使其影响活动达到预期的目的。

诚然，正如上述分析指出的，校长影响方式受制于校长的影响需要，而校长的影响需要又是校长角色要求与个人意愿的统一。由此可见，校长的角色要求与个人意愿会左右校长对其影响方式的选择，同时也就会影响校长影响力的产生与升华。因此，为了促进校长影响力的形成与升华，使得校长能有效地影响师生员工，有必要进一步完善校长的角色要求、加强校长培训、增强他们的事业心和责任感。同时，校长的影响力决定于校长影响方式与被影响者对影响方式需要的匹配表明，通过在学校管理中强化人本管理的理念可以促使校长更多地接近师生员工，了解他们的真实需要，这样就可以使得校长的影响方式更能反映师生员工的意愿，从而产生有效的影响，促进校长影响力的形成与升华。

参考文献

[1] 柯姆斯. 动机和自我的成长 [J]. 感知、行为和变化：监督和课程设置协会年鉴，1962：83-98.

[2] 罗宾斯. 管理学 [M]. 黄卫伟, 孙健敏, 译. 北京: 中国人民大学出版社, 2001.

[3] 侯玉波. 社会心理学 [M]. 北京: 北京大学出版社, 2002: 23.

[4] 崔丽娟. 心理学是什么 [M]. 北京: 北京大学出版社, 2002: 43.

[5] 欧文斯. 教育组织行为学 [M]. 窦卫霖, 温建平, 译. 上海: 华东师范大学出版社, 2001: 457.

[6] ANITSOMECH. ANATDRACH-ZAHAVY. Relativepowerandinfluencestrategy: The effects of agent target organizational poweron superiors' choices of influence strategies [J]. Journal of-OrganizationalBehavior. 2002 (23): 167 – 168.

[7] 皮尔斯. 领导者与领导过程 [M]. 北京华译网翻译公司, 译. 北京: 中国人民大学出版社, 2003: 138.

[8] 谢晓飞, 陈文峰. 管理者个人影响力的测量与分析 [J]. 北京大学学报 (自然科学版), 2002 (1): 129 – 130.

[9] 诺斯豪斯. 领导学: 理论与实践 [M]. 吴荣先, 译. 南京: 江苏教育出版社. 2002.

[10] 章志光. 社会心理学 [M]. 北京: 人民教育出版社, 2001.

[11] 林天伦. 中小学校长影响力研究 [D]. 北京: 北京师范大学, 2005.

[12] 雷恩. 管理思想的演变 [M]. 李柱流, 赵睿, 译. 北京: 中国社会科学出版社, 2002: 2.

[13] 豪威尔. 有效领导力 [M]. 付彦, 译. 北京: 机械工业出版社. 2003: 13.

(此文原载于2007年《中国教育学刊》第7期)

捡，还是不捡？

朋友对我讲了这样一件事：一日，A校长邀他到其所在学校考察。他俩刚跨进校门，恰好响起了预备铃，学生向各自的教室跑去。他们边聊边走，很快就来到了办公楼前。这时，他们不约而同地看到前面的水泥地上扔着一个废纸团。校长的目光本能地盯在了纸团上，表情严肃，随之发出一声叹息："唉，这些学生真是不听话！"之后，就领着他走进了办公楼。

我想，朋友说的这类事在任何学校都有可能发生。比如：校长正领着客人参观校园时，会"撞"到学生发射的纸飞机，或者遭遇"从天而降"的学生晾晒的衣服。又如：校长到教室查看学生自习时，会遇到扔在地上的各种"小物件"……面对这些"不速之客"，校长的处理方式不外乎有两种："不作为"与"作为"。

"不作为"通常表现为听之任之、视若无睹。"作为"有几种：可以是嘴上抱怨、指责，但自己却无行动（如上例中校长的行为）；可以是自己"不作为"，而让别人"作为"；还可以是自己亲力亲为。

校长"作为"与"不作为"承载了不同的价值观念和领导方式，自然会产生不同的结果。

一、校长的行为传递价值观念

行为来自人们接受的价值观和信念。[1]换言之，人的行为都是其价值观和信念的反映。从这个意义上说，校长的行为表现，传递着不同的价值观和信念。

当校长的行为是"听之任之、视若无睹"时，它传递给人们的是这样的信息："这些都是小事，无关紧要。"在这种行为导向下，学校的教职工很难关注到细节，更谈不上树立防微杜渐的意识，学校存在的诸多不良现象也很难被及时纠正。这种不注重细节的管理意识和行为，不利于学校的发展，正所谓"千里之堤，溃于蚁穴"。

当校长的行为是"抱怨、指责别人，自己却无行动，也没明确地让他人行动"时，它所传递给人们的是这样的信息："学校对学生日常行为的管理是严格的，可总有些学生不配合，学校也拿他们没办法。出现问题，主要是学生的责任。"显然，在这种观念的影响下，应该担责的人回避了自己的管理责任,学校管理中的问题很难得到正确的归因,更谈不上及时纠正了。而且这样做,还可能导致在解决问题时有关方面相互推诿,使问题迟迟得不到解决。

当校长的行为是"让他人有所为"时,它所传递给人们的是这样的信息:"校长是指挥者、领导者,他不必亲力亲为。学校各项工作应该有专人负责。"这显示出校长是一位讲原则、守秩序的人;学校实行"问责制",师生员工各司其职、各负其责。这所学校应该是一所秩序良好的学校。

当校长的行为是"亲力亲为,凡事率先垂范"时,它所传递给人们的是这样的信息:"校长既是规则的制定者,更是规则的执行者。学校工作既有分工,又有合作。人人都应该从小事做起,从我做起。"在这种观念的影响下,学校会培育起严谨、细致和协作的学校文化。这所学校应该是一所追求卓越的学校。

二、校长的行为有导向作用

校长的行为在客观上对师生员工有引导作用。心理学和社会学的研究表明:模仿是人的一种本能倾向,它与崇拜密切相关。人类对已建立了功勋的领导者很自然地就会有一种崇拜的心理。校长在师生员工中处于优势地位,师生不可避免地会将校长视为权威人物而加以模仿。正如王铁军所说:"由于距离较远,交往较少,学生往往容易凭自己的想象,把校长理想化、神秘化,并把校长当作自己心目中所向往、所敬仰的权威人物。"[2]又如:一位住校的中学生在日记中写道:"每晚,当我下晚自修时,校长办公室的灯光仍然亮着。有着这么勤奋的校长,我能不努力吗?"[3]由此可见,校长的言行在不知不觉中会被他人模仿、复制,它能左右师生员工的认知、情感和行为。这也是人们普遍认同"一个好校长就是一所好学校"的原因之一。这同时意味着,一个人如果想当一个好校长、想办一所好学校,就不能凭主观好恶随心所欲。校长必须重视自己行为的价值取向,对自己的行为有所约束、有所选择。

校长行为的选择受其对自己工作绩效期望的影响。倘若校长希望师生员工严谨而细致,那么,他自己处理问题时,就应该严谨而细致;倘若校长希望师生员工表现出色,那么,他自己必须首先表现得出色。

校长行为的选择,还会受到校长角色规范的制约。校长是学校最高行政的负责人。随着中小学校长负责制的逐步推行与完善,校长在享有越来越多的学校管理自主权的同时,也担负着越来越多的学校续存与发展的责任。责任是一项不受个人喜好与兴趣影响的去个性化的要求。这种特性要求校长不能为所欲为。校长的所为必须以学校发展为重,以师生员工的成长为重。

三、校长理当率先垂范

校长的行为应该是一种有意识的行为,理当对小事负责,率先垂范。

近年来,随着各种培训形式的出现,各种管理理论的宣传与介绍已经相当普及。诸如"人本管理""师本管理、生本管理""道德型领导"等管理理念在各种场合都能听到。然而,校长理论知识的丰富与更新,并不必然导致校长行为的更新与改变。在管理现实中,校长言行背离、带头违规等不良现象屡见不鲜。在这种情况下,校长倡导的理念再先进,学校的规章制度、行为规范再完备,也难免形同虚设。因为,"言行不一、规则只对下而不对上"的现象,在本质上传达给师生的是这样一种信息:我们可以我行我素、个体行为可以背离学校规范。所以,为了使理念付诸实践,让规范产生实效,校长就必须带头践行理论,并成为遵守规范的模范行动者。

古人云:"不积跬步,无以至千里。"大事往往源于小事的累积,不对小事负责的人是难以成就大事、对大事负责任的。正如后来成为福特公司总经理的福特在大学毕业求职应聘时,时任董事长对他所说的一句话:"福特先生,前面三位的学历确实比你高,而且仪表堂堂,但他们只想对大事负责,而不想对小事负责。我认为,一个敢于为小事负责的人,将来自然会为大事负责。所以我们录用了你。"[4]这种对小事负责的精神,更得到了学习型组织理论的创立者彼得·M.圣吉的青睐。他在论述学校改善的最高着力点时说:"在运用改善力量时,最佳的结果一般来自较小而又是多方面的努力,而不是来自大规模的努力。而且,那些最高的着力点常常是最不显眼的。"[5]

由此可见,校长欲实现学校改革的理想效果——改进师生行为、提高学校业绩,就离不开对学校最不显眼的小事的关注。校长只有重视了小事,并成为在处理小事时遵守规范的模范行动者,才有可能唤起师生的响应,才能使学校工作在一件又一件小事的解决中得以改善。

校长不重视小事,就意味着纵容师生忽视小事,其结果犹如"破窗理论"所说:如果有人打破了一座建筑的一扇玻璃,而这扇玻璃又未得到及时维修,那么,别人就可能从中受到暗示性的纵容,去打破更多的玻璃。久而久之,这些破窗就会给人造成一种无序的感觉。[6]

学生扔在地上的废纸团实在是微不足道,但校长对它的态度及如何行动却大有文章可做。捡,还是不捡,以及如何捡,校长的行为在客观上向人们传递着不同的价值观念,并产生不同的效果与影响。为了使学校更好更快地发展,校长切记要从自己做起,从小事做起,"不以物小而弃之"!

参考文献

[1] 欧文斯 R G. 教育组织行为学[M]. 窦卫林,温建平,译. 上海:华东师范大学出版社,2001.

[2] 王铁军. 校长学[M]. 南京:江苏教育出版社,2000.

[3] 林天伦. 中小学校校长影响力研究[D]. 北京师范大学,2005.

[4] 崔为国,刘学虎. 管理学故事会[M]. 北京:中华工商联合出版社,2005.

[5] 萨乔万尼 T J. 道德领导:抵及学校改善的核心[M]. 冯大鸣,译. 上海:上海教育出版社,2002.

(此文原载于2007年《中小学管理》第9期)

校长影响力生成与提升策略探析
——基于教师对校长影响方式期待倾向的思考

【摘　要】 校长影响力产生于校长影响方式与教师对影响方式期待的匹配。校长影响方式分为权力影响方式和非权力影响方式。权力影响方式有公开奖惩、合法倡导、监督强制等，非权力影响方式有支持关怀、愿景榜样、联盟合作、激励鼓舞、理性劝说、交换指导、智力启发等。研究发现，校长影响力的形成与提升要求谨慎使用公开奖惩，适度使用交换指导、智力启发、理性劝说、合法倡导、监督强制，努力使用激励鼓舞、愿景榜样、支持关怀、联盟合作策略。

【关键词】 校长影响力；教师期待

耶鲁大学校长理查德·莱文认为，"好的校长，尤其是一流大学的校长必须具有影响力和领导力"。莱文的观点表明，好的校长必须具有影响力，缺乏影响力的校长难以成为好校长。

一、校长影响力的内涵与生成机理

校长影响力是指校长在领导学校的过程中，通过职位和自身因素的发挥，使师生员工的心理和行为发生所期望的改变，以实现学校目标的力量。[1]可以说，只有当师生员工的心理和行为出现所期望的改变，校长对师生员工的影响才有效，校长才具有影响力。可见，校长影响力实际上是校长对师生员工的有效影响。然而，什么样的影响才是有效影响，不同的理论有着不同的解释。美国密歇根大学的研究指出，员工导向的领导行为会导致最好的领导效果；俄亥俄州立大学的研究表明，高开拓、高关怀的领导行为最有效；布莱克和莫顿的研究获得了与俄亥俄州立大学研究相似的结论；[2]468-469勒温认为，民主型领导会取得理想的领导效果；利克特认为，参与式的民主领导会提高领导效果。[2]477-478但利克特的理论也受到了批评。孔茨就认为，在一般情况下，参与式民主领导和协商式民主领导的效果会更好一些，但在某些条件下也需要剥夺式的集权领导和温和式的集权领导。比如，在轮船即将沉没的危机情况下，要迅速把大量旅客转移到救生艇上去，就需要一个当机立断、不讲废话的领导者。[2]480可见，存在理想的领导方式的想法是不可实现的"神话"。[3]正如国外一些研究所表明的，最有效的领导行为方式不是固定不变的，相反，因领导情形和相关员工的不同而不同。[4]所有这些均表明，校长要有效影响师生员工——使师生员工的心理和行为出现所期望的改变，其影响方式必须符合他们所在的情境，与他们的需要相一致，因为"需要"才能引发人的行为。

情境领导理论指出，不同情境需要不同的领导，有效领导要求一个人的领导类型要适应不同情境的要求。[5]36据此，只有当校长的影响方式符合师生员工的需要时，校长的影响才会有效，校长影响力才得以生成。换言之，如果师生员工期望校长以某种方式影响他们，校长也确实以这种方式对他们施加了影响，校长的影响就会有效，校长影响力就得以生成；如果师生期望校长以某种方式对他们施加影响，校长却并没有以这种方式施加影响，校长的影响就会无效，校长的影响力就不能生成；如果师生不期望校长以某种方式对他们施加影响，校长就不以这种方式影响他们，校长的影响也会有效，校长的影响力也能生成，正所谓"无为而治"是最高的领导境界；如果师生不期望校长以某种方式施加影响，校长却实施了影响，校长的影响就会无效，校长的影响力就难以生成。校长影响力的生成机理如图1所示。

图1 校长影响力生成机理

二、教师对校长影响方式的期待倾向

对校长影响力生成机理的分析，表明只有当校长影响方式与师生员工对校长影响方式的期待相一致时，校长的影响力才能够生成。事实上，校长的影响对象不仅是校内师生员工，而且包括校长的上级领导、同行、社会人士等。在众多被影响对象中，教师是最为关键的。一方面，学校的发展在于学生的成长，而在学生与校长之间起作用的主要是教师，没有教师对校长办学理念的把握和实践，就很难成就学生的发展。教师的这种媒介价值在学界及实践层面已成共识，老教育家吕型伟先生认为："教育的一切问题归根到底是教师的问题，要靠教师落实……所以应该把教师的工作放在重中之重。"[6]另一方面，校长要对校外人士产生有效影响，校长所依存的学校在这些人员心目中的声望尤为重要。很难想象一所在社会上颇受指责的学校，其校长的言论能得到广泛的认可、借鉴与效仿。学校背景在校长影响力形成中所具有的价值性进一步彰显众多被影响者中教师的重要性，校长只要对教师产生有效影响，使教师"想如校长之所想，思校长之所思，为如校长之所为"，学校的发展就有可能成为现实，校长的影响力就得以形成与提升。

然而，教师作为独立的个体，其心理与行为在什么条件下才会发生校长所预期的改变，从而使校长具有影响力呢？如前所述，"需要"引发人的行为，只有当校长的影响方式符合教师的需要时，校长的影响才会有效，校长的影响力才得以生成。可见，了解教师对校长影响方式的需要是校长影响力生成和提升的前提。

笔者研究发现，校长的影响方式可以分为权力影响方式与非权力影响方式。权力影响方式是指校长依靠学校组织赋予的正式职权和学校形成的规范施加影响的方式，分为公开奖惩、合法倡导、监督强制三个维度。[7]公开奖惩是指校长通过晋升、评先评优，以及解聘、免职、降职、公开批评等形式限制师生的行为选择自由，使他们有所为有所不为，从而按照校长的意愿行动；合法倡导强调校长通过颁布管理规章制度、利用大会宣讲或发表讲话等公开活动，使师生接受影响；监督强制强调校长通过合法的发布命令的权利对教师的日常工作或学生的学习行为进行监督控制，而教师或学生有公认的服从义务。

非权力影响方式主要强调校长通过自身的品质、作风、知识、能力、业绩及行为榜样等的发挥影响师生，包括支持关怀、愿景榜样、联盟合作、激励鼓舞、理性劝说、交换指导、智力启发七个维度。[7]支持关怀关注的是对师生情感的支持和生活的关怀，使他们接受其影响；愿景榜样强调校长通过学校的发展愿景、个人的期待以及优秀的人格特点为师生树立榜样，唤起下属的希望和梦想，促使他们朝着理想方向发展；联盟合作指校长通过鼓励参与决策、争取他人拥护或者亲自加入合作等方式，使教师或学生支持自己的要求；激励鼓舞是指校长通过表扬和鼓励、运用恰当的信念和想象等方式，促使师生挑战自我，满怀信心地投身于他们的工作和学习；理性劝说是指校长通过事实或数据，使要表达的想法符合逻辑或显得合理，从而使教师或学生按照要求行动；交换指导指校长通过承诺施惠、工作指导等形式让教师或学生觉得受到特别对待而产生互惠心理，从而使其行为朝着理想状态发展；智力启发是指校长通过智力上的激发，创设容忍极端意见的环境，培养人们质疑自己和学校的价值观和信仰，深入思考，从而改变行为。

为了解教师对上述校长影响方式的期待倾向，笔者对879名教师进行了问卷调查。问卷采用Likert 7点量表，分7个等级为每个条目赋值，即"非常反感"计1分、"反感"计2分、"比较反感"计3分、"既不同意也不反感"计4分、"比较同意"计5分、"同意"计6分、"非常同意"计7分。结果显示，平均分值6分以上的校长影响方式由高至低依次是激励鼓舞、愿景榜样、支持关怀、联盟合作;平均分值在 5 分至 5.999 分之间的校长影响方式由高至低依次是交换指导、智力启发、理性劝说、合法倡导、监督强制;而公开奖惩的平均分值为 3.712[1](详细数据见表 1)。换言之,教师期望的校长影响方式有激励鼓舞、愿景榜样、支持关怀、联盟合作;教师比较期望的校长影响方式有交换指导、智力启发、理性劝说、合法倡导、监督强制;而教师比较反感的影响方式则是公开奖惩。

表 1 教师对校长影响方式的期待倾向

校长影响方式	教师期待倾向平均分值
公开奖惩	3.712
合法倡导	5.725
监督强制	5.392
支持关怀	6.013
愿景榜样	6.019
联盟合作	6.011
激励鼓舞	6.123
理性劝说	5.748
智力启发	5.759
交换指导	5.890

三、教师视域中校长影响力的生成与提升策略

教师对校长影响方式的期待倾向预示着当校长以公开奖惩的方式影响教师时,教师是比较反感的,校长的决策将很难得到教师的认同,因而也就难以产生影响力;当校长以交换指导、智力启发、理性劝说、合法倡导、监督强制的方式对教师施加影响时,教师比较认同,也就是说教师会贯彻校长意图,因而校长的影响力能够产生,但难以提升;当校长以激励鼓舞、愿景榜样、支持关怀、联盟合作的方式影响教师时,教师会认同,或者说教师会表现出"想如校长之所想、思校长之所思、为如校长之所为",校长的影响力会在这种影响过程中形成并不断提升。校长影响力的这种生成与提升状况表明,为了有效影响教师,校长务必谨慎使用公开奖惩策略,适度使用交换指导、智力启发、理性劝说、合法倡导、监督强制策略,努力使用激励鼓舞、愿景榜样、支持关怀、联盟合作策略。

1. 谨慎使用公开奖惩策略

公开奖惩是校长职位所支配的奖惩资源具体化的反映,它的作用机理是通过"给予"或"剥夺威胁"的形式使人服从。然而,校长的这种影响策略并没有获得教师的认可,如果校长坚持以这种方式影响教师,教师不但不服,反

而会"群起而攻之",结果校长的影响力就难以生成,或者说只能产生负面影响。通过"给予"使教师服从,校长必然会面临两方面的问题:一是不断调节奖赏,不断揣摩哪种奖赏能引起教师的兴趣、哪种奖赏不能引起教师的兴趣,而且还要想出使得这种交换得以持续的方法。二是改变了教师对某种活动的依恋,使得外在因素取代了内在因素。结果,教师们变得愈益依赖奖赏和他们的领导者来激发工作动机。况且,一旦取消奖赏,教师便会有受到惩罚的感觉。这种依靠奖赏使得教师服从的方法不能使教师成为自我管理者和自我激励者。[8]正如爱德华·德西和理查德·瑞安所指出的:"依靠外部奖赏将会降低动机激发的能量。"[9]

通过"剥夺威胁"的方式使教师服从,这种剥夺必须付诸实践,否则"剥夺威胁"就会随着时间而贬值。然而,当校长通过"剥夺威胁"促使教师服从时,这种单边威胁几乎不可避免地会退化为双边威胁,亦即校长与教师之间很可能会滋生敌对情绪。这种敌对情绪将会使威胁被抵消,更有甚者会导致矛盾激化、两败俱伤。可见,为了有效影响教师,校长应该谨慎使用公开奖惩策略。正如校长影响力生成机理所指出的,教师不需要时校长不提供,才会使其生成影响力。

2. 适度使用交换指导、智力启发、理性劝说、合法倡导、监督强制策略

交换指导、智力启发、理性劝说、合法倡导、监督强制这五种方式是教师比较期待的影响方式,校长管理学校的理念、措施只要是上述五种思想的反映,教师就会比较乐意接受,校长的影响力也会得以生成。

交换指导反映在学校管理实践中,就是校长一方面要对教师工作进行指导,另一方面还要对工作达到目标要求的教师给予适当奖励。管理的这种价值取向得到"路径-目标"领导理论的支持。豪斯和米切尔认为,如果领导能使下属在工作中所得到的报酬的数量和种类有所提高,那么领导就能对下属进行激励;如果领导通过下属的培训和指导使得通往目标的途径变得很清楚而且容易实现,那么领导行为也能起到激励作用。[5]58可见,只要校长对教师工作进行具体的培训和指导,并根据其完成工作的程度予以适当奖励,他们工作的障碍将会减少,工作动力将会增强,工作将被完成得更好,从而促进学校发展及校长影响力的生成。

智力启发是一种变革型领导方式。教师对这种影响方式的期望表明教师比较有进步愿望和创新意识。这就要求校长要适当赋予教师工作上的自主权,支持他们工作上的创新。然而,值得注意的是,与教师相比,校长往往容易安于现状,[1]成为学校改革的阻力。这种结论也获得了国外研究的支持,如美国著名教育领袖、科学家约翰·古德拉德等人的研究指出,大致说来,人们认为,校长是学校发展过程中的一个战略性要素。然而,事实上,他或她往往是变革的阻力而不是推动力。英国学者贝克也指出,校长有很多机会蓄意破坏学校发展——不是直接阻挠,而是或采取"观望"态度,或保持中立立场,或对那些意见相左的教师持怀疑态度。

理性劝说是转变认识、观念的重要工具,而认识、观念具有先导性作用。理性劝说的目的在于诠释新事物或赋予旧事物以新意义。学校很多工作都是常规性工作,为这些习以为常的工作赋予新意义是有效推进工作的前提。如笔者在就任校长期间就对跑步这项活动做了新的诠释,将跑步视为"强体(增强身体素质)、炼志(磨炼师生的意志)、提神(提高师生的精神状态)、增效(增强工作和学习效率)"的途径,对跑步工具价值的赋予超越了"跑步只是锻炼身体"的认识。在这种价值的支配下,学校师生跑步时情绪高涨,跑步带来了预期的效果,而这种效果又进一步强化了师生跑步的意识和行为。

然而,教师是有知识、有文化、有主见的专业人士,要转变教师观念并不能一蹴而就,必须靠实践、靠数据说话,尤其要求校长不仅要成为观念的倡导者,更要成为观念的追随者。值得强调的是,作为一种劝说策略,理性劝说的工具价值获得了其他研究的极力推崇,如在基尼斯等人进行的影响策略研究中,理性劝说被认为是使用频率最高的影响策略。[10]理性劝说影响方式的这种价值也得到了校长的肯定:"理性劝说涉及信息的收集整理和组织,因而耗时费神是在所难免的,但它能增强教师的承诺,有理有据,使教师心服口服。"校长不妨尝试通过理性劝说影响方式增强教师组织承诺,提升其工作绩效,从而实现校长影响力的提升。

合法倡导体现了一种价值取向。校长有权利和义务确立学校的主导价值观,以引导教师行为。价值的载体可以是故事中主人翁的言行,可以是教师的言行,也可以是校长的言行。值得一提的是,校长言行本身就是一种价值观的反映,其日常表现会"左右"师生员工的表现。因此,当校长期望教师有良好表现时,他自己首先就应该有良好的表现。

监督强制影响方式是法治思想的反映。法治的前提是有"法",然后教师才能依"法"施教。以这种方法获取教师的服从面临着两方面的问题:一是要有明确、清晰、烦琐的职责,二是教师只会做分内的事情。[8]然而,教师的工作对象是具有生命力的人,对学生的教育在强调分工、专业化的同时还需要很好的协作,而且教师的工作内容和工作时间都是有弹性的。教师工作的这种特性使得对教师的行为不可以像对工人那样进行严格的规制。也就是说,试图通过确定具体的权利与义务来实现对教师的监督管理是徒劳的。也正因如此,这种影响方式获得教师认可的程度并不是很高。这种情况表明,校长不宜对教师过多使用"应该"或"义务"之类的词语。

3. 努力使用激励鼓舞、愿景榜样、支持关怀、联盟合作策略

正如调查结果所指出的,激励鼓舞、愿景榜样、支持关怀、联盟合作是教师期望的影响方式,当校长以这些方式对教师施加影响时,教师乐意接受,且会把校长的意图体现到工作中。

激励鼓舞要求校长寄予教师较高的希望和信心。西方学者伯鲁和霍尔以及凯的研究发现,随着上级对下级表示出的期望水平的提高,下级的表现也会随之提高。这一观点也获得罗森塔尔等人的证实。在他们的研究中,教师们按照要求表示某些学生比其他学生能干,结果证明,教师的这种信任或期望直接导致学生较好的表现。[11]校长通过对师生寄予较高的期望和表示相信他们有能力达到这些期望,在师生看来是校长对他们能力评价的反映,也使他们更觉得自己是有能力、有前途的。校长的这种行为增强了师生对自身能力和自我效能感的认识,从而进一步提高了他们的绩效。

激励鼓舞要求校长唤起教师的追随动机。动机就是需要,是一种价值的呼唤。"人是追求和创造价值的动物。"[12]校长通过激发教师的需要而使他们更加努力地工作,可以促进校长影响力的提升。

对于愿景的价值,列宁曾说,伟大的精力产生于伟大的目的。[12]又如有学者认为,领导者是能提出振奋人心的远景目标,并有能力吸引抱有同一目标的员工共同工作的人。[13]可见,远景目标与学校、与学校领导者的关系犹如水与舟的关系。缺乏远景目标的学校,其成员就会失去前进的方向,工作常常停留在应付日常事务上,缺乏动力,得过且过。

然而,愿景又必须具有一定的道德色彩,能唤起人们的希望和梦想,给予追随者一种使命感。比如有一所中学把"为了让更多的人生活得更幸福、更快乐"作为学校成员的一种追求。愿景的这种道德意蕴要求,正如伯鲁所言,"为使这一理想富有意义和激情,它必须反映组织成员所看重的目标或事情发展的未来状态,并且实现该目标对他们来说意义重大"。[11]当然,仅有愿景还不够,愿景的价值在于其现实化。学校愿景的现实化要求校长以身作则、身先士卒。校长以身作则不仅反映其对理想、信念、目标、决策的一种坚定信念,而且会成为一种驱动力,促使学校其他成员克服困难、战胜阻力。

学生的模仿性很强,因此校长要"言传身教";学校的远景目标,校长必须带头追随;学校的规章制度,校长必须带头执行;学校的每一项决策,校长应是行动者;学校的每一项主张,校长应是实践者。校长不仅要自己以身作则,更要在师生中发现和树立榜样。工作表现突出者受到褒奖,会觉得自己的工作得到了认可,进而产生荣誉感,这种感觉又会促使他们更加努力工作。与此同时，尚未受到褒奖者会觉得学有目标，这种对目标的追求促使他们更加专注、投入地工作。

支持关怀影响方式获得教师的积极认同，首先是因为新课改带来的挑战。新课程无论是人才目标还是教材内容与呈现方式都有别于以往的课程，这就要求教师更新教学理念和教学方法。这对已习惯于将课堂教学视为教师讲、学生听这种"授—受"教法的教师来说谈何容易。也正因为如此，教师才会出现"情绪上的疲惫感、人际上的疏远感、工作上的无意义感和知识上的耗尽感"等职业枯竭情况。[14]其次与目标管理不无联系。20世纪80年代以来，受工商业结果导向管理理念的影响，目标管理思想在学校中逐渐盛行。在目标管理倡导者看来，只要为教师制定目标并辅以相应的奖惩措施，他们就会拼命地干。完成了目标的教师获得奖励，目标未完成的教师受到惩罚甚至被解聘。但教师职业枯竭的情况充分说明这种"胡萝卜加大棒"的管理方式对教师所起的激励是有限的。教师职业枯竭的出现反映出学校管理缺乏人文关怀，要求校长重视教师的学习，要了解和关心教师工作上的困难，要改善教师的生活待遇，从而使教师安心工作，提高教育教学质量。

联盟合作是民主管理思想的反映。教师期望校长以这种方式施加影响，说明教师具有较强的主人翁意识。让教师参与到学校决策中来，决策就会成为教师自身的决策，教师的承诺度也会提升。"承诺一致原理"指出，一旦我们做出了一个决定或选择了一种立场，就会有发自内心，以及来自外部的压力迫使我们与此保持一致。[15]教师参与学校决策的过程也就是教师对决策作出承诺的过程。因此，这种参与不仅会增强教师的主人翁意识，而且会促使教师努力执行决策。当教师是其自身决定的执行者时，他们工作起来会更有干劲，更有可能体验到工作的激情。

诚然，校长依据教师期望施加影响而生成和提升影响力反映的是影响适应性的逻辑与品质，有"环境决定论"之嫌。但适应环境在于改造环境，人的主体性赋予校长影响方式以超越性的逻辑与品质。在校长工作获得教师认同与支持的基础上，校长要构建学校新的发展愿景，变革学校文化，使学校迈向新的发展征程。校长的影响力就是在这种"适应—超越"的进程中不断生成与提升的，进而不断推动学校的发展。

参考文献

[1] 林天伦. 中小学校长影响力研究 [D]. 北京：北京师范大学，2005.

[2] 章志光，金盛华. 社会心理学 [M]. 北京：人民教育出版社，1998：468 –

469,477-478,480.

［3］Larson L L, Hunt J G, Osborn R N. The Great Hi-Hi Leader Behavior Myth: A Lesson from Occam's Razor. Academy of Management Journal, 1976: 19.

［4］豪威尔. 有效领导力［M］. 付彦, 译. 北京: 机械工业出版社, 2003: 13.

［5］诺思豪斯. 领导学: 理论与实践［M］. 吴荣先, 等, 译. 朱永新, 审校. 南京: 江苏教育出版社, 2002: 36, 58.

［6］刘启迪. 学校课程设置: 基本加灵活［J］. 课程教材教法, 2009 (7).

［7］林天伦. 中小学校长影响方式的现状与分析［J］. 华南师范大学学报 (社科版), 2007 (4).

［8］林天伦. 学校管理的升华: 使工作赋予激情［J］. 中小学校管理 (人大复印资料), 2008 (2).

［9］萨乔万尼. 道德领导: 抵及学校改善之核心［M］. 冯大鸣, 译. 上海: 上海教育出版社, 2002: 31.

［10］谢晓飞, 陈文峰. 管理者个人影响力的测量与分析［J］. 北京大学学报 (自然科学版), 2002 (1).

［11］皮尔斯, 纽斯特罗姆. 领导者与领导过程［M］. 北京华译网翻译公司, 译. 北京: 中国人民大学出版社, 2003: 439.

［12］袁贵仁. 价值学引论［M］. 北京: 北京师范大学出版社, 1990: 序, 178.

［13］迪夫. 影响力［M］. 常桦, 译. 延吉: 延边人民出版社, 2003: 225.

［14］王芳, 许燕. 中小学教师职业枯竭状况及其社会支持［J］. 心理学报, 2004, 36 (5).

［15］西奥迪尼. 影响力［M］. 张力慧, 译. 北京: 中国社会科学出版社, 2002: 67.

(此文原载于2010年《教育发展研究》第4期, 全文转载于人大书报资料中心《中小学学校管理》2010年第7期)

有关校长影响力的几个基本问题

【摘　要】校长影响力是校长在领导学校过程中通过职权和自身因素的发挥使师生员工的心理和行为发生所期望的改变以实现学校目标的力量。校长影响力具有关系性、强制性、自愿性、不对称性、个体性、合理性等特征。内含职位权力元素的校长影响力还具有广延性、综合性和强度等属性。校长影响力的特征与属性要求校长施加影响时要遵循合理性、合目的性和合规律性原则。

【关键词】校长影响力

一、校长影响力的属性

伯特伦特·德·尤未奈尔（Bertrand de Jouvenel）在论述权力时指出，权力或权威有三种特性：广延性、综合性和强度。尤未奈尔认为，广延性是指遵从掌权者命令人员（权力对象）的多寡；综合性是指掌权者能够调动权力对象所采取的各种行动种类的多寡；强度是指掌权者的命令能够把权力对象推行的远近（而不影响遵从）。[1]尤未奈尔的权力属性得到了帕特里奇（P. H. Partridge）的支持。帕特里奇认为，权力关系具有三种属性，一是范围（range），二是接受区（zone of acceptance），三是强度（intensity）。[2]

1. 校长影响力的广延性

权力关系的广延性对应于校长影响力就是校长施加影响的对象的数量。校长的影响对象主要是学校的师生员工，此外，政府官员、社会人士、兄弟学校、学生家长等都有可能成为校长的影响对象。校长的影响对象可少可多。可以只有一个人，如校长单独找一个教师或学生谈话；也可以包括全校师生，以及与学校有往来的校外人士，如校长在教师大会或学生大会上发表演讲。由于校长领导学校是通过权力等级实现的，因此，校长对师生员工的影响也会遵循等级路线，上一级影响下一级，级级传递。当然，有时可以也有必要越级传递，如校长可直接召开学生大会。

在学校行政权力等级链中，最靠近校长的是副校长，接着是主任、学科组长（年级组长）、班主任、普通教师、学生。

如前所述，尽管在校长影响力关系中，校长常常是影响者，但这并不排除校长也会成为被影响者，会受到师生员工的影响。同样道理，师生员工对校长施加的影响也是层级性的，下一级向上一级层层影响，当然，越级是可以的同时也是必要的。

校长影响力的广延性揭示出校长影响力与影响对象数量呈正相关关系，也就是说接受校长影响的人越多，校长的影响力就越大，反之亦然。

2. 校长影响力的综合性

权力关系的综合性是指掌权者控制权力对象活动领域的数量。罗伯特·达尔（Robert Dahl）喜欢用"领域"或"问题区"代替"综合性"，这仅是学者们用词上的偏好而已。这些概念都表达了同一个意思，即掌权者掌握权力领域的数量，或权力对象全部行为和生命活动受到控制的比例和范围。综合性反映到校长影响力关系中就是校长可以对师生员工施加影响的范围。这个"范围"包含两层意思：首先，对于被影响者即师生员工来说，校长可以影响他们的哪些方面，也就是说师生员工的哪些领域允许校长进入，如校长是否可以阅读学生的信件；其次，对于影响者校长来说，校长可以有哪些途径进入师生被允许影响的每个领域，如为了提高教师的课堂教学水平，校长可以亲自指导，可以鼓励老师之间交流，也可以把老师送到其他地方学习或者请他人来校指导，更可以多管齐下。

校长影响力的综合性意味着在法律许可范围内，校长能对师生员工施加影响的领域越多，校长的影响力就越大；校长能对师生员工同一个领域施加影响的方式越多，校长的影响力也就越大。可见，校长影响力与校长能影响师生员工的领域以及对同一领域施加影响的方式的多寡呈正相关关系。

3. 校长影响力的强度

权力关系的另一属性是强度。依丹尼斯·朗（Dennis H. Wrong）的观点，强度主要是指"掌权者使用权力控制权力对象行为的一切领域内可供掌权者有效选择的程度"。[3] 据此，校长影响力的强度是指校长可以对一件事情施加影响的程度。校长对师生施加影响总有一个极限，超出极限，影响就会受到抵制、抗拒甚至中断。

"物极必反""量变质变"是说事物总有一定量的规定性，超出了这个规定性，事物就会朝着相反方向转化。同样道理，校长对师生的影响也受到程度的制约，这个程度表现为下限和上限。当校长的影响小于下限时，师生不是没有感觉就是不会接受这种影响；当校长的影响超越上限时，师生不是抵制就是校长在违规，校长的影响效果就会走向反面。只有当校长的影响处于下限与上限之间，校长的影响力才能够生成，并且在这个区间内，校长影响力会随着校长影响程度的增加而不断提升。比如，一位教师有希望获得省级优秀教师荣誉称号，如果校长只同意推荐其参加地市级优秀教师评选，校长对这个教师的影响行为就难以使该教师对校长心存好感，该教师的工作积极性也难以提高。校长对该教师的影响力不但得不到提升反而有下降的可能。又如，一位在大多数人眼里只能晋升为年级组长或学科组长的教师，校长却将其提拔到副校长的岗位上，校长的这种影响行为非但得不到教师们的认可，反而会让他们觉得校长意图不纯，校长影响力也会随之下降。可见，校长对师生影响程度的掌握是校长影响力形成的关键，低于下限或高于上限，校长影响力都得不到提升。

综上所述，校长影响力的广延性是指校长影响行为涉及的对象，对象的数量可以是大于或等于1，数量越多，校长影响力就越大。校长施加的影响可以是直接的也可以是间接的，无论是哪一种情况，校长的影响一般都是层级性的，一级向一级传递。当然，也可以且有必要越级影响。综合性强调的是校长可以对师生的哪些方面施加影响，以及校长可以通过哪些行为对师生施加影响，在法律许可的范围内，校长能影响师生的范围越广，校长的影响力就越大；校长的影响方式越多，校长对师生影响的有效性就越大。强度强调的是校长影响力的产生存在一个区间，只有在区间之内，校长影响力才能够生成和提升。校长影响力的广延性、综合性和强度影响着其有无及大小。

二、校长影响力的特征

校长对学校的领导是通过其影响力的发挥来实现的。校长影响力主要具有以下几方面的特征：

第一，校长影响力体现了一种关系。这种关系假定参与双方都有所需求并能提供给自己所缺失的。在这种关系中，提供需求的一方是实质上的影响者，需求方是被影响者。在校长影响力关系中，校长既是供应方又是需求方。作为供应方，校长拥有个人资源和学校集体资源的支配权；作为需求方，校长有职责要求和个人需求。校长的职责要求表现为校长的角色要求，如完成所规定的各项任务、培养全面发展的人才、师生的满意度等，校长的个人需求表现为校长的专业发展、晋升到较高职位、成为优秀校长。同时，校长的主要影响对象——学校的师生员工，也既是供应方又是需求方。作为供应方，他们可以接受校长的影响，在心理和行为上发生校长所期望的改变；作为需求方，他们又有尚未满足的需要如对知识的渴求，身心发展的需要，对财富、权力、声望[4]的追求等。这些需求试图通过参与校长的影响关系而获得满足。校长影响力就在校长与师生员工之间这种相互供需关系中得到生成。

校长与师生员工之间的这种相互供需关系常常会受到所在环境的影响。如在强调升学率的环境中，对学习成绩的需求会被视为高于一切；又如，在注重财务管理的法治化学校中，校长的经费使用亦会受到法律约束。环境对校长与师生员工供需关系的影响,表明校长影响力不仅是校长与师生员工互动的产物,更是校长、师生员工和环境相互作用的结果。

环境制约人,人可以改变环境。正因如此,包含职位权力因素的校长影响力可以反作用于校长、师生员工以及环境。在一所校长有着广泛影响力的学校,校长的影响方式、师生员工的需要、学校文化等会更趋近于与校长意愿一致。由此可见,校长、师生员工、环境三要素之间是相互影响、相互制约的,这三要素共同构成了校长影响力关系模型,如图1所示。

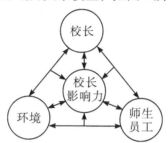

图1 校长影响力关系模型

第二,校长影响力是一种力量。与一般影响力不同,校长影响力包含职位权力因素,带有强制性和不可抗拒性;也包含非职位权力因素,带有自愿性和选择性。因此,校长影响力是职位权力与非职位权力因素的统一,融合了强制性、不可抗拒性及自愿性、选择性。融合了强制性与自愿性的校长影响力通过校长一系列有意识的影响行为表现出来,这种影响行为反映到学校工作中就是对学校的领导,这种领导不是特定情形下采取的单个或若干个动作,而是有着特定目标且始终如一的行为方式。罗伯特·坦南鲍姆(Robert Tannenbaum)在《领导:职权范围》一文中把领导定义为"在某种条件下,经由意见交流过程所实行出来的一种为了达成某种目标的影响力"。[5]

第三,校长影响力关系的不对称性。在校长影响力所构成的校长与师生员工的关系中,校长是影响者,师生员工是被影响者,两者之间总是倾向于施加影响与接受影响的关系,这是一种非对称关系。这种关系之所以存在,是因为校长作为上级,掌握着学校资源的控制权;师生员工作为下级,需要从校长那里获取资源。位于学校组织这座金字塔塔尖的校长,拥有学校其他成员没有的资源配置权,也承担着其他成员承担不了的组织责任。然而,校长影响力关系的非对称性并不排除校长由影响者变成被影响者的情形。校长施加影响是为了引起被影响者的心理反应和行动改变。为了获得有效影响,校长有必要了解被影响者的所思、所想、所为,不断调整对他们的影响方式。

第四,校长影响力具有个体性。虽然有时实施上述一系列影响行为的人可能不只一个，但在特定的学校中，人们总是期望有一个人来履行校长的角色，无论他是委任的、推选的或是竞选的。然而，强调校长影响力的个体性并不意味着校长影响力的强弱只是校长个人偏好的结果。作为一校之长，学校发展的使命要求其充分发挥主观能动性，通过积极施加影响而形成更大的影响力，通过形成的影响力而获取更多的内外资源，并使这些资源服从和服务于学校的发展目标。

第五，校长影响力来源于对被影响者需求的满足，同时校长的影响旨在获取服从或合作行为，以便实现学校的目标。尽管校长影响力关系存在固有的不对称性，师生员工也有接受校长影响的义务，但个体有自主性和选择性，这受到法律保护。与此同时，人们加盟学校也是因为他们发现"同其他人一道工作能够加强自己的能力，从而可以更好地满足他们自己的需求"[6]。换言之，师生员工接受校长的影响是因为他们有着尚未被满足的需求，期望通过校长的影响行为得以满足。如果校长的影响行为有悖他们的需求，必然会遭到抵制。同时，校长承担着整个学校发展的重任，校长可以通过变革性的影响行为对师生员工施加影响，将师生员工的心理和行为导入学校发展的方向，以实现学校培育高素质人才的目标。

三、校长影响力的实施原则

校长影响力从其形成上说是校长与交往对象尤其是师生员工互动的结果，从功能上来说则是改变交往对象心理和行为的手段。因此可以说，校长影响力是结果和手段的统一。作为结果，它来源于校长对被影响者需要的满足，或者说是校长动员其他资源的结果；作为手段，它是校长获取他人服从或者合作行为以实现学校目标的必要资源。

校长影响力含有权力因素也含有非权力因素，是校长自身因素与职权结合的统一体。作为学校领导者，校长必须有权；只有有了权，他才可以对学校的人力、物力、财力资源进行配置以履行计划、组织、领导和控制职能，从而实现学校目标。作为一校之长，校长对影响力的追求不仅是学校在竞争中获得生存和发展的需要，也是校长保护和拓展既有利益的需要。学校之间竞争本质上是校长影响力的竞争，校长影响力是学校竞争胜负的标志。

上文已述，广延性、综合性和强度是校长影响力的三种特性，表达了校长影响对象的数量、校长可以施加影响的领域，以及对每一个领域影响的方法与影响程度。换言之，它们反映的是校长可以影响谁、可以影响多少人、可以影响哪些方面、可以用哪些方式影响、可以影响到什么程度。这三种属性关乎校长影响力的有无及大小。只有依照一定的原则施加影响，校长影响力才得以生成和提升。

1. 合法性原则

校长影响力旨在引起师生的心理反应和行为改变。要实现此功能须依赖校长一系列的影响行为。但是，校长对师生的影响行为只能限定在法律许可范围之内，符合校长的职责要求，超出了校长的角色要求，校长的影响行为就会遭到师生员工的抵制。因此，校长对师生的影响首先必须符合法律法规的要求。

校长对师生影响的合法性还表现在校长对学校管理的合法性。校长对学校工作的管理实质上是校长不断从事计划、执行、检查、修正的过程（美国著名管理专家戴明提出，管理由计划、执行、检查、修正等环节组成），是在不同群体及个人之间分配学校资源，以影响不同的交往对象从而使他们在心理和行为上产生较长预期状态的过程。具体而言，校长影响的合法性主要体现为内容的合法性和方式的合法性。

内容的合法性是指校长对师生提出的要求必须是合法的，也就是说学校制定的各项规章不能与国家的政策法规相抵触。如有些学校规定，学生在考试中作弊达到若干次就要开除，而开除学生的处分侵犯了学生的受教育权，因此这种规定是不合法的。又如，有些学校私自向学生收取费用，这种做法也是违反相关规定的。另外，一些学校校长为了提高升学率只开设考试科目，对非统考科目置之不理，这种做法也违反了国家对学校课程开设的有关要求。

方式的合法性是指校长要采取合法的方式执行学校的决策。有时候学校的决策是正确的，但决策执行的方式不一定合法，方式合法与否直接关乎校长影响结果的性质。例如，提高学校的升学率是正确的，但如果校长暗示学生可以抄袭或监考教师可以允许考生传带纸条，则校长的这种影响方式就不合法了，违反了国家的考试规定。又如，加强学生管理、杜绝学生迟到是正确的决策，但如果学校给予迟到的学生以停课的处罚来达到杜绝迟到的目的，这种影响方式就侵犯了学生的受教育权，也是不合法的。

内容合法与方式合法要求校长在对相关的人或事施加影响时必须考虑可以在哪些领域施加影响、不可以在哪些领域施加影响，每个领域可以采取什么方式施加影响、不可以采用什么方式施加影响。换言之，校长的影响行为无论是内容还是方式都必须与被影响者的权益相一致。此外，校长影响力的合法性不仅要求校长领导行为的合法性，还要求校长个体社会行为的合法性。校长是社会的一员，在日常生活中应自觉守法、知法、遵守社会公德，自觉抵制各种不良的社会倾向，维护国家和社会的利益。

2. 合目的性原则

人的行为是有目的的。斯大林说："伟大的精力只是为了伟大的目的而产生。"目的，简单地说，就是实践所要达到的目标或终点，是人在活动之前意识预料到的、思想上设计好的活动结果，是"生产的观念上的内在动机……"（《马克思恩格斯全集》第46卷）

行为的目的性表明校长施加影响也是有目的的，这种目的促使校长持续不断地向师生员工施加影响。同时，正如校长影响力特性所表明的，内含职位权力的校长影响力具有强制性和不可抗拒性，这意味着无论师生员工接受与否，他们都有着服从和执行校长指令的义务。校长影响力所具有的这种目的性和强制性为校长追求其个人目的而放弃学校目的提供了机会。换言之，校长可能会出于对其个人利益的满足而置师生员工和学校的利益于不顾。现实中，存在一些以权谋私、假公济私，把个人拥有的影响力视为满足个人欲望的工具的校长，从而失去了师生员工的爱戴拥护，师生员工不再以积极的方式对待校长施加的影响，而是千方百计躲避校长的影响，使校长影响名存实亡。校长影响力的个人目的性倾向要求校长对师生员工施加影响时不能仅从其自身目的出发，必须把其目的与学校目的、师生员工目的结合起来，通过目的的共享提高目的的认同度与承诺度，彰显目的的激励性，从而实现学校的高产出，提升校长影响力。

3. 合规律性原则

校长的影响行为具体到学校工作中就表现为校长对学校的管理行为。学校管理是有规律的，层次越高，规律就越抽象，越具有普遍性，到最高层，就是最一般的规律，也就是基本规律。校长的影响行为必须遵循这些基本规律。

首先，校长的影响行为必须遵循有效实现育人目标的规律。校长的管理与育人工作紧密相连：①校长的管理工作受教育工作的制约，必须与教育教学紧密结合、相互协调。教育教学工作是学校的中心工作，是学校育人的基本途径。校长的管理工作必须根据教育教学工作的需要，创造各种有利条件，保证教育教学工作顺利开展。同时，校长的管理必须与教育教学密切配合，加强协调控制，创设稳定的教育教学环境，争取教育教学的高质量，实现学校的育人目标。②校长作为育人工作者，自身也必须发挥育人职能。校长为人师表，应以身作则、做好表率，只有如此，学校育人目标的实现水平才会不断提高。

其次，校长的影响行为必须体现校长的主导性与师生主体性相统一的规律。校长的主导性受学校被管理者的主体性制约，如果只有校长的积极性而缺乏广大师生员工的积极性，则校长在办学方向和目标等方面的主导效果也是无法实现的。另外，被管理者主体性的发挥也受到校长主导性水平发挥程度的制约。校长是学校的灵魂，其品行是否端正、业务知识是否扎实、作风是否民主、能否发挥学校核心的作用，直接关系到被管理者主体性的发挥。唯有校长德才兼备、作风民主、善于调动学校成员的积极性，学校干群才能拧成一股绳，共同实现学校的管理目标和育人目标。

四、校长影响力的定位

就其性质来说，校长影响力是一种力，有大小和方向。这种力源于校长与交往对象之间的互动而又反作用于他们之间的互动。从来源而言，校长影响力可视为其自身品德、知识、能力、情感等内在因素协调联动而外化的结果，也可视为校长的服饰、体貌、言行举止、领导行为等外显因素相互协调对象化的产物。无论是外化抑或是对象化，都隐含这样的假设，即校长之外还必须有他人的存在。换言之，校长的思想、行为总得有"消费市场"，有"购买者"。这符合巴纳德"权威来自下属的接受和认可"的观点。据此，只有师生员工认可并接受校长的思想、言行，校长才有权威，才会产生影响力。师生员工认可、接受的程度越高，意味着他们的心理和行为发生改变的程度就越大，校长就越具有影响力。由此可见，就形成来说，校长影响力是校长对其交往对象需要的满足的结果。

更确切地说，师生员工的需要就是社会对他们需要的折射，是社会核心价值观的具体化。社会需要有知识的人，师生员工则表现出旺盛的求知欲；社会倡导相互合作、相互尊重，师生员工就期望校长为他们营造合作的环境，决策能征求他们的意见。既然需要是环境的反映、是价值观的体现，校长就可以通过改变学校文化来改变师生的需要。"有什么样的校长就有什么样的学校"正是这种观点的反映。校长具有的这种功能规定着校长对师生员工需要的满足必须符合社会主导价值观，不能违背国家的政策法令。

就其功能来说，校长影响力也是一种力。力的作用在于使物体发生形变或状态改变，而校长影响力则在于使交往对象的心理和行为发生改变。交往对象的改变越大，校长影响力也就越大。改变是校长影响力的衡量尺度。谁改变、在哪些方面改变、改变到何种程度取决于校长交往对象的不同，取决于法律赋予他们的权利。师生心理和行为的改变实质上是舍弃自身的而选择校长的，但这种选择又不是纯粹自由的选择，因为校长影响力含有权力这种强制性因素，这就不排除校长有"越位"而师生有"缺位"的可能。校长的"越位"表现在增加课时、变更课程计划等；师生的"缺位"则体现在有时过于偏向智力因素考量而轻视非智力因素。可以说，校长影响力的方向，也就是校长施加影响的内容，必须与国家教育政策法规的要求相一致。

校长影响力有别于物理学上的力。后者作用的常常为单一物体，力的大小可以直接通过该物体进行量度。而校长影响力体现了一种关系，一种带有权力性质的关系。这种关系的建立,部分在于每个学校参与者权利的让渡,正因为这种让渡才使得有人能成为校长。校长影响力也是公权和私权的统一,而且更倾向于一种集体的资源。校长作为学校的代表与外界发生联系,即使是校长私人的事,他人也会以公事的方式予以对待。校长影响力具有的这种性质规定着其作用的对象不是个别人而是与学校有关的人,作用对象也不是取决于校长的主观偏好,而是由校长的职位所决定。

综上所述,从形成上看,校长影响力来源于其交往对象需要的满足,需要与满足必须是合法的;从功能上看,校长影响力是一种使交往对象心理和行为发生改变的力量,谁要发生改变、在哪些方面改变、改变到什么程度,必须符合校长的职责要求、影响对象的身心发展以及国家的有关规定。

参考文献

[1] DE JOUVENEL B. Authority:The Efficent Imperative [A]. FREDRICH C J., NOMOS I A [C]. Cambidge, Mass.:Harvard University Press, 1958:160.

[2] PARTRIDGE P H. Some Notes on the Concept of Power [J]. Political Studies, 1963 (11).

[3] 朗 D. 权力论 [M]. 陆震纶,郑明哲,译. 北京:中国社会科学出版社,2001:16.

[4] 波普诺 D. 社会学 [M]. 李强,等,译. 北京:中国人民大学出版社,2001:101.

[5] 程方正. 管理心理学 [M]. 北京:北京师范大学出版社,2004:331.

[6] 雷恩 D A. 管理思想的演变 [M]. 李柱流,赵睿,肖聿,等,译. 北京:中国社会科学出版社,2002:11.

(此文原载于 2010 年《教育发展研究》第 10 期,全文转载于《新华文摘》2010 年第 17 期)

影响校长影响力的因素分析

【摘　要】 校长影响师生员工的方式分为权力影响方式与非权力影响方式。校长选择何种影响方式领导学校，受其个人特征和学校特征的影响。不同影响方式的选择产生不同的影响效果。研究认为：校长的影响力与学校特征关系不大，而与校长自身的特征有较大关系；一般校长在同一所学校任职时间不宜过长；普通学校校长应更注意发挥个人影响力，增强变革意识。

【关键词】 校长领导力；校长影响方式；权力影响方式；非权力影响方式

校长通过各种影响方式来实现对学校的领导。不同影响方式会产生不同的管理效果，给学校带来不同的发展。按校长是否借助正式职权和学校规范，我们将校长影响方式分为权力影响方式与非权力影响方式。权力影响方式，是指校长依靠学校组织赋予的正式职权和学校规范施加影响的方式，分公开奖惩、合法倡导、监督强制三个维度。非权力影响方式强调校长通过自身的品质、作风、知识、能力、业绩，以及行为榜样等影响师生，分为支持关怀、愿景榜样、联盟合作、激励鼓舞、理性劝说、交换指导、智力启发七个维度。

校长在学校管理中选择何种影响方式，受其个人特征和所在学校特征的影响。在研究中，我们采用主观认知评价的方法，对来自全国 314 名中小学校长进行了调查。我们把校长影响方式划分为 38 个子条目，采用利克特七点量表，分七个等级给每个条目赋值（"非常反感"计 1 分、"反感"计 2 分、"比较反感"计 3 分、"既不同意也不反感"计 4 分、"比较同意"计 5 分、"同意"计 6 分、"非常同意"计 7 分），形成校长影响方式问卷。我们要求校长根据个人的实际工作情况，对每种影响方式的赞成程度做出选择。

一、个人特征对校长影响方式的影响

校长的个人特征，主要涉及性别、年龄、学历、职位、职称、任职年限等。

（一）个人特征对校长权力影响方式的影响

1. 正校长比副校长更倾向于权力影响方式

不同职务的校长选择权力影响方式的倾向不同，正校长比副校长更倾向于通过对学校组织资源的控制获取师生的服从。正副校长在合法倡导、监督强制影响方式的选择上不存在差异,但在公开奖惩上有区别。尽管校长们都不大支持公开奖惩的影响方式,但副校长比正校长的拒绝性更大。

表1　职务对权力影响方式的影响

	平均数	标准差	df	F	Sig. (2 - tailed)
正校长	5.263	0.043	1	4.043	0.045*
副校长	5.102	0.067	—	—	—

注:*$P<0.05$,**$P<0.01$,下同。

2. 任职时间越长的校长越倾向于使用权力影响方式

我们分析校长的任职年限对权力影响方式的影响发现:校长任职时间越长,越倾向于以权力影响方式(特别是越倾向于使用公开奖惩的方式)对教师施加影响。

表2　任职年限对权力影响方式的影响

	平均数	标准差	df	F	P	多重比较
3年及以下	5.042	0.066	2	5.936	0.003**	3>1
4年~6年	5.226	0.068	—	—	—	—
7年及以上	5.356	0.062	—	—	—	—

3. 男校长比女校长更倾向于使用权力影响方式

校长的性别对其权力影响方式的影响主要体现在公开奖惩和合法倡导两个维度上。尽管男女校长都不青睐公开奖惩的影响方式,但总的来说,男性校长比女性校长更倾向于使用这种方式。在合法倡导影响方式的使用上,男女校长都有着较大的倾向性,但女性校长比男性校长的倾向性更大。

4. 低学历的校长更倾向于使用权力影响方式

校长的学历对是否选择公开奖惩的方式有影响,对是否选择合法倡导和监督强制的方式没影响。尽管校长都不大愿意通过公开奖惩的方式对教师施加影响,但相对而言,学历较低的校长比学历较高的校长更倾向于使用这种方式。

5. 年龄和职称对校长选择权力影响方式的影响不大

年龄、职称对校长的权力影响方式在整体上和具体方式上都没有太大的影响。

(二) 个人特征对校长非权力影响方式的影响

1. 女校长比男校长更认同非权力影响力

不同性别的校长对非权力影响方式的选择有差异。女校长比男校长更倾向于使用关怀支持、愿景榜样、联盟合作、激励鼓舞、智力启发、交换指导等影响方式。在理性劝说的选择上,男女校长的差异不大,且这一因素与其他因素相比得分并不高。

表 3　性别对非权力影响方式的影响

	平均数	标准差	df	F	p
男	5.854	0.079	1	10.003	0.002**
女	6.130	0.038	—	—	—

表 4　各因素在性别变量上的差异

	男 ($N=241$)		女 ($N=73$)		F	P
	M	SD	M	SD		
关怀支持	5.751	0.043	6.072	0.078	−12.878	0.000**
愿景榜样	6.001	0.069	6.208	0.038	−6.842	0.009**
联盟合作	6.003	0.077	6.312	0.042	−12.414	0.000**
激励鼓舞	6.065	0.070	6.345	0.039	−12.105	0.001**
理性劝说	5.839	0.083	5.944	0.046	−1.216	0.271
智力启发	5.668	0.045	5.912	0.082	−6.812	0.009**
交换指导	5.617	0.046	5.835	0.084	−5.192	0.023*

2. 高学历的校长更倾向于使用非权力影响方式

本科学历的校长比专科学历的校长更倾向于通过自身的知识、能力、品德和情感赢得师生的认同。本科学历的校长比专科或以下学历的校长更倾向于使用愿景榜样、联盟合作、激励鼓舞、理性劝说等影响方式。在智力启发、交换指导、关怀支持三个因素上,不同学历的校长的选择差异不大。

表 5　各因素在学历变量上的差异

	大专或以下 ($N=160$)		本科 ($N=151$)		F	P
	M	SD	M	SD		
关怀支持	5.754	0.061	5.835	0.059	1.154	0.317
愿景榜样	5.942	0.054	6.150	0.052	5.454	0.005**
联盟合作	5.942	0.061	6.160	0.058	4.582	0.011*
激励鼓舞	6.010	0.054	6.222	0.052	5.678	0.004**
理性劝说	5.718	0.063	6.027	0.061	7.485	0.001**
智力启发	5.716	0.062	5.792	0.060	0.974	0.379
交换指导	5.688	0.064	5.680	0.061	0.469	0.626

3. 其他要素对校长非权力影响方式的影响不显著

以年龄、职务、任职年限、职称为自变量，控制其他变量，发现它们对校长非权力影响方式的影响不显著。换言之，校长的非权力影响方式的运用不会因其年龄大小、职务高低、任职年限的长短、职称的高低而变化。

二、学校特征对校长影响方式的影响

学校特征主要指学校所在地（城市、县城、乡镇）、学校等级（省重点，市、县、区重点，普通）和学校类别（小学、初中、高中、完全中学）。由于被试所在的学校多数为公立学校，私立学校和股份制学校的样本过少，因此我们对学校性质（公立、私立、股份）不做分析比较。

（一）学校特征对校长权力影响方式的影响

以学校所在地、等级、类别为自变量，控制其他变量，发现它们对校长权力影响方式的影响不显著。

1. 学校所在地对校长权力影响方式的总体影响不大

以所在地为自变量，控制其他因素，对校长权力影响方式三因素进行多元方差分析，发现不同所在地的校长总体上在权力影响方式上不存在差异，但在具体的影响方式上存在差异，如县城学校校长比城市学校校长、乡镇学校校长比县城学校校长更倾向于使用公开奖惩的影响方式。

2. 普通学校比重点学校的校长更倾向于使用公开奖惩的方式

以学校等级为自变量，控制其他因素，对校长权力影响方式的3个因素进行多元方差分析，发现校长在合法倡导、监督强制选择上差异不大，但在公开奖惩方面有显著差异，普通学校比重点学校的校长更倾向于使用公开奖惩的方式。

表6 各因素在学校等级上的差异

	省重点 ($N=34$)		市、县、区重点 ($N=77$)		普通学校 ($N=155$)		F	P
	M	SD	M	SD	M	SD		
公开奖惩	3.575	0.262	3.447	0.182	4.363	0.124	10.206	0.000**
合法倡导	6.142	0.126	5.985	0.088	5.842	0.060	2.681	0.071
监督强制	5.449	0.127	5.592	0.088	5.561	0.060	0.441	0.644

3. 小学校长比中学校长更倾向于使用公开奖惩的方式

数据显示，学校类别对校长是否倾向于使用合法倡导、监督强制方式没有显著影响，但对是否倾向于使用公开奖惩的方式有影响，小学校长比中学校长更倾向于使用此方式。

表7 学校类别对权力影响方式各因素的影响

	小学 ($N=173$)		初中 ($N=47$)		高中 ($N=24$)		完全中学 ($N=60$)		F	P
	M	SD	M	SD	M	SD	M	SD		
公开奖惩	4.134	0.114	3.375	0.239	3.268	0.320	3.716	0.195	4.598	0.004**
合法倡导	5.842	0.055	6.145	0.115	5.999	0.153	5.933	0.094	2.048	0.108
监督强制	5.549	0.054	5.546	0.112	5.719	0.150	5.516	0.092	0.465	0.707

（二）学校特征对校长非权力影响方式的影响

1. 学校所在地对校长使用非权力影响力的影响不大

以学校所在地为自变量，控制其他变量，发现其对非权力影响方式的影响不显著。即校长的非权力影响方式与其学校是在城市抑或是在乡镇的关系不大，也就是说，乡镇小学的校长与城市中学的校长都有可能成为很有非权力影响力的校长。

2. 示范学校比普通学校的校长更倾向于使用非权力影响方式

示范学校的校长比普通学校的校长更倾向于使用非权力影响方式。不同学校等级的校长在非权力影响方式的使用上总体上不存在差异，但在具体的影响方式上存在差异，如在愿景榜样、联盟合作、激励鼓舞、智力启发四因素上，省重点比县区重点、县区重点比普通学校的校长更倾向于使用这些方式。

表8 各因素在学校等级上的差异

	省重点 ($N=34$)		市、县、区重点 ($N=77$)		普通学校 ($N=155$)		F	P
	M	SD	M	SD	M	SD		
关怀支持	5.934	0.132	5.896	0.092	5.685	0.062	2.643	0.074
愿景榜样	6.196	0.117	6.172	0.081	5.924	0.055	4.417	0.013*
联盟合作	6.236	0.130	6.190	0.091	5.880	0.061	5.700	0.004**
激励鼓舞	6.278	0.120	6.231	0.083	5.977	0.056	4.698	0.010**
理性劝说	6.071	0.138	5.917	0.096	5.761	0.065	2.484	0.086
智力启发	5.950	0.129	5.921	0.089	5.667	0.061	3.851	0.023*
交换指导	5.903	0.133	5.625	0.092	5.674	0.063	1.570	0.211

3. 小学校长在非权力影响方式的使用上稍显不足

数据显示，学校类别对校长是否倾向于选择联盟合作、智力启发、交换指导的方式不存在差异，但在其他因素的选择上有区别。小学校长在理性劝说、激励鼓舞、愿景榜样等影响方式的使用上逊色于其他三类学校的校长。

表9 各因素在学校类别上的差异

	小学 (N=173)		初中 (N=47)		高中 (N=24)		完全中学 (N=60)		F	P
	M	SD	M	SD	M	SD	M	SD		
关怀支持	5.798	0.055	6.012	0.116	5.829	0.155	5.596	0.094	2.667	0.048*
愿景榜样	5.941	0.049	6.226	0.103	6.105	0.137	6.171	0.084	3.325	0.020*
联盟合作	5.960	0.056	6.268	0.117	6.070	0.157	6.142	0.096	2.330	0.075
激励鼓舞	6.018	0.050	6.321	0.104	6.132	0.140	6.231	0.085	3.167	0.025*
理性劝说	5.752	0.058	6.106	0.122	5.908	0.164	6.039	0.100	3.583	0.014*
智力启发	5.742	0.057	5.943	0.119	5.768	0.160	5.628	0.098	1.396	0.244
交换指导	5.687	0.058	5.871	0.121	5.632	0.162	5.547	0.099	1.465	0.225

三、由校长影响方式的影响因素分析引发的思考

（一）校长对学校的影响与校长自身的特征有关

学校等级、类别、所在地没有对权力影响方式产生影响，即无论是重点学校还是普通学校、城市学校还是乡镇学校、小学还是中学，校长在职权拥有上是相等的。这种情况表明，校长的影响力与学校特征关系不大，而与校长自身的特征有关。

（二）校长在一所学校任职的时间不宜过长

任职年限对校长的非权力影响方式几乎没有影响，而对校长的权力影响方式有影响，随着任职年限的递增，校长更倾向于使用权力影响方式，而学校的发展主要依靠校长非权力影响方式的使用。这种情况表明，一个校长任职到了一定的年限，学校的发展就将处于较为稳定的状态，随之而至的可能是，校长任职年限递增，而学校效能递减。因此，一个人在一所学校担任校长职务的年限不宜过长。

（三）女校长同样可以引领学校优质发展

女校长比男校长更倾向于通过非权力影响方式影响师生，且女校长比男校长更倾向于变革学校，女校长与男校长一样能促进学校的优质发展。

（四）普通学校校长应更注意发挥个人影响力

学校等级对校长非权力影响方式有影响，重点学校比普通学校的校长更倾向于使用非权力影响方式。这种情况进一步说明校长的非权力影响方式对学校发展至关重要。

（五）不断提升校长的受教育程度

不同学历的校长在愿景榜样、联盟合作、激励鼓舞、理性劝说因素的选择上存在差异，本科学历的校长比专科或以下学历的校长更倾向于使用这些影响方式，而这些影响方式是校长以身作则、民主作风、以人为本、以理服人思想的反映，是校长文明治校的表征。校长受教育程度越高，其文明治校的倾向性就越大，因此，提高校长任职的学历层次、加强校长职后的培训有助于改进学校的产出。

（六）年龄不应作为校长任职的条件

年龄对校长非权力影响方式没有影响，而学校发展主要依赖于校长非权力影响方式的使用。这表明，校长的年龄不是影响学校发展的重要因素。换言之，校长不会因为其年轻而促进学校发展，也不会因为其年长而束缚学校发展。因此，我们在校长的选拔任用中，不应过分强调年龄因素，简单地提倡校长年轻化是没有必要的。

（七）普通学校校长应增强变革意识

学校等级对校长选择愿景榜样、联盟合作、激励鼓舞、智力启发等影响因素有影响，省重点学校校长比县区重点学校校长、县区重点学校校长比普通学校校长更倾向于使用这些方式。省重点学校校长比县区重点学校校长、县区重点学校校长比普通学校校长更倾向于引领学校变革，更具有变革型领导的特征。因此，普通学校校长应注意增强变革意识。

参考文献

[1] 林天伦. 中小学校长影响方式的现状与分析 [J]. 华南师范大学学报（社科版），2007（4）.

（此文原载于2010年《中小学管理》第11期）

校长影响力的形式及其相互关系

【摘　要】 校长影响力包含权力影响力和非权力影响力,权力影响力可以分为强制性影响力、诱导性影响力、合法影响力;非权力影响力可以分为感召影响力和专长影响力。校长可以其中一种形式获得交往对象的服从,但自愿自觉的遵从行为则更多地依赖于校长影响力各种形式的协同作用。

【关键词】 校长影响力;权力影响力;非权力影响力

校长影响力是校长在领导学校的过程中通过职权和自身因素的发挥使师生员工的心理和行为发生所期望的改变以实现学校目标的力量。[1]校长影响力包含权力影响力与非权力影响力,是两者的统一。

一、校长的权力影响力

校长的权力影响力,顾名思义是指校长通过权力的行使而产生影响的能力。校长的权力影响力实际上是一种地位权能,校长控制着学校的集体资源(如招生、人事、经费等),通过赞同某项支出、支持某个教师晋升、调整教师任课、赞成某种奖惩、举行某些仪式、提出某些观点等对师生施加影响,使他们按照其意图行事。校长的权力影响力可以细分为强制性影响力、诱导性影响力、合法影响力。

1. 强制性影响力

强制性影响力是指通过强迫、压制等方式使他人服从校长意图的能力。校长可以通过开除、降职、免职、公开批评等形式限制他人的选择自由,从而使他们贯彻执行其意图;也可以通过不招收某学生、调控经费收支、拒绝出席某些场合等对他人施加影响;有时这种强制性影响还会通过对师生公开处分的形式而实现。施加强制性影响的目的是树立校长的威信。由于害怕受到相应的惩罚,被影响者一般不敢重复被禁止的行为。

强制性影响力的存在使得校长即使没有进行强制惩罚也能达到影响他人的目的,只要师生员工相信他已经具有这种能力。强制性影响力在短时期内是最有效的影响形式,它只需要校长与被影响者之间最低限度的交流和相互理解就可以使后者服从。正如丹尼斯·朗所言,"至少在短时期内,强制性权威在广延性、综合性和强度上无疑是最有效的权力形式"。[2]人们通常宁可屈从甚至精神上受点伤害，也不愿因为抵抗而冒更大的风险。然而，尽管强制性影响力具有潜在的普遍有效性，其所能支配和控制的范围也很广泛，但它也有明显的局限性。首先，施行强制性影响力要在强制工具上花费更多人力和物力，如成立专门的监督机构、委派专门的监督人员，同时必须把威胁间或付诸实践，否则威胁的信度和效能会随时间流逝而降低。其次，特别激烈的强制下出现的顺从也是暂时的或者是故意作出的。再次，基于强制的影响预先假定并建立了影响者与被影响者之间的利益冲突，而冲突必然引发被影响者的敌意与对抗。

2. 诱导性影响力

与强制性影响力相对应的是基于诱导的影响力。诱导性影响力是以积极制裁而不是消极制裁使被影响者服从，隐含着互惠、平等的交换关系。校长答应给予师生员工奖励或服务，师生员工采取校长所期望的行动予以回应。比如，完成了某项升学指标，校长会给予有关教师一定的物质奖励。若做出某些超出他们工作范畴的工作，作为回报，校长也会给予他们相应的回报；诱导性影响力的大小与被影响者认为影响者可以给予其的酬劳成正比。

然而，当这种关系反复出现时，诱导性影响力会随着时间的推移向强制性影响力方向变化，原来的交换关系也会转化为强制关系。诚如彼得·布劳所言，"固定报酬是接收者依赖于供应者，并服从于他的权力，因为报酬形成了期望，一旦取消了就成为惩罚……一个有理由期望留在岗位上的人并不认为他的固定工资是特殊报酬，而失去收入就认为是对他的一种惩罚"。[3]

不过，校长通过奖励而获得的影响力总是有限的。丹尼斯·朗认为，"基于提供经济报酬的能力的权威在一个明显意义上不如基于强制性威胁的权威有效率。要有效率并且长期稳定，诱导性权威必须提供承诺的好处，从而耗尽影响者的经济资源，并且需要不断致力于生产或获得固定的经济货物供应，以此维持对他人的控制。而强制性权威依赖相对低廉的威胁信息"。[2] 虽然，诱导性影响力对师生员工引起的反抗和敌意较少，但这种基于被影响者对给予好处的期望而产生的遵从也不会长久，"当预期的好处看来不足以延续生命本身时，如果掌权者企图把权力延伸得太远，或推行命令达到这样的程度；如果遵从命令就会威胁权力对象的其他利益和价值观，他们就会趁早一走了之"。[2]

3. 合法影响力

合法影响力源于校长在学校中的合法职权。校长拥有合法的发号施令的权力，师生员工有公认的服从义务，但师生这种对命令的服从往往建基于命令的来源而不是内容。合法影响力以共同规范为前提条件。这些规范并不规定具体影响的内容，只是规定在一定范围内的服从，不管其内容如何。正因为如此，有些校长才会对教师说"同意也得执行，不同意也得执行"，"我是校长，错了我负责",等等。

校长的合法影响力是由于校长职位而产生的,被影响对象往往是有组织身份的学校师生员工,他们都要受到相同规范的约束。也就是说,合法影响力预先假定了受它支配的那些人的共同价值观。然而,现实中也会产生师生员工的价值观与校长价值观不一致的情况。这表明,与强制性影响力或诱导性影响力相比,合法影响力的广延性就更为有限。此外,不同学校的校长合法影响的结构在综合性和强度上也有所不同。每个学校除了师生共享的法律法规和职业道德规范外,也会制订出一套符合各学校自身需要的规章制度,而这套规章制度随着不同的人担任校长会有所变化,有时甚至是逆向变化。

校长的合法影响力在保证遵守方面有更大的可靠性。合法影响力比强制性或诱导性影响更有效率,它通常不使用强制手段,也正因为如此,强制性的影响总是谋求以合法性作为外衣。

二、校长的非权力影响力

校长的非权力影响力是指校长通过其品质、作风、知识、能力、业绩,以及行为榜样等自身因素对师生员工所造成的影响力。这种影响力更多地属于自然性影响力,其产生的基础要比权力性影响力广泛得多。这种影响力表面上并没有职权影响力那种明显的约束力,但实际上它常常发挥权力影响力所无法发挥的作用。

1. 专长影响力

校长的专长影响力源于校长的知识、经验和技能等。师生员工对校长的服从是因为信任校长有卓越的才能或专门知识去决定何种行动,而这种行动能最好地服务于他们的目标或利益。校长对教师进行教法、对学生进行学法上的指导和心理上的辅导,对家长进行教育上的指导都是校长专长影响力的表现。

校长的专长影响力不是强迫的,也不是道义上必须履行的,而是基于人们对校长资格的认同。现实中校长的产生也确实经过一定条件的筛选,正是这些条件赋予了校长职业化身份的资格,这种资格让人们无需加以评价就可以对校长产生信任。

校长专长影响力的产生主要源于被影响者的一种获益体验,它并不是校长自身获取了什么,正如丹尼斯·朗所言"被影响者从属他人是出于相信这是为他的自我利益服务的,而不是为影响者的意旨或'更高的'集体利益和理想目标服务的"。[2] 专长影响力很像诱导性影响力,只不过专长影响力是通过知识或技能而不是物质用品为他人提供服务。

校长专长影响力的广延性可以很大,比如校长可以面对几十、几百、几千甚至更多的人就某一专题发表自己的见解。但是，专长影响力的综合性和强度一般比较低，往往限于严格划定的公认的资格范围之内，限于增进被影响者特殊目的和利益的行动。作为遵从专长影响力的回报，被影响者获得的服务质量与物质好处相比可能不太具体、不易衡量，但如果要保持被影响者对校长专长的信任和继续遵从，则必须满足其最低水平的服务需要。

校长的专长影响力由于校长所担任的角色而转变为合法影响，这种影响通常发生在校内的师生员工身上。校长一般具有专业背景，这种专业背景赋予了校长专业资格，使其免除说服与校长交往的对象听从劝告的负担。

2. 感召影响力

校长的感召影响力又称为模范影响力或参照影响力，来自师生员工对校长的信任，即师生员工相信校长具有他们所需要的智慧和品质，具有共同的愿景和利益，对校长钦佩和赞赏，愿意模仿和服从。感召影响力主要包括三种类型：①校长的人格魅力；②校长过去的经历或特殊的人际关系、血缘关系；③与人们建立起来的融洽的感情。[4]这种影响关系的建立纯粹出于对校长人品的信赖，无需拥有任何强制性权力、可转让的资源、社会授予的特殊资格或合法性等。校长对被影响者的重要性构成了后者遵从的唯一原因。

校长的感召影响力有双重含义：一方面，它是基于校长的特殊性格和能力而不是基于其社会角色或广义的规范品质；另一方面，它源于师生员工对相对独特的个人品质的感觉和评价而不是校长强制、奖励的资源。感召影响力使被影响者对校长在感情上十分忠诚，同时激发被影响者的情感和动机，使得他们的需要、信仰、价值观等发生变化。

三、校长影响力各形式之间的相互关系

以上对校长影响力在形式上进行了划分，这种划分主要是基于校长在学校中拥有的可供其用来对他人进行影响的组织和个人资源以及师生员工接受影响的各种动机。动机是为实现一定目的而行动的起源或源因。[5]现实中被影响者的动机是复杂多变、模糊不清的，很难把一种行为的发生归因于某种单一的动机。比如，师生遵从校长的要求开展跑步活动，这种遵从动机究竟是校长对跑步所阐述的意义（专家影响），还是校长亲自参加（感召影响），抑或是害怕可能的惩罚（强制影响），甚至担心失去校长可能的奖励（诱导影响），或是几种动机的混合体。这表明人们遵从的动机是复杂的，这种动机可以是责任、恐惧、兴趣、追求地位和功利主义等因素中的一种，也可以是它们的混合物。

校长保持影响形式的多样化有利于学校工作的正常、有效开展。首先，校长与师生员工的关系是相对稳定、长期的关系，这种关系很容易对某种反复出

现的影响方式产生适应性,这种适应性会逐渐内化为习惯,从而使校长失去影响力。其次,校长寻求某种普遍性的控制(如可以在德、智、体、美等方面向师生员工提出明确的要求)以对师生产生影响,而不限于一些有限范围或狭小的选择范围(如仅仅对他们提出教学要求或学习成绩标准)。校长只有具有不同形式的影响力,包括从道德呼吁的感召影响力到诉诸威胁的强制性影响力,才能使学校各项工作实现高效能。再次,校长面对的是广大教职员工,他们有着不同的遵从态度和动机,即使同一个人在不同的时期也会有不同的需要。因此,校长只有具备多种影响方式(有些可以诉诸自我利益,有些诉诸规范,极少数可能有必要通过强制),才能使他们遵从。

尽管对校长影响力可以作一定的区分,然而,当影响关系反复出现时,每种影响形式都有随时间推移转变为不同形式的内在倾向。比如,校长与师生谈心(专长影响),如果之前的每次谈心都使师生满意,那么,当校长后续找师生谈心时,他们会对校长的建议充分信任,不需独立评论其建议就照此行事,于是校长就产生了感召影响力。校长的合法影响力也会转化为感召影响力。比如,学校每次出台决策都从师生员工的利益出发,而且每次决策都能产生预期的效果,那么,校长后续提出的建议师生就会自愿自觉去执行。在基于奖励的影响关系中,当校长给予的奖励一旦被减少或取消,师生就会感到是惩罚而不是奖励。这种影响关系就会转化为强制关系。正如安东尼·吉登斯所言:"提供一定奖励以换取遵从的诱导,总是提供转化为消极制裁的可能性;取消奖励代表惩罚,代表一定形式的强制。"[6]

校长的专长影响力也可以成功地转化为合法影响力,从而以命令代替说理。事实上,专长的合法是一个不断说服的过程,以不断召唤和重新激起对象服从的忠诚与义务。强制性影响力也与合法影响力及专长影响力相互作用。稳定的强制影响关系通常会有向合法方向发展的倾向。校长也担心过多强制会产生负作用,况且要实现学校人才培养的目标,必须与学校成员合作,让他们感觉到校长的言行是合法合理的,从而增加预期反应的可靠性。至于感召影响力的时效,在持久的亲密联系的情况下也可能会昙花一现。可见,校长与师生之间保持一定的距离是校长保持其感召影响力的先决条件。

每个学校的校长只有一个,某人成为校长就意味着他人失去了成为校长的机会。成为校长的人总想让他人服从自己,使自己手中的权力合法化。校长权力合法化是指校长要让师生员工认同他的权力,要相信他的能力与权力是相匹配的。事实上,不仅掌权的校长有合法的需要,师生员工也有体验到这种合法的需要。被影响者对校长权力的合法需要得到丹尼斯·朗的认同。他在论述权力时写道:"由于对抗拒强制的无能为力,对惩罚的恐惧,对有权者满足其基本需要和给予自主选择与活动的任何机会的依赖，无权者不可避免地服从于一种愿望：最后相信掌权者的仁慈，归根结底会在命令他们或处罚他们方面接受某种限制，因为他们至少对自己的利益上有剩余的关心。"[2]

综上所述，校长权力影响力与非权力影响力的各种形式尽管常常表现出一定程度甚至相当大程度的差异。但从根本上看，两者是相互依存、互为因果的。首先，校长权力影响力是外加的，通过社会赋予个人的地位、职务和相应的权力发挥作用，校长一旦任职期满，依法所赋予的职务解除了，其权力也就自然消失了。即使在校长任职期间，他的权力影响力也是有限的。而校长的非权力影响力则是内在的，不受时间、空间的限制，也不受职务、权力、地位的限制，一般不会因外部条件的变化而变化，其产生影响也是基于他人的自觉自愿。其次，校长的权力影响力与非权力影响力是相互联系的：①校长的非权力影响力是权力影响力产生的基础并对权力影响力的有效发挥起促进作用。权力是校长领导的基础，但权力实施能否产生理想效果还要取决于领导者自身的素质——非权力影响力。②校长的权力影响力彰显了非权力影响力并对非权力影响力提出了更高要求。一个人成为校长后，人们便会用校长的角色标准对其进行评价衡量。校长的权力影响力既然具有强制性和不可抗拒性，也就意味着它也具有条件性，即成为一个合格的校长是有条件的。这就要求校长必须同时具有权力影响力和非权力影响力这两种影响力。校长要正确发挥权力影响力，也需要依赖非权力影响力的充分发挥。

参考文献

[1] 林天伦. 中小学校长影响力研究 [D]. 北京：北京师范大学，2005：21.

[2] 朗 D. 权力论 [M]. 陆震纶，等，译. 北京：中国社会科学出版社，2003：49，54，55，62，127.

[3] Peter M. Blau. Exchange and Power in Social Life [M]. New York：John Wiley and Sons，1964：117.

[4] 刘文江. 非权力领导艺术 [M]. 北京：中国时代经济出版社，2002.

[5] 魏荣. 企业知识型员工创新动机的理论演绎 [J]. 自然辩证法研究，2010 (6).

[6] GIDDENS A. Power'in the Recent Writings of Talcott Parsons (F). Sociology，1968 (2).

（此文原载于 2011 年《教育发展研究》第 6 期）

我国中小学校长胜任力研究述评

【摘　要】 国内对中小学校长胜任力的研究至今还不到十年，研究内容主要涉及中小学校长胜任力模型的构建、中小学校长胜任力模型的应用和其他与胜任力相关的研究；研究视角可概括为工作观、通用观和素质观三种；研究方法主要有行为事件访谈法、关键事件法、问卷调查法、工作分析法和专家小组法等。中小学校长胜任力研究现状要求其后续研究在内容上须多方扩展，在视角上须另辟蹊径，在方法上须科学严谨。

【关键词】 中小学校长；校长胜任力；胜任特征

胜任力理论及胜任力模型是当代心理学、教育学和人力资源管理等学科领域的研究热点之一，其兴起与发展为研究中小学校长胜任力提供了新的方法和视角。

一、中小学校长胜任力的含义

当前学术界对胜任力的理解存在三种观点，特征观、行为观和综合观。特征观支持者如王重鸣（2002）指出，胜任力是指导致高绩效的知识、技能、能力，以及价值观、个性、动机等特征；[1]行为观支持者如仲理峰、时勘等（2003）把胜任力看作人们履行工作职责时的行为表现，认为胜任力是与优异绩效有因果关系的行为维度（Dimensions of Behavior）或行为特征（Behavioral Characteristics）；[2]而综合观或折中观支持者则认为胜任力应该是前两种观点的结合，特征观和行为观是相互补充的。[3]

对校长胜任力的含义的理解，可谓见仁见智，学术界尚未形成主流派别。各种观点皆有支持者，其内容主要是在上述三种观点的基础上将胜任力作了适当的延伸；虽在表达或具体内容上有所差异，但其本质内涵却所指同处，概指校长胜任校长本职工作所需要的显性与隐性特质。如，戴瑜（2008）认为校长胜任力指胜任校长职位者具有的个人的深层次特征，它不仅包括校长应具有的知识、认知或行为技能等一般性能力要素，还包括校长的动机、特质、自我形象、态度或价值观等；[4]刘维良等人（2007）认为，校长胜任力是指在学校管理中，能将高绩效、表现优秀的校长与一般校长区分开来的个体潜在的特征，主要包括知识、技能、自我概念、动机以及相关人格特点等个人特性。[5]

已有校长胜任力的界定更多的是将校长视为一个整体角色或管理者角色，但学校发展要求校长扮演教育者、领导者和管理者，而不是一个整体角色或某个单一角色。这就要求有关校长胜任力的界定应该考虑校长胜任教育者、领导者和管理者三种角色的能力。

二、我国中小学校长胜任力模型研究

（一）中小学校长胜任力模型的构建

已有研究较多的是对校长胜任力模型或结构维度的构建，检索所得文献中有期刊文章7篇、学位论文4篇，时间集中在2006年到2008年这三年之间。研究对象从学校层级上可分为中小学校长、中学校长和小学校长，从区域上可分为城市校长与农村校长。研究结论可归纳为通用模型、卓越模型和基准模型。

1. 中小学校长胜任力模型构建

把中学校长和小学校长作为一个研究对象的研究稍多一些，期刊文章和学位论文共5篇。如，赵利娟（2007）通过对上海市6位中小学校长进行深度访谈，并依据国际通用的胜任特征编码手册对访谈内容进行编码分析后，确立了中小学校长胜任特征的基准模型，包括人际理解、影响力、分析思维、组织知觉力、灵活性、成就导向、概念思维、关系建立、培养他人、团队领导、服务导向、创新性等12项胜任特征。[6]王德路、来婷婷和黄丽（2008）对农村中小学校长胜任特征进行了问卷调查，建立了中小学校长胜任特征的基础模型，认为中小学校长胜任特征模型由7因子组成：全局观念、企业家能力、个性魅力、沟通协调、敬业、团队领导、人际关系。[7]

2. 中学校长胜任力模型构建

对中学校长胜任力模型研究的关注度介于中小学校长和小学校长之间，检索到期刊文章和学位论文共4篇。如，刘维良、赵亚南和钟祖荣（2007）通过行为事件访谈法对北京市22位中学校长进行了研究，把胜任特征区分为基准胜任特征和鉴别胜任特征，基准胜任特征包括"人际理解"等15个因素，鉴别胜任特征包括"成就导向"等14个因素。[5]陈艳（2010）以苏北地区中学校长为研究对象，采用问卷调查、行为访谈及因素分析法，对中学校长的基本能力特质进行了研究。研究表明，中学校长胜任力模型由4因子18个项目构成，其中管理能力是最重要的胜任力，它包括长远规划、创新能力、问题解决能力、灵活应变能力和挑战精神，其后依次是社交能力、业务能力和情感智力。[8]

3. 小学校长胜任力模型构建

单独对小学校长胜任力模型进行研究的不多,在检索到的文献中只有2篇。如,刘晓瑜、黎光明和张敏强等人(2008)认为,不同区域、不同等级的学校其校长胜任力是不同的,不能把城市校长与农村校长完全等同起来,也不能将小学校长和中学校长混为一谈。他们采用行为事件访谈法和问卷调查法对广东省不同地区的小学校长进行了研究,得出的结论是,城市校长和农村校长的胜任力存在责任感、管理能力等8项共同的特征,不同之处是城市的小学校长在亲和力、情绪调适与控制、利用资源等三方面表现更为突出,而农村的小学校长则在关心学生、开拓意识和创新性三方面做得更好。[9]

综观现有的研究成果,可以看出,我国有关学者对校长胜任力模型的研究大部分停留在以特定地区的校长为研究对象的实证研究,这也说明了校长胜任力的地域差异性,体现出我国校长胜任力特殊性的一面,但对其共性目前涉及较少,表现为至今还未建立起类似英美等国的全国性校长胜任力通用模型。从研究对象来看,国内在对校长胜任力进行研究时,多把小学校长和中学校长混为一谈,专门针对中学或小学校长的胜任力开展的研究较少。研究也多把不同区域、性质的学校混为一谈,但实际上,对城镇校长与农村校长的能力要求是不同的,小学校长与中学校长的素质是不同的,公办学校校长与民办学校校长的任职标准是有差别的,重点学校校长与非重点学校校长领导能力的着重点也是存在差异的。从研究范围上讲,研究多涉及校长某一方面的胜任力及相关因素,对校长全面的胜任力研究较少。从研究方法来看,以问卷调查和访谈法居多。对问卷的研制也各不相同,其合理性尚待考察。

(二) 中小学校长胜任力模型的应用

关于中小学校长胜任力模型应用研究的期刊文章有5篇,没有学位论文,时间分布在2004年到2009年之间,较多关注的是如何应用模型来遴选校长和如何制定校长的培训体系等。研究成果皆为理论上的构想,暂无实践成果的展示。

如,程凤春(2004)提出参照英国模式的胜任力研究假设和方法,研究制定我国中小学校长的职业资格标准,以校长职业资格标准为依据选拔校长,确定和设计校长的岗位培训;参照美国模式的胜任力研究假设和方法,开展优秀校长和成功校长研究,确定校长胜任力的卓越标准,以此为依据设计校长培训的目标和课程。[10]再如,张东娇(2007)根据我国学者王继承提出的胜任特征通用模型建立了我国校长胜任力通用模型,并设计出基于胜任特征及其模型的校长遴选体系和培训体系。基于胜任特征的校长遴选体系包括遴选标准、遴选标准的提炼、遴选流程、遴选技术等要素,基于胜任特征的校长培训体系包括培训需求分析、培训课程规划、培训行为设计和培训效果评估等要素。[11]

(三) 其他与校长胜任力相关的研究

与校长胜任力有关的研究比较分散,相关文章也不多。如,王芳(2008)以江苏省中小学校长为研究对象,建立了校长胜任力模型并研究其与校长绩效的关系,得出的结论是中小学校长胜任力对其绩效有显著的影响。其中,团队领导与管理对任务完成绩效和关系管理绩效均有显著性影响,认知与学习能力对任务完成绩效有显著性影响,道德影响力对任务完成绩效和关系管理绩效均有显著性影响,成就特征对任务完成绩效产生显著性影响,个人特质对关系管理绩效产生显著性影响。[12]

三、我国中小学校长胜任力的研究视角

归纳总结我国中小学校长胜任力研究的内容,我们不难发现,我国学者对校长胜任力研究的视角主要有以下三种。

(一) 通用观

通用观认为,校长是一个管理者,与其他领域的管理者一样都应具备管理者所需要的共同的能力,不同之处在于校长是学校这一特殊领域的管理者,所以有其特性。将这些特性反映在子特征上,再对每个子特征进行相应的扩展和延伸,便成为校长胜任力要素。如,张爱华(2008)在《普通中小学正职校长核心胜任特征模型构建及测评工具开发》中根据管理者通用胜任特征模型对普通中小学正职校长进行研究,总结归纳出初级胜任特征模型包括6项主特征、26项子胜任特征:管理特征(知人善用、指挥能力、团队建设、愿景领导、教育领导力、沟通能力、关注秩序与效率);服务特征(人际洞察力、服务意识);影响特征(影响力、组织权限意识、资源整合);成就特征(成就欲、主动性、信息搜集);认知特征(分析思维、概念思维、全局思维、专业特长、创新能力);个人效能特征(自我控制、自信、灵活性、组织观念、人格魅力、学习能力)。[13]

(二) 素质观

持该观点的学者认为,校长的胜任力维度类似于素质结构,校长胜任力的研究与研究校长办学治校所需素质没有本质的区别,有的只是字面表达的差异

而已。胜任力模型的结构要素是在对校长素质、校长履职标准等与校长任职要求相关文献进行研究的基础上，根据这些素质提出的。但实际上，素质与胜任力的本质内涵是不同的。素质是我国学者提出的一个本土化的概念，指的是个体在先天禀赋的基础上，通过环境和教育的影响所形成和发展起来的相对稳定的身心组织的要素、结构及其质量水平。[14]由此可见，素质更多强调的是稳定性。然而，胜任力的研究正是因为美国当时依据智力、素质选拔的外交官无法胜任日后多变的工作而提出的。麦克莱兰（McClelland）认为胜任力与任务情景相联系，具有动态性等特征。这说明胜任力更多关注的是动态性。故胜任力有其独特的外延与内涵，不能与素质同日而语。

（三）工作观

持这一观点的学者通过分析校长的日常工作，提炼出校长正常、有效地完成本职工作所需要的胜任特征。如，蓝晓霞（2008）在《广西少数民族地区中学校长胜任力模型研究》中，就在校长工作任务研究的基础上，采用"校长角色－校长的工作内容与任务－校长胜任特征相互匹配"的工作分析的方法，对所检索到的大量国内外文献进行分析研究，并对不同论文反复提及的要素进行统计，以其出现的频率为效标，判断其重要程度，挑选出校长为出色完成相应的工作任务所需要的高频率胜任特征。[15]这一观点以总结校长的日常事务为出发点，试图在校长繁杂的工作事务中理清校长的各种能力，比较笼统，条理不清，容易造成胜任特征的重叠或遗漏。

四、中小学校长胜任力的研究方法

建立胜任力模型有多种方法，包括行为事件访谈法（Behavioral EventInterview，BEI）、关键事件法、问卷调查法、工作分析法和专家小组法等。但是，目前得到公认的、最有效的方法是美国心理学家麦克莱兰结合关键事件法和主题统觉测验而提出的行为事件访谈法。我国校长胜任力研究中应用比较多的是行为事件访谈法和问卷调查法。

（一）行为事件访谈法

行为事件访谈法是一种开放式的行为回顾式调查技术，源于绩效考核中的关键事件法，并结合主题统觉测验，最早是心理学家用以进行心理测评的方法，把管理者按绩效分为优秀者和一般者，并分别对他们进行访谈。它要求被访谈者列出他们在工作中发生的各三件成功和不成功的关键事件，并且让被访者详细描述整件事情的起因、过程、结果、时间、相关人物、涉及的范围，以及影响层面；同时也要求被访者描述自己当时的想法或感想、想要在某种情况下完成什么任务，例如是什么原因使被访者产生类似的想法以及被访者是如何去达到自己的目标的。在行为事件访谈结束时，最好让被访谈者自己总结一下事件成功或不成功的原因。这可以让访谈者"刺探"到受访者的个性与认知风格，评估其某些能力，包括成就动机或思考与解决问题的逻辑方法；然后，对访谈内容进行内容分析，以确定访谈者所表现出来的胜任特征。通过对比优秀者和一般者的胜任特征差异，确定该角色的胜任特征。

这种方法的优点在于，在绩效和影响胜任力的绩效之间建立关系，可信度、有效度得到研究结果的支持；缺点是操作烦琐、费时费力，误差难以控制，不易跟上飞快变化的形势。

（二）问卷调查法

问卷调查法是通过分析文献、结合访谈内容编制调查问卷，对足够大的样本进行调查，再回收问卷进行数据分析和确切的解释。其优点是便利快速、适用面广、应用广泛；缺点是编制问卷需要专业的测量和统计知识、经验，一般人比较难以编制出具有较高信度和效度的问卷。问卷按施测对象分，包括他评式问卷和自填式问卷。他评式问卷是由别人来评价研究对象，测的是别人对研究对象的看法，如对校长进行研究，一般他评式问卷就由教师来完成。自填式问卷则是研究对象自己回答问卷上的问题，测的是研究对象自己的行为能力。

（三）关键事件法

关键事件法即让访谈对象描述导致有效工作和无效工作的关键事件，将其分解为若干具体行为来分析胜任特征。这种方法的优点是覆盖面广，能抓住那些非常规的、非例行的行为；缺点是费时、没有事先分析绩效优秀者和绩效平平者，所以通常无法解释谁能把工作做得更好，谁不能。

（四）工作分析法和专家小组法

工作分析法是通过访谈、观察或使用职业分析问卷来描述工作，进而归纳出相关任务和个体在工作中展示出的知识、技能和特征。这种方法的优点是可以系统化梳理相关的工作信息；缺点是操作烦琐，费时费力。

专家小组法就是邀请一群专家，通过头脑风暴，决定哪些是完成工作任务的最低要求与杰出表现者的特点。这些专家可以是研究对象的直属主管、该工作的超级能手、外部专家或了解该工作的人力资源专家。其优点是集中专家智慧，可以短时间内收集资料；缺点是因专家的经验限制会导致一定的偏差，专家的数量有限且有时难以集中。

五、我国中小学校长胜任力研究的不足与展望

在对国内已有中小学校长胜任力文献的梳理中,笔者发现我国中小学校长胜任力研究还存在三个有待进一步完善的方面。

(一)研究内容须多方扩展

1. 校长胜任力的研究应加强对基准模型的理论与实证研究

一般认为,校长胜任力模型有卓越模型和基准模型两种。卓越模型以20世纪70年代后期美国中学校长协会(NASSP)建立的包括12项必备技能的校长胜任力指标体系为代表,用于指导校长的培训和职业生涯的发展。基准模型以英国为代表,关注的是校长的任职资格,研究成果更适合于指导教育行政部门进行学校管理者的选拔工作。我国目前对卓越模型的研究较多,对基准模型的研究较少,或是将卓越模型与基准模型混为一谈。然而,我国现行的校长培训大多为对在职校长的培训,属于提高校长素质与能力的培训,卓越模型正好能起到指导作用。对校长进行上岗前培训的极少,且校长的遴选、招聘、任命没有科学的依据,这就无法从入口处保证校长的素质水平。因此,应加强对校长胜任力基准模型的研究,为校长的岗前培训、遴选、招聘和任命提供较好的理论指导。

2. 校长胜任力的研究应重视对模型应用的理论与实证研究

目前国内对校长胜任力模型的应用研究多停留在理论构想上,暂无实践成果的展示。校长胜任力模型的研究可以为校长专业化、校长职业生涯的发展提供理论指导,其理论意义重大,但理论更需要用于指导实践,在现实中接受实践的检验。因此,未来的校长胜任力研究应重视对胜任力模型应用的研究,力图在建立模型的基础上,将其付诸实践。

3. 校长胜任力的研究应关注对绩效与胜任力的具体关系的理论与实证研究

校长胜任力研究的主要目的是提高校长的工作绩效,以便校长能自如应对学校外部的各种挑战。目前的研究在胜任力要素的确定上,比较求全,面面俱到,却恰恰忽视了胜任力要素与绩效之间的关系,有些胜任力要素可能对绩效不会产生直接的影响或影响不大,这就降低了胜任力模型的有效性。因此,未来对校长胜任力的研究应关注对绩效与胜任力的具体关系的理论与实证研究。

(二)研究视角须另辟蹊径

就目前的研究情况来看,持素质观和工作观的学者占大多数,少部分人持

通用观。然而，素质有别于胜任力，不能作简单的替换，工作观视角容易重叠或遗漏某些胜任力要素，通用观导致学校管理者的泛化，这三种观点都存在一定的局限性。校长胜任力指担任校长角色、完成校长岗位职责所需要具备的胜任特征。这说明校长胜任力的研究是以校长扮演校长应有的角色为出发点，通过对成功扮演这些角色所表现出来的特质进行分析进而建构校长胜任力模型的。玛莎·斯佩克（Marsha Speck）在其著作《校长角色》中认为校长角色可以分为教育者、领导者和管理者。因此，校长胜任力可以从校长在引领学校发展过程中成功扮演教育者、领导者和管理者所必须具备的条件和能力特征这一新的视角——角色观进行研究。

（三）研究方法须科学严谨

1. 已有访谈法的访谈对象过于单一，不利于搜集全面的数据

已有的校长胜任力研究大多是采用行为事件访谈法对校长本人进行关于其履职情况的深度访谈，极少甚至没有对校长周围或是与校长有直接工作关系的人进行访谈，访谈对象单一，无法真正反映校长应有的胜任力。360°访谈法来源于企业人力资源管理的360°绩效评估法。该方法分别从研究对象本人、上级、下属、同行、服务对象等中心及上下左右全方位地对研究对象进行了解，可以防止所得数据的片面性，提高其科学性、可靠性。采用360°访谈法可以更全面地了解校长的履职情况，从校长的上级、下属、服务对象等多方面对校长履职情况进行访谈，以求更真实地反映校长应有的胜任力。对校长胜任力研究采用360°访谈法的访谈结构如图1所示。

图1　校长胜任力研究的360°访谈法的访谈结构

2. 校长胜任力模型的验证方法有待进一步科学化

目前对校长胜任力模型的检验，学者们较多采用的是编制量表的检验方法。根据胜任力模型编制初始量表后，选取较大量的样本进行测试，对量表进行探索性因素分析，考察量表的结构是否与原有模型吻合。但是，这种方法必须满足若干前提假设，并且研究者无法修正或改进某个模型参数，只能听任计算机自行处理，研究者的主动性也难以体现。因此，需要采用验证性因素分析

方法做进一步的验证。验证性因素分析方法主要用来验证量表的结构效度。它能检验量表的结构维度是否能够解释量表中的行为特征，还能够确认代表相关因素的题项是否充足，以及结构维度的数量是否充足。但目前校长胜任力模型的检验较多的是只停留在用探索性因素分析方法进行检验，并未展开下一步用验证性因素分析方法进行检验，有的甚至连探索性因素分析都没有做，其模型的科学性和可靠性都值得商榷。

探索性和验证性因素分析这两种方法是对模型的内部变量之间的结构关系进行检验。最近有学者提出利用克隆巴赫（Cronbach）和米尔（Meehl）提出的法则关系方法对模型进行有效性检验。这种方法要求必须在原有模型的基础上引入前因变量或结果变量，构成模型存在的法则关系，通过检验模型与前因变量、结果变量之间的法则有效性，进而对模型进行修正。这种检验实质上是通过对模型的外部检验来验证模型内部结构的正确性。[16] 因此，校长胜任力模型的检验方法应该进入到至少采用验证性因素分析方法的层面，有可能还要检验法则有效性以提高模型的科学性及可推广度。

3. 校长胜任力量表题项的生成方法有待丰富和完善

在建构校长胜任力模型的时候，首先需要从对校长进行访谈所搜集的资料中提炼行为题项，将这些行为题项编制成胜任力量表。题项是否能够正确地反映校长胜任本职工作的能力特质是决定胜任力测量结果有效与否的关键因素，而题项的正确与否依赖于题项的生成方法是否科学、可靠。在我国的校长胜任力研究中，题项的生成方法主要有：用行为事件访谈法请研究对象自述胜任力特征来编码获得题项，归纳总结已有的相关文献获得题项，以问卷调查的方法获得题项等，但是对这些方法的适用性，以及科学性的比较研究还较少。因此，未来在对校长胜任力量表题项生成方法的研究上，有很多值得深入研究的课题。

综上所述，目前我国教育界对校长胜任力的研究还只是处于初步尝试阶段，其理论与方法都还停留在借鉴国外教育界或国内企业管理界的胜任力研究上。学校管理者、校长等的胜任力研究还有很大的发展空间。

参考文献

[1] 王重鸣，陈民科. 管理胜任力特征分析：结构方程模型检验 [J]. 心理科学，2002（5）.

[2] 仲理峰，时勘. 胜任特征研究的新进展 [J]. 南开管理评论，2003（2）.

[3] 陈思. 中小学校长胜任力研究 [D]. 广州：华南师范大学，2011：14.

［4］戴瑜．中学校长胜任力研究：以宁波为例［D］．上海：华东师范大学，2008：13．

［5］刘维良，赵亚男，钟祖荣．北京市中学校长胜任力模型研究［J］．中小学管理，2007（12）．

［6］赵利娟．中小学校长胜任特征的行为事件访谈研究［D］．上海：华东师范大学，2007．

［7］王德路，来婷婷，黄丽．农村中小学校长胜任特征的初步研究［J］．网络财富，2008（5）．

［8］陈艳．中小学校长胜任力研究：以苏北中小学校长为例［J］．教育学术月刊，2010（3）．

［9］刘晓瑜，黎光明，张敏强．城乡小学校长胜任特征初探［J］．中小学管理，2008（12）．

［10］程凤春．学校管理者胜任力研究及其成果应用［J］．比较教育研究，2004（3）．

［11］张东娇．基于胜任特征的校长遴选和培训体系［J］．教育研究，2007（1）．

［12］王芳．中小学校长胜任力模型及其与绩效关系的研究［D］．南京：南京师范大学，2008．

［13］张爱华．普通中小学正职校长核心胜任特征模型构建及测评工具开发［D］．北京：北京师范大学，2008：39．

［14］舒达，蒋长好．素质教育全书［M］．北京：经济日报出版社，1997：4．

［15］蓝晓霞．广西少数民族地区中学校长胜任力模型研究［D］．广西：广西大学，2008：10．

［16］潘文．胜任力研究的回顾与展望［J］．社会科学家，2005（5）．

（此文原载于2012年《教育科学研究》第6期）

中小学校长胜任力结构要素及其解读

【摘　要】 校长胜任力是指校长在引领学校发展过程中成功扮演教育者、领导者和管理者角色所必须具备的特质，包括处理具体事务所需要的知识、技能等显性特质，以及影响行为的态度、情感、价值观等隐性特质。研究表明，校长胜任力包含校长扮演教育者的"文化向导"等7个要素、扮演领导者的"影响他人"等10个要素、扮演管理者的"意志坚韧"等9个要素。

【关键词】 中小学校长；校长胜任力；胜任力结构模型；胜任力结构要素

一、中小学校长胜任力的结构要素

（一）中小学校长胜任力结构要素的提炼

"胜任力"是指在一定的角色中，处理具体事务所需要的知识、技能等"看得见"的显性特质和态度、情感、价值观等"看不见"的隐性特质的总和。"中小学校长胜任力"是指校长履行其角色所需具备的条件，是学校发展对校长提出的要求。校长履行的角色可以具体化为教育者、领导者和管理者。[①] 因此，本文将中小学校长胜任力定义为"校长在引领学校发展过程中成功扮演教育者、领导者和管理者所必须具备的特质，包括处理具体事务所需要的知识、技能等显性特质以及影响行为的态度、情感、价值观等隐性特质"。

根据中小学校长胜任力的定义要求，本研究从校长扮演的教育者、领导者和管理者三种角色入手，从知识、技能和态度、情感、价值观等方面探索校长胜任力的构成要素。

为了提炼校长胜任力的结构要素，研究者采用关键事件访谈法，选取了20位校长［其中小学校长5位，初中校长5位，高中校长5位，完全中学（以下简称"完中"）校长5位；男校长14位，女校长6位］和12位教师（其中小学教师3位，初中教师3位，高中教师3位，完中教师3位；男女性别比例为1∶1），进行了一对一的半结构化访谈。访谈提纲是在文献分析的基

---

① 本文主要从校长工作内容上划分其角色。采用"教育者、领导者、管理者"这三种角色划分主要参考 MarshaSpeck 所著的《校长角色》一书。

础上依照研究胜任特征通常的方法设计的，并通过访谈前的试访谈修改、删除、添加了部分题项。访谈时要求被访者列出他们在工作中发生的成功和不成功的关键事件各三件，并且让被访者详细地描述整件事情的起因、过程、结果、时间、相关人物、涉及的范围，以及影响层面。同时，也要求被访者描述自己当时的想法或感想、想要在某种情况下完成什么。例如，是什么原因使被访者产生类似的想法，以及被访者是如何去达到自己的目标等。

对访谈获得的资料，研究者以关键词的形式抽取胜任特征，以校长扮演的教育者、领导者、管理者三种角色为一个维度，以知识、技能、态度、情感、价值观五个要素为另一维度，初步建构了包括29个胜任要素的中小学校长胜任力结构假设模型（表1）。

表1 中小学校校长胜任力结构假设模型

角色维度	胜任特征
教育者	教育思想、学科知识、教学技能、谦虚真诚、培养他人、文化向导、使命感
领导者	常识丰富、正确决策、创新意识、率先垂范、影响他人、战略眼光、目标导向、合理授权、以人为本、有效激励、自制力
管理者	管理思想、外交能力、谋划能力、言行一致、沟通能力、制度管理、危机管理、尊重他人、意志坚韧、勇于承担、任人唯贤

（二）中小学校长胜任力结构要素检验

为了验证中小学校长胜任力结构要素，研究采用利克特五分制量表将29个胜任力结构要素编制成《中小学校长胜任力结构模型校长预测量表》和《中小学校长胜任力结构模型教师预测量表》，以求从主客体两方面进行深入验证。

研究者在编制胜任力预测量表时，遵循胜任特征与题项相匹配原则、胜任力量表题项与中小学校长职业特点相一致原则、胜任力量表题项与特定的地域教育背景相统一原则。

量表题项设计好以后，再从语义、项目的实际意义等方面进行修改，并征求有关专家以及中小学校长的意见和建议，筛选排除不合理的项目，然后分别编制成包含40个题项的《中小学校长胜任力结构模型校长预测量表》和《中小学校长胜任力结构模型教师预测量表》，并根据直接发放问卷的反馈结果对之进行修订。

在编制量表正式内容之前，研究者特地设置了对校长扮演角色的认识的调查。结果表明,无论是校长还是教师,对于校长应该和实际中扮演角色的理解都没有太大的偏差,其一致性程度比较高,这也从侧面证实了本研究中将校长作三种角色划分的有效性和量表调查数据的可靠性。

然后,研究者根据所得数据对预测量表进行了修订,建构起共含 26 个胜任特征,32 个题项的中小学校长胜任力结构模型(表2)。

表2 中小学校长胜任力结构模型

角色维度	胜任特征
教育者	教育思想、学科知识、教学技能、谦虚真诚、培养他人、文化向导、使命感
领导者	常识丰富、决策能力、创新意识、率先垂范、影响他人、以人为本、战略眼光、目标导向、有效激励、合理授权
管理者	管理思想、外交能力、谋划能力、沟通能力、制度管理、危机管理、意志坚韧、任人唯贤、勇于承担

为了进一步验证,研究采用直接访谈、电子邮件、纸质邮寄等方式向校长发出量表 370 份,收回 309 份,回收率为 83.5%,其中有效量表 286 份,无效量表 23 份,总有效率约为 92.5%。

在接受调查的校长中,40.2% 为小学校长,56.6% 为中学校长,其中,初中、高中和完中校长各占 15.3%、25.4% 和 15.9%;男校长约占 75%;年龄在 35 岁至 50 岁之间的校长占 89.5%;16 年以上教龄的校长占 85.7%,而 21 年以上教龄的校长占 66.1%;具有高级及以上职称的校长占 94.7%;本科学历的校长占 74.1%,硕士及以上学历的校长占 4.8%。大部分校长是从副校长或学校中层干部中提拔上来的,具备比较扎实的学校管理理论和经验。大部分校长自认为身体状况良好。获得地级以上"优秀校长"等光荣称号的占 73.5%。省一级、市一级、区一级学校比例相当。所在地在县级以上城市的学校和在乡镇农村的学校数量上差距不大。

对量表中的 32 个题项作各题项的描述性统计分析,所得数据显示,所有题项的得分平均数均大于 3,最小为 3.85,最大为 4.72,表示本量表的整体认同度达到 66.7% 以上,也即大部分受访者都认可。

经 SPSS13.0 分析,正式量表各层面的 α 值均达到 0.80 以上,量表整体的 Alpha 系数达到 0.9521,标准系数是 0.9212,说明本正式量表的一致性信度比较高。经过最大正交旋转,3 个因子的累计方差解释率为 54.996%,各因子的负荷也都在 0.4 以上,表明正式量表具有较好的建构效度。

使用结构方程模型对 286 名被试的数据进行分析,意在对从探索性因素分析中得出的三因素模型进行交互验证。本研究使用的软件是 LISREL8.51，采用极大似然估计法（ML）完成参数估计。参数估计结果显示，所有题目标准化载荷都达到 0.45 以上，并且达到显著水平。总量表的各拟合指标符合程度均好。这些数据表明整个量表的编制质量良好，各个项目的拟合度均较高。

二、中小学校长胜任力结构要素解读

研究认为，中小学校长胜任力结构由校长在引领学校发展的过程中所成功扮演的教育者、领导者和管理者三种角色维度构成，其中，教育者角色包含 7 个要素：教育思想、学科知识、教学技能、谦虚真诚、培养他人、文化向导、使命感；领导者角色包含 10 个要素：常识丰富、决策能力、创新意识、率先垂范、影响他人、以人为本、战略眼光、目标导向、有效激励、合理授权；管理者角色包含 9 个要素：管理思想、外交能力、谋划能力、沟通能力、制度管理、危机管理、意志坚韧、任人唯贤、勇于承担。

（一）校长胜任教育者角色要素

1. 教育思想

古今中外，但凡优秀的校长，一定是有自己独到的办学思想的"教育家"。独到的教育思想是在长期的理论学习和实践检验中日积月累而来的，而且必须是结合外部环境和学校自身的特色提出的有助于学校发展的思想。具体表现为："至少熟悉一位教育家的办学思想，有自己独立的办学思想。对素质教育、新课改有深刻的认识和独到的见解。"①

2. 学科知识

在访谈中，有不少校长提到，对学校开设的学科大部分只是一知半解，由于种种原因导致无法像自己本专业的学科一样扎实掌握。学科知识结构的不均衡、不全面给工作带来一定的影响，如，无法更好指导其他学科教师的教育教学工作，无法促进彼此的交流沟通等。因此，"对学校各科课程有整体性的了解，并能按此开展教学活动"是校长胜任本职工作的要素之一。

3. 教学技能

由于学校是培育人才的专门阵地，是一个较特殊的领域，校长不仅是管理者，也是教育者，故其技术技能体现为教学技能。校长必须是教学能手、是有威望的教师，有扎实的业务知识和技能，这样才能引领全校教学质量不断攀升。在此次调查中，校长中具有高级教师职称的占 94.7%，而且，在对教师

---

① 双引号内的句子是中小学校长胜任力结构问卷中的题项。下同。

的访谈中，几乎所有教师都提到了校长教学能力的重要性和对他们教学技能的影响。"校长具有听课、评课和指导学校教学、教研、课外活动等工作的能力和能为教师上教学示范课、观摩课"是高超教学技能的体现。

4. 谦虚真诚

诚恳的态度能给人以亲切感，拉近人与人之间的距离。谦虚更是一个人成功的重要品质。身为校长，如果对周围的人，无论是上级还是平级、下属，甚至是不相干的人，都能以谦虚诚恳、虚怀若谷的低姿态待人，那么，他就一定能受到人们的尊敬，其他人也会非常愿意配合他开展工作。如"把自己的联系方式留给学生或家长，耐心解答他们的有关疑惑；乐于听取和接受教师在教育教学上的意见"。

5. 培养他人

培养他人表现为"能帮助或指导教师、学生制定可持续发展的行动计划和工作期望，指导教师提高业务水平、改进教学的能力；以发展眼光对待和培养教职员工"。校长的工作说到底是一种人力资源的开发利用。事实证明，一名优秀的校长背后一定有一个优秀的教师群体，反过来，也正是因为优秀的校长造就了一个优秀的教师群体，才能最终造就一所优秀的学校。

6. 文化向导

学校是文化生产和传播的阵地。文化"化人"的功能要求校长要"竭力培育积极向上的学校文化，形成良好的文化氛围"，使学校管理从制度管理走向文化管理。

7. 使命感

使命感，即人对一定时代、社会和国家赋予其的使命的一种感知和认同。使命是客观存在的，不以人的意志为转移。有强烈的使命感和责任感的人才能尽心尽责地把本职工作做细、做好。校长自其身为"一校之长"之日起，他就被社会和国家赋予了引领学校发展、推动教育事业发展的不可推卸的责任和使命。"以教育事业为自己毕生的追求，不会因为其他困难或诱惑而放弃"是每一位优秀校长的自觉的使命。

（二）校长胜任领导者的角色要素

1. 常识丰富

校长作为学校最高的领导者，日常需要处理的事务异常繁多，其中有很多不是仅仅依靠专业的领导理论知识就能够解决的。如，在决策或判断时经常需要依据头脑中已有的常识，"具有丰富的社会科学和自然科学知识"能给校长的工作带来更大的方便。

2. 正确决策

"现代管理学之父"彼得·德鲁克认为，领导者和管理者的区别在于领导者做正确的事情，而管理者把事情做正确。做正确的事情的实质就是正确的决策。校长是学校的最高决策者，而目前学校所处的环境复杂多变，决策的对错会影响到整个学校的发展，因此，校长"能对复杂多变的情况作出正确的判断并制定有力的对策"是其胜任的标志之一。

3. 创新意识

创新人才的培养以及学校的个性化发展要求校长要具有创新意识。校长的创新意识不仅表现在"具有创新意识及丰富的想象力，并能够创造性开展管理和教学工作"，还体现在"能超越学校现有条件积极主动寻找发展机会"。

4. 率先垂范

校长的影响力不仅来源于校长这一职位赋予其的权力和权威，更大部分是来自校长自身的人格魅力。中小学生模仿力强，可塑性大，这就要求校长"做事时身先士卒，发挥带头表率作用"。

5. 影响他人

学校是育人的场所，学校的管理也是一种教育，这就要求校长对学校的管理不能依靠简单的行政命令而是要靠校长的人格魅力和修养去影响全校师生。拥有人格魅力的校长容易"对师生产生号召力，并能提出全校师生的共同愿景，激发大家对工作和学习的热情与承诺"。同时，要"能影响他人，使他人成为自己的追随者"。

6. 以人为本

学校教育是一种促进人的主体性提升的活动。因此，校长在管理学校过程中要"从师生发展角度出发考虑事情，关注全校师生身心健康发展"。

7. 战略眼光

对一所学校来说，校长是否具有战略眼光是其能否发展和发展到何种程度的关键。优秀的校长总是能看到长远利益，不为眼前的利益所动。审时度势、高瞻远瞩，"为学校长远发展考虑，并制定可持续发展的战略"。

8. 目标导向

目标是个人所追求的，它表现为个人的理想、愿望及对未来生活的一种期盼。目标具有凝聚、促进和导向等功能。优秀的校长能和教职员工一起为学校发展"设定具有挑战性且恰当的目标和有效的评价标准，并带领全校师生努力实现学校的发展愿景"，不断超越自我、追求卓越。

9. 有效激励

人在不同成长阶段有着不同需要。追求需要的满足引发人的行为。这就要求校长在管理学校的过程中，应视不同的情境运用不同的激励方式。校长"要能对教职员工的不同表现采取相应的奖惩办法"，才能激发和调动他们的工作积极性。

10. 合理授权

校长对下属合理的授权可以充分满足教师对权力的需要，能够营造宽松、民主、人本的环境，从而大大提高教师的积极性、主动性和创造性。优秀的校长非常注重"给予下属一定的决策权，并鼓励其大胆开展工作"，而不是独揽大权，把权力、权威看得非常重要。权力的合理授予并不代表权力的放纵，因此，校长要密切关注下属的工作动向、状况和信息，及时发现并解决问题。

（三）校长胜任管理者角色要素

1. 管理思想

管理者是校长最重要的角色之一。丰富的管理思想和管理理论能提高校长的工作绩效，但纯粹的理论不能生搬硬套到实际工作中。所以，在实际工作中，要求校长"能结合学校实际情况形成自己的管理思路"，培育具有本校特色的校园文化，形成彰显本校特色的校风、教风和学风。

2. 外交能力

学校是一个"输入－输出"的开放系统。更优的输出依赖于更多、更好的输入。为了获得更优的输出，校长要"具有整合学校教育资源和拓宽办学渠道的能力"。

3. 谋划能力

校长是学校发展的总设计师，应不仅能统揽大局、确定学校的发展愿景，而且"能根据学校目标制定实施计划，依其重要性排序，有效地分配任务和时间"。

4. 沟通能力

学校作为开放系统，校长面对着众多的利益攸关者。这些利益的有效协调要求校长"善于沟通，能清楚地表达自己的观点"。从大多数优秀校长的实例来看，他们能够更为积极主动地与上级沟通，并及时汇报学校的情况，让上级领导既看到学校工作的成果，也看到学校发展的方向，从而尽量从政策与资金等方面支持学校。这些都与校长良好的沟通能力分不开。

5. 制度管理

俗话说："一位好校长，一套好制度，就是一个好学校。"好的制度对学校的发展起着至关重要的作用。而"好"的标准就是"适宜"。因此，校长要"能结合学校实际制定恰当的管理制度并形成有效的运行机制"。

6. 危机管理

不确定性是社会转型期的突出标志。处于社会转型期的中小学校回避不了各种各样的突发性事件,特别是主要群体学生都是未成年人,自我保护的意识和能力都较薄弱,容易受伤害,这就要求校长具有应对危机的能力,"能镇定巧妙处理学校的突发性事件"。

7. 意志坚韧

从多位校长所描述的事例中不难发现,教师不足、优秀教师流失率高、教学经费不足、办学条件差等状况(尤其是在经济欠发达地区),严重制约着学校的发展。学校的发展要求校长"能够在艰苦的环境下克服困难顽强工作",带领教职工改善办学条件和工作环境,实现学校的发展。

8. 任人唯贤

现代组织的竞争归根到底是人才的竞争,尤其是核心人才和优秀人才的竞争。校长要解放思想,实事求是,用人所长,避人所短,"为教职员提供广阔的发展平台",这样才能把教师队伍建设成一个基于利益、情感、事业、价值一致的生命共同体,才能提高学校的凝聚力和影响力。

9. 勇于承担

学校在改革中发展,而改革是需要勇气的,因为伴随着改革的是众多性质不一的困难、压力与挫折。这就要求校长慎重酝酿改革,大胆推行改革。改革一经推行,尽管面对他人的反对,胜任的校长仍能坚持自己的判断,并在失败时敢于承担责任。在调研的过程中,我们发现这种勇于承担压力或后果的校长会获得下属的尊敬,从而促使校长做事更加果断且更具决策力。

上述的校长胜任力各要素是复杂而又相互交织的整体。因为学校是一个复杂的组织体系,校长既要管人管事,又要管财管物,涉及的政策、法律、法规和理论、观念、方法、技术很多,可变性很大,因此,一位胜任的校长,必须集多种知识、能力和优良品性于一身,及时有效地协调各种关系,解决各种矛盾和问题。同时,在校长的整体胜任力中,各个要素是相互制约、相互影响的,校长只有具备合理的胜任能力结构,才能实现整体能力的优化,才能领导所在学校更快更好地发展。

(此文原载于2013年《教育科学研究》第4期)

中小学校长胜任水平、影响因素及提升策略

【摘　要】调查显示，目前中小学校长胜任水平较高，在所扮演的不同角色中，校长胜任教育者、领导者的程度高于管理者；在同一角色的不同方面，胜任程度存在差异；在同一角色的同一方面，不同校长的胜任程度也存在较大差异。影响校长胜任力的因素有性别、任职年限、学历等个人因素，学校文化、校长工作职责、学校发展阶段等学校因素，以及国家教育方针政策、上级教育主管部门、学校社区和家长、中小学校长培训等环境因素。校长胜任力的提升是持续、变化的过程，坚持深入课堂、培育积极向上的校园文化、建立校长资格证书制度等可以促进校长胜任力的持续提升。

【关键词】中小学校长；中小学校长胜任力；胜任水平

一、中小学校长胜任力的含义及结构

"中小学校长胜任力"是指校长履行其角色所需具备的条件，是学校发展对校长提出的要求。校长履行的角色可以具体化为教育者、领导者和管理者，因此，本文中笔者将中小学校长胜任力定义为：校长在引领学校发展过程中成功扮演教育者、领导者和管理者所必须具备的特质，包括处理具体事务所需要的知识、技能等显性特质，以及影响行为的态度、情感、价值观等隐性特质。[1]

根据中小学校长胜任力的含义，笔者通过对文献的阅读和分析，采用关键事件访谈、360度深度访谈法、问卷调查法等方法收集资料，编制了《中小学校长胜任力结构模型校长预测量表（自评式）》和《中小学校长胜任力结构模型教师预测量表（他评式）》，经过探索性和验证性因素分析，认为中小学校长胜任力结构是由校长扮演教育者的7个要素（教育思想、学科知识、教学技能、谦虚真诚、培养他人、文化向导、使命感）、领导者的10个要素（常识丰富、决策能力、创新意识、率先垂范、影响他人、以人为本、战略眼光、目标导向、有效激励、合理授权），以及管理者的9个要素（管理思想、外交能力、谋划能力、沟通能力、制度管理、危机管理、意志坚韧、任人唯贤、勇于承担）组成。[1]

二、目前中小学校长胜任力的发展水平

(一) 样本

为探究目前中小学校长胜任力的发展水平,笔者将校长胜任力要素具体化为一份32个题项的调查问卷。问卷采用李克特5级计分法,即非常不符合、比较不符合、一般、比较符合和非常符合,依次计分1、2、3、4、5,要求被调查者根据各自在学校管理实践中的表现如实填写。通过现场发放、电子邮件、纸质邮寄等形式在华南师范大学、北京师范大学、太原师范学院等举办的校长培训班学员(来自全国多个省份)中共发放问卷370份,收回309份,回收率是83.5%;有效问卷286份,有效率约为92.5%。有效问卷的人口统计学变量各个类别的占比均具有良好的代表性。

(二) 目前中小学校长胜任力的整体水平

校长胜任力均值以及教育者、领导者、管理者三角色的得分值均位于满分的85%左右,表明目前中小学校长胜任力水平总体上较高,胜任教育者、领导者的程度高于管理者,三个角色之间得分差异显著(教育者 $F=40.841$、$P<0.001$,领导者 $F=54.584$、$P<0.001$,管理者 $F=40.830$、$P<0.001$),见表1。

表1 中小学校长胜任力描述性统计分析($N=286$)

	题数	极小值	极大值	均值	标准差	F
胜任力	32	1	5	4.266	0.488	
教育者	11	1	5	4.276	0.497	40.841***
领导者	12	1	5	4.268	0.530	54.584***
管理者	9	1	5	4.250	0.540	40.830***

注:*$P<0.05$,**$P<0.01$,***$P<0.001$,下同。

(三) 中小学校长胜任力的具体发展水平

中小学校长胜任力中,教育者、领导者和管理者三个维度下各个特征因子的得分及其排序见表2。统计数据显示,中小学校长胜任程度排在前五位的是:竭力培育积极向上的学校文化,形成良好的文化氛围(4.58);以发展的眼光对待及培养教职员工(4.53);做事时身先士卒,发挥带头表率作用(4.45);乐于听取和接受教师在教育教学上的意见(4.44);有号召力,并提出共同愿景,以激发教师对工作的热情与承诺(4.43)。其中,"培育学校文

化""培养教职员工"和"听取教学意见"属于校长胜任力中的教育者维度,"做事发挥带头表率作用"和"激发教职工工作热情"属于校长胜任力中的领导者维度。

中小学校长胜任程度排在后五位的是:具有整合学校教育资源和拓宽办学渠道的能力(4.10);能影响他人,使他人成为自己的追随者(4.09);把自己联系方式留给学生和家长,耐心解答他们的疑惑(3.98);能为教师上教学示范课、观摩课(3.91);有丰富的社会科学和自然科学知识(3.84)。其中,"整合资源、拓宽办学渠道"是校长胜任力中的管理者维度,"影响他人"和"有丰富的学科知识"是校长胜任力中的领导者维度,"解答学生和家长的疑惑"和"为教师上示范课"是校长胜任力中的教育者维度。

上述分析表明,尽管总体而言,目前中小学校长胜任水平较高,但在不同角色上胜任程度有差异,在同一角色的不同方面胜任程度也存在差异,如教育者角色不同方面的胜任程度从排第一的"竭力培育积极向上的学校文化,形成良好的文化氛围"到倒数第二的"能为教师上教学示范课、观摩课"。

表2 中小学校长胜任特征排序($N=286$)

因子	排序	胜任特征	均值	总排序
教育者	1	C10 竭力培育积极向上的学校文化,形成良好的文化氛围	4.58	1
	2	C9 以发展的眼光对待及培养教职员工	4.53	2
	3	C7 乐于听取和接受教师在教育教学上的意见	4.44	4
	4	C4 具有听课、评课和指导学校教学、教研、课外活动等工作的能力	4.40	7
	5	C1 至少熟悉一位教育家的办学思想,有自己独立的办学思想	4.39	11
	6	C2 对素质教育、新课改有深刻的认识和独到的见解	4.26	18
	7	C3 对学校各科课程有整体性的了解,并能按此开展教学活动	4.22	20
	8	C8 能指导教师制订教学计划、提高业务水平、改进教学方法	4.12	26
	9	C6 把自己联系方式留给学生和家长,耐心解答他们的疑惑	3.98	30
	10	C5 能为教师上教学示范课、观摩课	3.91	31
	11	C11 以教育事业为自己毕生的追求,不会因为其他困难或诱惑而放弃	4.20	22

续表2

因子	排序	胜任特征	均值	总排序
领导者	1	C18 做事时身先士卒，发挥带头表率作用	4.45	3
	2	C19 有号召力，并提出共同愿景，以激发教师对工作的热情与承诺	4.43	5
	3	C32 给予下属一定的决策权，鼓励其大胆开展工作	4.40	9
	4	C12 能从师生发展角度出发考虑事情，关注全校师生身心健康发展	4.39	10
	5	C21 为学校长远发展考虑，制定可持续发展的战略	4.35	13
	6	C14 能对复杂多变的情况进行正确的判断并制定有利的决策	4.30	15
	7	C22 能引领全校师生去实现学校的发展愿景	4.30	16
	8	C15 具有创新意识及丰富的想象力，并能够创造性地工作	4.24	19
	9	C16 能超越学校现有条件积极主动寻找发展机会	4.13	25
	10	C26 对教职员工的不同表现能采取相应的奖惩办法	4.11	27
	11	C20 能影响他人，使他人成为自己的追随者	4.09	29
	12	C13 有丰富的社会科学和自然科学知识	3.84	32
管理者	1	C23 能结合学校实际情况形成自己的管理思路	4.41	6
	2	C29 能镇定巧妙处理学校的突发性事件	4.40	8
	3	C27 善于沟通，能清楚地表达自己的观点	4.37	12
	4	C28 能结合学校实际制定恰当的管理制度及形成有效的运行机制	4.33	14
	5	C17 面对他人的反对，能坚持自己的判断，并在失败时敢于承担责任	4.28	17
	6	C31 为教职员工提供广阔的发展平台	4.21	21
	7	C25 能根据学校目标制定实施计划，有效地分配任务和时间	4.19	23
	8	C30 能够在艰苦的环境下克服困难顽强工作	4.15	24
	9	C24 具有整合学校教育资源和拓宽办学渠道的能力	4.10	28

三、中小学校长胜任力影响因素分析

本研究认为,影响校长胜任力的因素有校长个人特征、学校特征和社会支持系统。[1]校长个人特征主要包括性别、年龄、教龄、任职年限、学历、出任校长前的职务、健康状况、荣誉称号;学校特征主要包括学校性质、层级、等级、学校所在区域、学校文化、岗位特征;学校社会支持系统主要包括国家教育方针政策、上级主管部门、社会教育环境、学校社区环境。

(一)影响中小学校长胜任力的个人因素分析

笔者对正式量表所得的有效数据进行独立样本 t 检验、单因素方差分析、Scheffe 事后比较分析,结果发现:年龄、教龄、任校长前最后担任的职务、地市级及以上"优秀校长"等荣誉称号对校长胜任力的影响并不存在显著差异;而性别、任职年限、学历等背景变量对中小学校长胜任力水平的影响差异显著。

1. 性别对校长胜任力的影响

表3数据显示,在模型整体和各维度上 P 值均小于0.05,表明在胜任力上,男女校长存在显著差异。就平均得分而言,无论是在整体抑或是每种角色上,男校长比女校长更胜任。

表3　性别对校长胜任力的影响分析($N=286$)

	男($N=234$)		女($N=52$)		t 值
	M	SD	M	SD	
胜任力	4.421	0.029	4.235	0.088	-4.129***
教育者	4.433	0.030	4.245	0.086	-3.855***
领导者	4.384	0.032	4.245	0.095	-3.612***
管理者	4.456	0.033	4.209	0.090	-4.008***

2. 任职年限对校长胜任力的影响

根据任职年限将校长划分为五个年限组。由于受调查校长中任职21年以上的只有6位,与另外四组人数相差较大,故这个年限组不参与差异性检验。对其他四个年限组采用单因子方差分析的方法进行差异性检验,结果见表4。

表4 任职年限对校长胜任力的影响（N=286）

模型维度	5年以下		5~10年		11~15年		16~20年		F
	M	SD	M	SD	M	SD	M	SD	
胜任力	4.338	0.052	4.222	0.043	4.159	0.078	4.440	0.062	1.155***
教育者	4.326	0.051	4.251	0.044	4.163	0.080	4.505	0.060	1.117***
领导者	4.353	0.055	4.206	0.051	4.173	0.081	4.431	0.066	1.265***
管理者	4.334	0.057	4.206	0.050	4.136	0.081	4.372	0.080	1.275***

统计结果显示，不同任职年限的校长在胜任力及其三个维度上的 P 值均小于0.05，表明在胜任力及其三个维度上，不同任职年限的校长之间存在显著差异。就得分而言，任职年限为5年以下和16~20年的校长在胜任力总分和各个维度上得分比较接近，且均高于任职年限为5~10年和11~15年的校长，可见任职5年以下和16~20年的校长更胜任其工作并且在这三种角色中扮演得较好。

3. 学历对校长胜任力的影响

按照学历将校长划分为四个等级，并对其进行单因素方差分析。频率统计显示：硕士及以上学历和中专（或高中）样本数量分别为9个和2个，故失去了进行比较的意义，虽在表格中列出，但并不将其纳入分析范围。结果见表5。

表5 学历状况对校长胜任力的影响（N=286）

模型维度	硕士及以上		本科		大专		中专/高中		F	Sig
	M	SD	M	SD	M	SD	M	SD		
胜任力	4.208	105	4.292	031	4.160	077	4.562	125	833	000
教育者	4.189	079	4.311	032	4.138	078	4.727	181	1.685	000
领导者	4.167	142	4.290	034	4.189	081	4.625	125	770	000
管理者	4.287	116	4.272	035	4.150	085	4.277	0556	333	000

统计结果显示，不同学历的校长在胜任力及其三个维度上的 P 值均小于0.05，表明不同学历的校长在胜任力及其三个维度之间存在显著差异，本科学历的中小学校长得分比大专学历校长得分要高，表明本科学历的校长比专科学历校长更胜任当前工作岗位。

(二) 影响中小学校长胜任力的学校特征分析

笔者对正式量表所得的有效数据进行独立样本 t 检验、单因素方差分析、Scheffe 事后比较分析，结果发现：学校性质、学校所在地、学校层次、学校等级等学校特征对校长胜任力的影响不存在显著差异。

问卷调查虽能获得相对客观的数据，但也有其局限性，比如对学校文化、校长岗位职责等方面的调查难以实现。为此，笔者选取 12 位教师、20 位校长进行了访谈（见表6），以进一步了解学校特征的其他因素对中小学校长胜任力的影响。

表6 访谈教师、校长人数分布表

	小学	初中	高中	完全中学	男	女
教师	3	3	3	3	6	6
校长	5	5	5	5	14	6

笔者对访谈数据整理发现，影响校长胜任水平的学校特征中其他因素主要包括学校文化、校长岗位工作制度和学校发展阶段等。

校长胜任力受其学校文化影响。在访谈中，当被问及学校文化的话题时，几乎所有被访校长都认为学校文化对其成员有着很大影响，正如一位校长所言，"我知道学校文化影响了学校中的每一个人，教师的绩效、学生的成绩、管理层的决策，但是我无法清楚地指明到底是哪部分产生了影响"。也正因如此，几乎所有受访校长都坦言自己在努力推进优质的学校文化建设。

校长胜任力受其工作岗位职责影响，正如一位受访校长所言，"校长要带头遵守工作制度，履行岗位职责。岗位职责对我们也形成了一种约束力。我们能力如何，能不能干好这个职位，大家都看在眼里"。

校长胜任力受校长所在学校及所处发展阶段影响。学校处在不同发展阶段，对校长胜任力的要求不尽相同。在对教师的访谈中，笔者听到不少类似这样的言论："一开始校长能力比较强，现在却觉得他有些跟不上学校的发展了"，或者"校长开始不太行，现在却越做越好了"，等等。

(三) 影响中小学校长胜任力的支持系统分析

无论是受访的校长还是教师都一致认为，国家教育方针政策、上级教育主管部门、学校社区环境和家长，以及中小学校长培训等在一定程度上影响着校长胜任力。他们认为，国家教育方针政策对校长胜任力的影响是一种更为宏观的、远距离的作用力，而教育主管部门及政府、家长和社区环境对校长的影响则是一种微观的、近距离的作用力。

1991年，我国颁布的《全国中小学校长任职条件和岗位要求（试行）》从校长的学历、教学经验等方面对校长的任职条件、职责和岗位要求做了明确的规定；2009年起，义务教育学校推行教师绩效工资制度，各地根据自己的实际情况予以落实；2011年，《国家中长期教育改革和发展规划纲要（2010—2020年）》颁布，对校长、教师队伍、办学方向等作出了明确指示。校长在这样的大环境下，必须根据有关政策及法律法规来调整自己的行为，这对校长胜任能力的影响是不言而喻的。

政府、上级教育主管部门及领导对校长的影响也是不容忽视的。他们或者决定着校长的选拔、考核与晋升，或者掌握了学校的设置及教育拨款、校长和教师的工资发放等大权。然而，在访谈中，受访校长对此类问题的回答往往含糊其辞，不是他们不明白，而是在这种制度下他们往往也很无奈。政府、教育主管部门及相关领导形成的合力，使得校长受制其中，直接影响到校长的胜任力。

学校与社区和家长的关系，是近年来逐渐被认识并予以重视的问题。人们越来越认为中小学校是直接为社区服务的教育机构，家长是学校的服务对象，他们之间的桥梁便是对学生进行的教育活动。随着教育的需求由追求数量到追求质量的转变，社区和家长与学校的联系日益密切。学校教育活动的开展多多少少会受到以家长为代表的社区力量的影响。在访谈中我们了解到：一些地区进行了社区代表、家长委员会参与学校管理的实验，让学校主动融入社区环境中，让家长主动支持学校教育事业的发展，这对于提高教育质量和提升家长满意度是一种有益的探索。在此过程中，校长既扮演了领导者，又扮演了沟通交流者，社区和家长的意见影响着校长的行为和工作业绩，对校长的胜任力提出了更高的要求。

诸多学者曾研究过中小学校长培训，国家教育部门对此也高度关注，先后成立了中学校长和小学校长培训中心，并在1999年12月30日颁布了《中小学校长培训规定》，对中小学校长培训的目的、组织管理及培训责任等作出了明确的规定。受访校长普遍认为，中小学校长的培训提高了校长的教育水平和管理能力，在提升中小学校长胜任力水平上有着重要的作用。

四、提升中小学校长胜任力的策略

教育环境的不确定性越来越大以及教育自身从外延到内涵的发展转变对中小学校长胜任其工作提出了越来越高的要求。校长唯有持续提升其胜任力才能引领学校持续发展。因此，校长胜任力的提升应是与时俱进的过程。根据中小学校长胜任力的调查结果，本文认为，目前中小学校长胜任力的提升需要从中小学校长个人素质、工作环境和社会支持系统三方面着手。

（一）提升中小学校长的个人素质

中小学校长个人素质的高低直接影响到其胜任程度的高低。提升中小学校长的个人素质可从以下三方面着手。

1. 坚持深入课堂

调查数据表明，校长的胜任水平与教龄有密切的关系，并随着教龄增长而提高。教龄的背后是从事教学的经历。中小学是以教书育人为主要任务的，学校众多工作都围绕这个中心展开。校长唯具有一定的教学经历才会明白学校的教学是什么，才能够在管理和决策中避免失误。坚持深入课堂要求校长通过听课、教课进一步把握教与学的规律，形成更丰富的教学智慧，指导教师更有效地开展教学。

2. 加强自身学习

研究发现，本科学历校长比专科学历校长更胜任。学历背后是学习阅历。"本科学历校长比专科学历校长更胜任"这一事实表明，校长越重视自身学习越有助于其胜任本职工作，其胜任力越高。随着我国教育事业的发展，教育质量已经取代教育数量成为重中之重。校长加强自身学习、优化知识结构、拓宽思维空间显得十分必要。校长既可以通过自学，学习先进的教育理念、教育技术、教学方法；还可以通过参加校长论坛或培训加强交流、增加见识；也可以取得更高层次的学历学位，通过系统的课程学习来丰富、提升自己。

3. 增强身体素质

虽然调查研究表明，中小学校长胜任力水平与身体健康状况不相关，但访谈中，大多数校长认为增强校长身体素质有助于校长胜任力水平的提升。校长处于学校内部运作的中心地位，随着教育环境不确定性的增加，各种突发事件时有发生，校长只有具有健康的体魄才能顺利应对不期而来的各种挑战。然而，繁忙的公务使得校长难有闲暇去关注自己的身体，往往在出现问题之后才开始有所意识。校长身体素质的提升可以融于学校日常活动中，如与师生一起参加各种形式的体育活动，这样不仅可以愉悦身心、增强体质，而且可以团结队伍、促进学校发展。

(二) 优化中小学校长的工作环境

1. 完善校长的岗位职责

校长尽管在学校处于核心地位，但是并不代表校长的职责行使不受约束。完善的工作岗位职责有助于校长明确自己的工作范围，集中精力处理学校重要的、紧迫的公务，积极放权、发挥其他工作人员的能动性，同时也能减轻校长的工作压力，避免陷入工作繁忙的泥潭中。

2. 培育积极向上的校园文化

研究结果显示，国家级示范性高中的校长胜任程度最高。总体而言，示范性高中在校园文化尤其是积极向上的文化培育方面会胜于其他级别的学校。人是文化的产物。师生只有浸润于一种积极向上、自强不息、促进创新的校园文化中才会自觉地努力向上，不依赖、仰赖别人，遇到困难、挫折时才能乐观、豁达，想方设法逾越困难，出色完成自身工作和学习任务，从而反过来促进校长胜任力的提升。

3. 顺应学校不同的发展阶段

研究发现，校长胜任力与学校发展阶段密切相关。学校发展阶段作为校长工作的大环境，是学校发展目标、发展战略的具体体现，是一个动态的工作情景。校长作为学校发展的领路人，顺应学校不同的发展阶段尤为重要。首先，校长要对学校的不同发展阶段作出明确判断并制定相应的发展战略规划；其次，校长要清楚学校处于不同的发展阶段时对自身能力及其管理队伍素质的要求；第三，校长要在每一阶段的目标实现后迅速转入下一阶段，避免因与学校发展脱节而导致胜任力下降。

(三) 完善中小学校长的社会支持系统

1. 建立校长任职资格证书制度

资格证书制度本质上是一种从业许可，以保证进入者必须具备相应资质。实行资格证书制度可为提高校长胜任水平提供制度保障。

首先，实施开放性的中小学校长资格证书考试制度。具备规定的校长任职条件、修完校长资格证书所需课程、通过资格考试的人，都可以向教育行政部门申请校长资格证书，取得应聘或受任校长职务的资格。

其次，规范中小学校长资格培训课程的开设。根据中小学校长的任职条件、主要职责、岗位要求和国家教育发展需要等设置校长资格培训课程，并作为校长资格证书考试的基本内容。

再次，实行中小学校长资格证书有效期制。校长资格证书有效期的设定，能够促使校长不断自我完善，不断提高其胜任水平。

2. 优化教育政策支持

受访校长反映，上级教育主管部门会直接或者间接通过政策制定、人才选拔和晋升、行政权力介入等方式干预校长的行为，使得校长在行使自己的职责权力时受阻。可见，校长胜任力的提升有赖于教育主管部门的支持与放权。

首先，教育主管部门在制定相关教育政策时必须考虑当前教育发展阶段和教育发展重点以及本地区学校的实际情况，做到科学决策、民主决策，保证政策的稳定性、连贯性和有效性，以帮助校长正确把握政策方向，合理安排学校发展事务，发挥自己的领导才能。

其次，教育主管部门必须在法律规范范围内行使政府的行政权力，遏制规范外行政权力对校长行为的干预，给校长胜任力的提升创造宽松的环境。

3. 构建良性的社区、家庭、学校互动模式

社区、家庭参与学校活动日益增多，校长对外活动的参与度也随之提高。校长由传统的校内领导和管理活动，扩展到校外各项资源的交换和处理中。良好的社区、家庭、学校互动有助于校长及时了解和掌握社区、家庭对学校教育提出的要求和期望、及时客观地评判学校的办学情况和自身的领导能力，同时也能使社区和家庭的资源及时服务于学校发展，从而提升校长的胜任力。

4. 实施科学的校长培训

培训是提高中小学校长素质、提升中小学校长胜任力的重要保证。无论是校长的入职培训抑或是在职提高培训，在培训内容和课程设置上都应考虑校长的需求，有所侧重。同时，培训形式要多种多样，可采用讲座、授课、讨论、参观、实习等多种方式，将理论知识与实践能力相联系，学以致用。

诚然，中小学校长胜任力的提升是一个持续不断的改进过程，无论是基于现在还是着眼于未来，都将是一个动态的、变化的过程，唯有坚持提升中小学校长的个人素质、优化中小学校长的工作环境、完善中小学校长的社会支持系统，并将三者融为一体，系统推进，才能使中小学校长胜任力得以持续提升。

参考文献

[1] 林天伦，陈思. 中小学校长胜任力结构与解读[J]. 教育科学研究，2013(4).

（此文原载于2014年《教育科学研究》第1期，全文转载于人大书报资料中心《中小学学校管理》2014年第4期）

中小学校长负责制30年：困境与对策

【摘　要】作为一种学校管理的制度选择，中小学校长负责制已实施30年，从普通教育政策演变为代表国家意志的教育法律。但在实践中，还是存在"权责模糊""有名无实""校长责任制"的声音，存在着阻碍中小学校长负责制有效实施的"法制困境""机制困境""胜任困境"。在依法治教的教育治理新常态下，应从制度体系建设、内外部机制完善、校长胜任力提升等方面推进中小学校长负责制的有效实施，提升学校治理能力与学校治理体系现代化，推进现代学校的发展。

【关键词】中小学校长；校长负责制；教育治理

政府职能转变与权力下放使学校拥有了更多的自主发展权。实现教育治理体系与治理能力现代化，建立现代学校制度，离不开校长主体功能的实现。中小学校长负责制作为一项重要的中小学领导体制，在教育体制改革中影响较为深远，但在具体实践中，中小学校长负责制的实施还存在一定的困境，有待依据政策实施目标深入推进。

一、中小学校长负责制30年：法律地位的演变

1985年5月27日，《中共中央关于教育体制改革的决定》发布，提出"学校逐步实行校长负责制"，要求"有条件的学校要设立由校长主持的、人数不多的、有威信的校务委员会，作为审议机构。要建立和健全以教师为主体的教职工代表大会制度，加强民主管理和民主监督"。[1]自此，校长负责制作为教育体制改革的重要内容被明确提出。

1993年2月13日，中共中央、国务院印发的《中国教育改革和发展纲要》指出："中等及中等以下各类学校实行校长负责制。校长要全面贯彻国家的教育方针和政策，依靠教职员工办好学校。"[2]其进一步明确了学校内部领导的结构方式和校长的地位与权限。

1995年3月18日，全国人民代表大会发布《中华人民共和国教育法》，其第三十条规定："学校的教学及其他行政管理，由校长负责。学校及其他教育机构应当按照国家有关规定，通过以教师为主体的教职工代表大会等组织形式，保障教职工参与民主管理和监督。"[3]至此，校长负责制以国家法律的形

式上升为国家意志。

2004年3月3日,国务院印发的《2003—2007年教育振兴行动计划》要求:"在普通中小学和中等职业技术学校,全面推行校长聘任制和校长负责制,建立公开选拔、竞争上岗、择优聘任的校长选拔任用机制,健全校长考核、培训、激励、监督、流动等相关制度。"[4]

2006年6月29日,全国人大常委会发布《中华人民共和国义务教育法》,其第二十六条规定:"学校实行校长负责制。校长应当符合国家规定的任职条件。校长由县级人民政府教育行政部门依法聘任。"[5]这是对中小学校长负责制最直接明确的法律规定,凸显了中小学校长负责制的重要法律地位。

2010年7月29日,国务院发布《国家中长期教育改革和发展规划纲要(2010—2020年)》,其第四十一条指出:"完善中小学学校管理制度。完善普通中小学和中等职业学校校长负责制。完善校长任职条件和任用办法。实行校务会议等管理制度,建立健全教职工代表大会制度,不断完善科学民主决策机制。建立中小学家长委员会。"[6]其再一次提出要完善中小学校长负责制。

2016年1月7日,教育部印发的《依法治教实施纲要(2016—2020年)》要求:"加强中小学党组织建设,发挥基层党组织在中小学治理中的核心作用,健全校长负责制。"[7]这是进一步突出新时期中小学依法治教实践中校长负责制的重要作用。

2017年1月19日,国务院印发的《国家教育事业发展"十三五"规划》要求:"完善公办高等学校党委领导下的校长负责制和中小学、中等职业学校校长负责制,进一步明确职责分工、议事规则。"[8]

综上,作为一种学校管理制度选择,中小学校长负责制从20世纪80年代中期开始成为国家教育政策,以法律法规、规划的形式推行,至今已30余年(见表1)。纵观其30余年的演进历程,作为国家教育管理制度的一种价值选择,中小学校长负责制从普通教育政策上升为教育法律。这种权威性的提升显现了中小学校长负责制对完善中小学校教学、管理、领导体系的重要作用,体现着国家意志对其在教育管理体制改革中所凸显价值的高度期盼。

表1 中小学校长负责制30年法律地位的演变

时间(年)	文本	规定
1985	《中共中央关于教育体制改革的决定》	学校逐步实行校长负责制
1993	《中国教育改革和发展纲要》	中等及中等以下各类学校实行校长负责制

续表1

时间（年）	文本	规定
1995	《中华人民共和国教育法》	学校的教学及其他行政管理由校长负责
2004	《2003—2007年教育振兴行动计划》	在普通中小学和中等职业技术学校全面推行校长聘任制和校长负责制
2006	《中华人民共和国义务教育法》	学校实行校长负责制
2010	《国家中长期教育改革和发展规划纲要（2010—2020年）》	完善普通中小学和中等职业学校校长负责制
2016	《依法治教实施纲要（2016—2020年）》	健全校长负责制
2017	《国家教育事业发展"十三五"规划》	完善中小学、中等职业学校校长负责制

二、中小学校长负责制的实施困境

中小学校长负责制30余年的发展历程，尤其是从1995年校长负责制成为教育法律，到2010年《国家中长期教育改革和发展规划纲要（2010—2020年）》明确要求完善中小学校长负责制，充分体现了中小学校长负责制在教育改革中的重要引领作用。中小学校长负责制强化了校长的主体责任，突出了校长在中小学校发展中的核心引领作用，对完善中小学治理体系、理顺中小学校内外部关系，推进政府、社会、学校多元治理主体的协同育人，保障我国基础教育公平、均衡、优质、特色发展，支撑高素质复合型人才培养与供给有着不可替代的作用。

然而，作为国家教育法律体系组成部分的重要教育管理制度，笔者在与校长们交流沟通的过程中，经常听到各种抱怨："中小学校长负责制只是学校管理体制改革的一种口号、一种形式"，"校长负责制只是校长担负责任的制度，校长有名无实、有责无权"，等等。有学者认为，校长负责制的实行总的来说与政策所要求的既定目标还相差甚远。实践中存在中小学校长负责制政策实施中的政策弱化、变形、扭曲的政策失真现象。[9]

中小学校长负责制在实践中并未充分实现政策的既定目标，未能充分调动校长办学的主动性、积极性，未能充分发挥校长在学校发展中的核心作用，存在一定的实施困境。

(一) 中小学校长负责制实施的"法制困境"

2012 年,教育部印发《全面推进依法治校实施纲要》,提出依法治校是学校适应加快建设社会主义法治国家的要求,发挥法治在学校管理中的重要作用,提高学校治理法治化、科学化水平的客观需要;是深化教育体制改革,推进政校分开、管办分离,构建政府、学校、社会之间的新型关系,建设现代学校制度的内在要求;是适应教育发展新形势,提高管理水平与效益,维护学校、教师、学生各方合法权益,全面提高人才培养质量,实现教育现代化的重要保障。[10]依法治校是我国学校运行与管理的基本要求,但其前提是要有完备的法律体系。2016 年,教育部印发的《依法治教实施纲要(2016—2020 年)》要求"加强中小学党组织建设,发挥基层党组织在中小学治理中的核心作用,健全校长负责制"。中小学校长负责制在新时期仍未达到依法治校的标准与要求,需要进一步完善与健全。

有学者认为,导致校长负责制政策失真的政策本身的缺陷主要有两个方面:一是缺少配套的法律法规;二是政策目标笼统,表述不具体。[9]华东师范大学周泽宇指出,校长负责制在实施过程中存在法律依据不明确和制度安排不完善问题,当前校长负责制不能在法律层面有效地保障校长获得充分权力去履行职责,校长权力的大小可能取决于校长个人的努力、魅力以及与上级领导的关系等法律参照系之外的因素。[11]

虽然《中华人民共和国教育法》和《中华人民共和国义务教育法》对中小学校长负责制有一定规定,但缺乏完备的对中小学校长负责制的系统阐释,没有对中小学校长的权、责、利等进行明晰的法律规定。校长负责制缺乏法律依据,国家出台的相关法规中对校长负责制的概念、校长的法律地位及法定权力指向不清。[12]由于法律具体实施体系的缺乏,各地在实施中小学校长负责制的实践中各有理解、难以统一,中小学校长在法律体系下的权、责、利的模糊成为制约中小学校长负责制长期难以有效贯彻执行的"法制困境"。

(二) 中小学校长负责制实施的"机制困境"

中小学校长负责制长期在教育行政部门的领导下实施,既缺乏校长的积极性与主动性,也未形成多元主体协同共治的教育治理局面。我们应以教育治理的新要求审视中小学校内外部治理机制,从中小学校的外部治理体系来看,涉及政府、学校、社会教育主体共治的协同机制、监督机制、评价机制、服务机制和权益保护机制等机制。从中小学校的内部治理体系来看,中小学校长负责制与基层党组织、中小学决策机制,校长、校长办公会、校务委员会、教职工代表大会、家长委员会等学校内部治理机构协调、监督、评价等机制构建不足。中小学校内外部协同育人共治治理机制保障的不足，成为制约中小学校长负责制有效实施的"机制困境"。

有学者提出，校长负责制属于一长制或首长制，校长集权责于一身，如果不建立相应的制约机制，就会给校长实行家长制或独裁提供方便。[9]中小学校长负责制的有效实施是个系统工程，需要系统、科学的机制保障，才能充分保障中小学校长负责制的政策价值，推动学校科学、高效运行。

（三）中小学校长负责制实施的"胜任困境"

2013年，教育部发布《义务教育学校校长专业标准》，将义务教育学校校长专业职责界定为：规划学校发展、营造育人文化、领导课程教学、引领教师成长、优化内部管理、调试外部环境，并基于专业理解与认识、专业知识与方法、专业能力与行为的划分，形成了60条义务教育学校校长标准。其全面涵盖了义务教育学校教育质量发展与教育现代化目标实现对校长的理念、能力、素质的全面要求。该标准体系全面、内涵丰富、价值引领显著，但目前我国义务教育学校校长在理念、能力、素质方面与这一校长专业标准仍有不小的差距。

由于校长对学校发展的重大引领作用，校长的综合素养与专业发展成为人们关注的焦点。校长自身的专业理念、能力、素质决定着校长负责制的有效贯彻实施。我国中小学校地域、城乡、校际间的差距长期存在，导致中小学校长的理念、能力、素质存在较大差异。在贯彻实施中小学校长负责制的实践中，由于校长自身理念、能力、素质的问题，无法很好地担负学校发展的战略任务与使命，这成为制约中小学校长负责制实施的"胜任困境"。

"胜任困境"是长期制约中小学校长负责制实施的重要原因之一，"胜任困境"的存在与我国教育改革与发展的历程密切相关。笔者认为，"胜任困境"的存在主要有以下原因：其一，校长在中小学校发展中的核心引领作用没有得到足够的认可与肯定，长期被忽视；其二，校长负责的模糊性，使得校长成为全能型的事务责任人，这种情况长期未得到合理纠正；其三，校长教育理念、能力、素质的专业指导与发展长期欠缺；其四，社会对义务教育的不满，部分集结为对校长责任的"信任危机"；其五，校长本人对校长角色期待认识的偏差，教育理念的偏颇，成为制约其自身发展的重要因素。

三、中小学校长负责制实施的推进措施

中小学校长是有效协调政府、学校和社会教育多元共治主体的核心，是引

领中小学校现代化学校制度构建、实施教育优质发展、办人民满意教育的重要承担力量。为有效推进教育管办评分离战略的实施，充分调动中小学校长的办学积极性、主动性、创造性，充分落实依法治校，保障中小学校长负责制的法律地位，应进一步深入推进中小学校长负责制的实施。

（一）充分认识中小学校长负责制的法律地位，制定中小学校长负责制的法律制度体系

依法治教是教育治理指导纲领和教育未来发展新常态及教育部《依法治教实施纲要（2016—2020年）》对健全校长负责制的新要求，急需积极构建具体实施中小学校长负责制的法律体系。有学者认为，既用立法定规来保障校长的权力，而又适时对校长负责制的实施情况进行监督和检查，这样的"完善"会有利于实现校长负责制，对于推动教育事业的发展起着重要的作用。[13] 目前，缺乏可操作性的法律制度体系保障是中小学校长负责制实施困难的主要原因。法律制度体系的缺乏使得教育行政主管部门对中小学校管得过紧，统得过死，权责模糊，校长在有限权力和无限责任中被动工作的现象还普遍存在。

国务院《2003—2007年教育振兴行动计划》要求："在普通中小学和中等职业技术学校，全面推行校长聘任制和校长负责制，建立公开选拔、竞争上岗、择优聘任的校长选拔任用机制，健全校长考核、培训、激励、监督、流动等相关制度。"全面实施依法治校，推进中小学校长负责制有效实施，在国家层面应进一步明确中小学校长负责制的相关法律关系，制定完备的中小学校长负责制的法律制度体系。阐明中小学校长负责制的具体内涵，详细的权、责、利的范围以及相关的保障制度体系，理顺制约中小学校长负责制实施的"政府""学校""社会"的内外部法律关系，为依法治校的教育共同治理提供完备的法律基础，为中小学校长负责制实施提供完备的法律保障。

（二）理顺中小学校长负责制的机制保障，完善中小学的内外部治理体系

解决中小学校长负责制实施的困境，一方面需要法制体系保障，另一方面需要机制保障。法制保障是根本，机制保障是关键。有学者认为，当前校长履责应有的权力被截留，无法全面负责；校长履职已有的权力部分被滥用，以权谋私；学校内部、外部监督机制对校长权力的约束乏力。[11]

在现代学校制度构建的框架下，应以现代学校制度建设的要求梳理中小学校长负责制的内外部治理关系，完善中小学内外部治理体系的机制保障，充分完善中小学校长负责制实施的体系结构，充分调动各个要素共同参与到学校发

展与运行中来，形成集思广益、民主管理、协同发展的内外部治理体系。充分保障校长的相关权利，发挥校长的积极性、主动性、创造性，为使中小学校长敢于有所为、能够有所为、激励有所为、保障有所为提供良好的内外部机制保障。

基于教育治理的共治要求，推进中小学校长负责制的实施应进一步加强和完善以下机制：①公开选拔、竞争上岗、择优聘任的选拔任用机制；②以人为本、教学为重、以学生全面发展为宗旨的管理机制；③集思广益、共同参与、校长负责的决策协调机制；④培训指导、自我发展、终身学习的专业成长机制；⑤科学合理、体系完备、激励有效的评估评价机制；⑥监督有效、引导有力、张弛有度的问责纠错机制。

（三）充分发掘中小学校长的主体性作用，引领中小学校长的专业发展

强化"一个好校长就是一所好学校"思想的引导，需要充分发掘中小学校长作为办学主体的社会认同、自我认同，切实落实国家中小学校长专业发展的相关要求和政策，加强中小学校长培训和交流轮岗，加强中小学校长职业化建设，实现校长的专业发展。校长本人要做自身成长的引领与指导者，加强教育发展规律和学校治理规律的学习，加强自身综合素质建设，提升自身专业理解与认识、专业知识与方法、专业能力与行为。社会应改变对校长的"信任危机"，勿作主观判断，客观评价校长在学校发展中的功过，实施充分的社会民主监督。

教育行政主管部门应进一步完善国家级、省级、市级、县级教育培训体系，基于中小学校长胜任力的研究分析，加强针对中小学校长的专业理念提升、专业素质建设、专业能力胜任建设。切实保障中小学校长培训的质量与层次，丰富培训内容，选择多元培训方法，提升培训效果，强化培训的实效性。对中小学校长培训机构、师资、服务做客观综合的评估，从供给端保障培训的质量和效果。中小学校长也应及时评估自身的专业发展，加强自身评估有助于校长明确自己的优点和不足，及时调整自己的专业理念及专业行为，明确专业发展目标，以不断提升自己的专业水准，促进自身专业发展，最终为提高学校的办学质量服务。[14]

充分发掘中小学校长的主体性作用，提升校长影响力。校长影响力是校长在领导学校的过程中通过行使职权和发挥自身因素使师生员工的心理和行为发生所期望的改变，以实现学校目标的力量。校长影响力包含权力影响力与非权力影响力，是两者的统一。[15]根据研究，校长权力影响力的三种影响策略为：

公开奖励、合法倡导、监督强制；非权力影响力的七种影响策略为：支持关怀、愿景榜样、联盟合作、激励鼓舞、理性劝说、交换指导、智力启发。[16]权力影响力是保障校长权力行使的基础，但在教育管理向教育治理转变的情况下，校长影响力的发挥更需要依靠非权力影响力的实现。基于研究，校长智慧、远见、说服力等个人魅力的展现正是非权力影响力最重要的来源。[16]通过对校长影响策略的研究可以看出，校长能否接得了权、用得好权、负得起责，能否胜任学校变革与发展的重任，其自身的专业发展具有决定性的影响作用，因此，急需有针对性地提升校长的胜任能力与影响能力，突破校长的胜任困境，以校长为核心推进中小学校长负责制的实施。

参考文献

[1] 中共中央关于教育体制改革的决定 [EB/OL]. http://www.moe.edu.cn/publicfiles/business/htmlfiles/moe/moe_ 177/200407/2482.html.

[2] 中共中央，国务院. 中国教育改革和发展纲要 [Z]. 1993-02-13.

[3] 中华人民共和国教育法 [EB/OL]. http://www.moe.gov.cn/public-files/business/htmlfiles/moe/moe_ 619/200407/1316.html.

[4] 教育部. 2003—2007年教育振兴行动计划 [EB/OL]. http://www.moe.edu.cn/publicfiles/business/htmlfiles/moe/moe_ 177/200407/ 2488.html.

[5] 中华人民共和国义务教育法 [EB/OL]. http://www.gov.cn/flfg/ 2006-06/30/content_ 323302.htm.

[6] 国家中长期教育改革和发展规划纲要（2010—2020年）[EB/OL]. http://www.gov.cn/jrzg/2010-07/29/content_ 1666937.htm.

[7] 教育部. 关于印发《依法治教实施纲要（2016—2020年)》的通知 [Z]. 2016-01-07.

[8] 国务院. 关于印发《国家教育事业发展"十三五"规划》的通知 [Z]. 2017-01-19.

[9] 刘永林. 中小学校长负责制失真的原因分析及对策 [J]. 教育探索，2004 (7).

[10] 教育部. 关于印发《全面推进依法治校实施纲要》的通知 [Z]. 2012-11-22.

[11] 兰霞萍，陈大超. 推进教育管理的民主化与法制化：全国教育管理学科专业委员会第十四届学术年会综述 [J]. 中小学管理，2016 (1).

[12] 童康，皮文彬. 对校长负责制的定性分析 [J]. 上海教育科研，2002 (7).

[13] 汤朝晖，易文火，赵宏强. 完善中小学校长负责制 [J]. 基础教育参考，

2010 (5).

[14] 褚宏启,吕蕾,刘景.中小学校长培训机构建设与培训制度改革 [J].中国教育学刊,2009 (12).

[15] 林天伦.校长影响力的形式及其相互关系 [J].教育发展研究,2011 (6).

[16] 林天伦.中小学校长影响策略现状与分析 [J].华南师范大学学报(社会科学版),2007 (8).

(本文原载于 2017 年《教育科学研究》第 7 期,全文转载于人大书报资料中心《中小学学校管理》2017 年第 12 期)

中小学校长职级制施行的现实情境与破解之策

【摘　要】 中小学校长职级制是我国校长管理制度和方式的创新，是校长专业化发展及教育家办学的要求，也是教育管理现代化的反映。中小学校长职级制的发展历程显示，校长职级制的施行面临着制度目标"泛化"、职级划分"缺根"、副校长定位"模糊"、进出机制"缺失"、薪酬制度"滞后"等困境。为实现困境突围，中小学校长职级制改革要做好以下工作：规范制度目标，聚焦校长专业化；紧随人事改革，夯实校长职级根基；重视副校长角色，明确其职级定位；建立进出机制，畅通校长与教师的流动渠道；明确薪酬依据，创新校长薪酬制度。

【关键词】 校长职级制；校长专业化；职级划分；进出机制；薪酬制度

为进一步加强中小学校长队伍建设，促进校长专业化发展，近年来，我国一些地区逐步探索推行中小学校长职级制改革。中小学校长职级制，即取消校长行政级别，对校长实行职务等级管理的制度。2017 年，国务院印发的《国家教育事业发展"十三五"规划》已明确提出："建立和推行中小学校长职级制。"中小学校长职级制是我国校长管理制度和方式的创新，是校长专业化发展及教育家办学的要求，也是教育管理现代化的反映。然而，综观中小学校长职级制的研究进展与各地的推进历程，取得了一些经验，也面临着不同层面的问题，亟须我们共同寻求更好的解决路径。

一、我国中小学校长职级制的发展历程

（一）中小学校长职级制的政策演变

从政策角度分析，中小学校长职级制的演进大致经历了三个时期。

1. 制度孕育期

1978 年颁布的《中共中央关于教育体制改革的决定》提出，要简政放权，扩大学校的办学自主权；调整教育结构，改革劳动人事制度。1993 年召开的上海市教育工作会议提出了"加强本市中小学校长队伍建设，建立中小学校长职级制系列"，[1]开启了校长职级制在地方层面的政策探索。1993 年 11 月，国务院印发的《事业单位工作人员工资制度改革方案》提出，教育等事业单

位的专业技术人员实行专业技术职务等级工资制，管理人员实行职员职务等级工资制。1994年人事部、国家教委印发的《中小学贯彻〈事业单位工作人员工资制度改革方案〉的实施意见》指出，中小学校长与教师实行不同工资制度，但文件又提出校长兼任学校行政领导工作与教师工作的，可按两种职务中较高一种职务工资执行，校长教师未能独立区分。总体而言，该时期相关政策重在对人事管理制度的改革探索，人事工资制度的改革孕育着校长职级制。

2. 制度确立期

1998年教育部印发的《关于认真做好"两基"验收后巩固提高工作的若干意见》提出，"完善校长负责制，逐步试行校长职级制"，这是第一次在国家层面提出进行校长职级制的政策探索；1999年颁发的《中共中央国务院关于深化教育改革，全面推进素质教育的决定》提出，"要继续巩固和完善中小学校长岗位培训和持证上岗制度，试行校长职级制"；2001年颁发的《国务院关于基础教育改革与发展的决定》提出，"积极推进校长职级制"。在该阶段，中小学校长职级制历经"逐步试行""试行"到"积极推进"，得到了初步确立。

3. 制度发展创新期

2010年发布的《国家中长期教育改革和发展规划纲要（2010—2020年）》提出，取消校长行政级别，促进校长专业化，推行校长职级制；同年，《国务院办公厅关于开展国家教育体制改革试点的通知》要求"探索中小学校长职级制，深化中小学教师职称制度改革"，随后在山东省潍坊市、广东省中山市等地开展试点。2013年印发的《义务教育学校校长专业标准》与2017年《国务院关于印发国家教育事业发展"十三五"规划的通知》，皆提出推行中小学校长职级制。随后，《中小学校领导人员管理暂行办法》明确提出："加快推行中小学校长职级制改革，拓宽职业发展空间，促进校长队伍专业化建设。"该阶段，中小学校长职级制明确了"去行政化，促专业化"的目标定位，但中央层面的制度实施指导意见仍为空白，职级制有待进一步探索发展。

（二）中小学校长职级制的研究现状

从研究角度分析，中小学校长职级制的研究主要关注以下三方面内容。

1. 中小学校长职级制内涵的研究

关于中小学校长职级制内涵的研究主要集中在两方面。一方面是有关校长职级制概念的界定。贾继娥[2]、贾汇亮[3]等学者从人事管理与校长专业发展两个角度对校长职级制进行了界定。另一方面是有关校长职级制结构的探索，如上海市、广东省中山市、山东省潍坊市等地都各自建立了校长职级制度框架。

2. 实施中小学校长职级制现存问题的研究

孟庆焕[4]指出,职级制存在顶层设计不合理、相关配套制度缺乏、校长切身利益被忽视、考评机制不健全等问题。杨海燕[5]则着重关注评价体系的公正性以及经费保障两方面的问题。王浩[6]对上海市中小学职级制的研究发现,职级制存在支持保障资源不足、适应性差以及制度存在缺陷等问题。总的来说,这些问题更多地关注职级制的外部支持与配套政策,缺少对职级制自身的明确与完善。

3. 完善校长职级制的策略研究

贾继娥等人在职级制的评价模式、职级划分、薪酬体系等方面提出了改进措施。[2]张茂聪、侯洁对潍坊市中小学校长职级制进行研究后,提出了加强顶层设计、落实学校办学自主权、完善改革配套政策、提高相关人员专业素养等建议。[7]郭凯对中山市中小学校长职级制进行调查后,在职级划分调整、薪酬设置、副校长归属、考评制度等方面提出建议。[8]这些策略大多基于地方实施经验提出,缺少国家政策的整合统领。

二、中小学校长职级制施行的现状及问题

透过对中小学校长职级制的政策演变以及研究现状的分析,笔者以为,中小学校长职级制的施行亟待解决以下问题。

(一)制度目标"泛化"

促进校长专业化是校长职级制产生的逻辑起点。校长的专业化水平既是校长职级制实施的依据也是要达到的目标。校长专业化制度目标的实现需要相关的配套措施,然而在实际施行过程中容易出现本末倒置的情况,职级制目标易被其他目标所影响或替换,造成政策效果不明显,同时也影响了目标群体对校长职级制目标定位的正确认知。例如:过早地将校长轮岗交流制度纳入校长职级制,表面上是扩大了校长职级制的功能作用,实际上不仅增加了校长职级制的推行难度,也使得校长职级制的制度目标容易泛化为促进教育公平;过分强调取消校长行政级别而忽略校长的专业发展目标,导致校长职级制的定位表层化,难以起到促进校长专业化的作用。

(二)职级划分"缺根"

职级划分是校长职级制的根基。实践中,校长职级的设置可谓多样,如广东省中山市的五级十等、山东省潍坊市的四级九等,以及上海市的四级十二

等、五级十二等,都做出了很好的探索。但有些地方的职级划分与我国现有的人事政策之间缺少系统联系,缺乏已有制度的有力支撑。事实上,《事业单位岗位设置管理试行办法》《关于深化中小学教师职称制度改革的指导意见》等政策文件,与校长职级的划分设置联系紧密,是职级划分的重要根据。校长职级制改革未能随着相关人事制度的改革而逐步完善,政策基础不够牢固,不利于中小学校长职级制的有效施行。

(三)副校长定位"模糊"

副校长是实行校长职级制所不能忽略的重要因素。副校长的数量较多,他们参与学校的重大决策,对工作的执行起协调指挥作用。可以说,副校长发挥的作用直接关系着学校的办学成效,并且校长通常晋升自副校长岗位,副校长的专业化也是校长专业化的一个重要阶段。因此,是否将副校长纳入校长职级制之中,是施行校长职级制必须明确的问题。但校长职级制在实际施行过程中,一直未能对副校长有明晰的定位。

(四)进出机制"缺失"

校长进入与退出职级系列是校长职级制中转换机制的主要内容。校长主要来源于教师,在校长职级制中教师与校长之间该如何过渡与承接?如教师担任了校长职务,其专业路径必然朝着校长职级方向发展,那么其原有的教师职称如何转为校长职级?已有研究大多集中在校长选拔机制方面,缺乏对转换机制的关注。此外,校长职级制的人事制度是"能者上,庸者下",以"能进能出"作为促进校长专业化的重要推动力。一旦校长不担任校长职务,其校长职级该如何转化?校长能否重新进入教师序列,其校长职级与教师职称又该如何对接?这些问题的存在需要我们对校长职级制中涉及的具体问题进行深入细致的研究。

(五)薪酬制度"滞后"

校长职级制的动因之一是取消校长的行政级别,促进校长的专业化,使校长专注于办学。但校长职级与原有行政级别有什么不同?"职级"仅是另一种"级别"还是关乎薪酬待遇?校长职级在薪酬制度上与职员、教师的薪酬又有何区别与联系?此外,我国事业单位的工资制度正在进行改革,校长职级制的薪酬制度又该如何融入?总体而言,当前许多研究与改革并未理清"职级""行政级别"与"教师职称"三者间的关系,也未进一步明确校长职级薪酬制度与事业单位工资体系之间的关系,不利于校长职级制的进一步推行。

三、中小学校长职级制施行的突围路径

制度的价值在于其现实化。作为校长管理的一种制度创新，中小学校长职级制的施行需要寻求突围路径。

（一）规范制度目标，聚焦专业化

校长专业化是校长职级制的起点与目标。为了防止制度目标泛化，有效推进校长职级制的施行，首先，在制定相关配套政策时，应以校长专业化作为政策设计合理与否的评估标准，严格规范配套政策，避免出现配套政策越周全制度目标越松散的状况。其次，组织成立专家小组，围绕校长职级制的逻辑起点与根本目标对配套政策进行论证、评估，检验部分校长职级制度"衍生品"的合理性，并进行相应的政策调整甚至终止部分政策，以达到"制度瘦身"的效果。最后，明确"去行政化"与"促专业化"的关系，深化校长职级制的目标功能定位。"去行政化"应是为了"促专业化"，校长职级的单列并不是仅仅为了增加一种"职称"或是"级别"，而是通过这种形式来摆脱根深蒂固的行政化，从而促进校长专业化，提高办学质量。

（二）紧随人事改革，夯实职级根基

2015年印发的《关于深化中小学教师职称制度改革的指导意见》指出："正高级教师对应专业技术岗位一至四级，高级教师对应专业技术岗位五至七级，一级教师对应专业技术岗位八至十级，二级教师对应专业技术岗位十一至十二级，三级教师对应专业技术岗位十三级。"2017年中组部和教育部联合印发的《中小学校领导人员管理暂行办法》规定："中小学校领导人员一般应当具有相应的教师资格和已担任中小学一级教师以上专业技术职务。"综合已有的实证调查结果，可知大多数校长支持将校长职级划分为三或四个等级。根据已有研究与政策，并结合副校长的角色与职级转化机制，笔者以为校长的职级可划分为四级十二档，四个等级由高到低分别为特级、高级、中级、初级。特级、高级和中级每一等级分四个档次，从高到低分别为一档、二档、三档与四档。初级单独为一个档次，专为副校长而设。校长考核为优秀且符合要求时晋升等级。

（三）重视副校角色，明确职级定位

副校长的专业发展与校长的专业化水平密切相关，但我国现行的中小学校长职级制忽视了副校长这一重要群体。一方面，副校长若不被纳入校长职级制

当中，其工作积极性难免受到打击，其在学校中的影响力也会被削弱，不利于学校工作的开展。但另一方面，副校长是副职，相对于正职而言，更多的是充当助手与参谋角色。[9] 如若副校长一般是担任校长职位的重要资格条件，那么副校长和校长在相同的校长职级上晋升便不太妥当。

综合考虑，笔者认为应将副校长的职级统一为校长初级，不分档次，以此将副校长纳入校长职级制。副校长享受原有的教师职称与待遇，但其薪酬的绩效工资则与校长绩效相关联。副校长的绩效工资一部分以一定的比例与校长绩效挂钩，另一部分则依据考核评价上下浮动。在纵向上副校长要接受校长与教师的评价；在横向上，根据主管工作的不同，副校长的绩效也有所区别。

（四）建立进出机制，畅通流动渠道

在教师职称与校长职级相互转化的过程中，可将事业单位专业技术岗位的等级设置作为转化枢纽，将校长职级制与教师职称制度一同纳入事业单位岗位设置管理制度之中，将校长职级与教师职称的关系盘活，如表1所示（灰色部分表示教师与校长角色转变时，对应的职称与职级的转化）。

表1　校长职级与教师职称的对应关系

专业技术岗位设置	正高级				副高级		
等级划分	一级	二级	三级	四级	五级	六级	七级
校长职级设置	特级				高级		中级
档次划分	一档	二档	三档	四档	一档 二档 三档 四档	一档 二档 三档	四档
教师职称	正高级				副高级		一级（中级）
对应等级	一级	二级	三级	四级	五级	六级 七级	八至十级

如表1所示，部分一级教师如若进入校长队伍，可转化为校长职级的中级四档。其他教师则根据原有的职称等级进入相应的校长职级，如五级、六级、七级的副高级教师，分别对应校长职级的高级四档、中级二档、中级三档，在二者转化中，其原本对应的专业技术岗位等级并不发生改变，体现出我国人事管理政策的一致性与系统性。专业技术一级的岗位是国家特设的岗位，旨在为对国家与社会有突出贡献的人员而设置，因此处于正高一级与正高二级这个级别的岗位人员一般都十分杰出，建议直接进行转化。

在校长职级制中,对校长考核评价的结果决定了校长职级的评定,也决定了校长能否继续任职。一旦校长因考核不合格退出校长职位时,不应当否定其在担任教师期间所取得的成绩,应引导其重新回到教师岗位,可根据表1恢复其原本进入校长职级时的教师职称,享受教师职称对应的薪酬待遇。

(五)明确薪酬依据,创新薪酬制度

中小学校长职级制使校长队伍具有独立的"职称",既可以解决校长与教师在职称评定上的冲突问题,也便于施行更具激励性的校长薪酬制度,从而促进校长专业化发展。

2006年11月印发的《中小学贯彻〈事业单位工作人员收入分配制度改革方案〉的实施意见》提出:"中小学实行岗位绩效工资制度。岗位绩效工资由岗位工资、薪级工资、绩效工资和津贴补贴四部分组成,其中岗位工资和薪级工资为基本工资。"这是校长职级制的薪酬制度与事业单位工资体系融合的关键,也是制定校长职级薪酬制度的重要依据。结合各国的改革经验与研究成果,考虑到校长的工作性质及其所承担的责任,校长的薪酬水平应处于学校薪酬体系的顶层。同时,为了更好地使职级薪酬制度起到激励作用,可采用宽带薪酬和复合等级工资表对校长薪酬制度进行设计,并通过检验薪酬结构的弹性、紧缩性、合理性,调查其内部的一致性,从而不断完善与更新。一方面,为了提高校长的专业能力,校长的宽带薪酬要与其学历、技能、证书等关联;另一方面,为体现职级薪酬制度的区分性,校长的岗位工资应比同级别的教师岗位工资高,以更好地促进校长职级制的实行。校长与教师的岗位工资的差别,可根据专业技术岗位的等级设置来确定,这样校长职级、教师职称、岗位等级设置三者形成一个有机整体,既盘活了教师与校长的流动,也体现出我国人事管理的系统性与一致性。

在绩效工资方面,已往校长与教师的职称不分,容易导致二者在绩效工资的分配上发生矛盾,校长职级制的施行使得校长与教师绩效工资的分离成为可能。校长绩效工资的确定需要进一步完善校长的考核评价制度,评价标准可依据2017年教育部印发的《义务教育学校管理标准》,作为考核校长办学质量的方向性指标;并结合2013年颁布的《义务教育学校校长专业标准》,对校长个体进行考核评价,以更合理地确定校长绩效工资。此外,地方可发放校长职级制的津贴补贴,适当提高其在校长工资中的比重,以促进校长职级制的实行。

参考文献

[1] 杨国顺. 积极推进中小学校长职级制度改革: 上海市的实践与探索 [J]. 教育发展研究, 1995 (5): 49-51.

[2] 贾继娥, 王刚, 褚宏启. 我国校长职级制改革的现实背景与主要策略 [J]. 教育科学, 2012 (1): 41-44.

[3] 贾汇亮. 完善中小学校长职级制改革的若干建议 [J]. 教学与管理, 2012 (4): 6-8.

[4] 孟庆焕. 对校长职级制改革的几点思考 [J]. 齐齐哈尔师范高等专科学校学报, 2018 (4): 108-109.

[5] 杨海燕. 我国中小学校长晋升制度的实证研究 [J]. 上海教育研究, 2006 (5): 4-7.

[6] 王浩. 关于上海市中学校长职级制的研究 [D]. 上海: 华东师范大学, 2002.

[7] 张茂聪, 侯洁. 教育家办学的制度实践与思考: 以山东省潍坊市校长职级制改革为例 [J]. 教育研究, 2017 (3): 140-146.

[8] 郭凯. 关于中山市校长职级制改革的调查与探讨 [J]. 中国教育学刊, 2007 (7): 20-23.

[9] 王世忠. 学校领导体制研究中的一个盲点: 如何认识副校长的地位和作用 [J]. 教育理论与实践, 1999 (8): 23-24.

(此文原载于2020年《中小学管理》第2期，全文转载于人大书报资料中心《中小学学校管理》2020年第7期)

第二章

学校治理探索

这支队伍该怎么带？

案 例

　　桃源小学最让校长头疼的是教师队伍问题。多年来，优秀教师短缺一直是桃源小学的心病。其中，36 岁至 48 岁的中年教师出现了明显的断层。同时，教师队伍中也存在很多问题。有的老教师不思进取、坐等退休；而年轻教师又忙着上"专科"、续"本科"，似乎谁也不把提高教学水平作为自己努力的目标。教师们都在打着自己的"小算盘"。学校里弥漫着松散、互不干扰的文化氛围。

　　W 校长自上任以来一直都有一个心愿，那就是争取在 4～5 年内，大面积地提高教师群体的教学水平。W 校长认为，教师缺乏提高教学水平的动力，固有其自身的原因，但学校管理中的问题，也是不容忽视的。如果能够把这些因素都找出来，并加以改变，缺少"优秀教师"的怪圈就一定能被打破，学校的整体面貌也会有明显的改观。当前的新课改，正好是一个激发教师提高教学水平的好时机。W 校长决定以课改为突破口，在全校范围内推进改革。

　　为了配合改革，W 校长曾 4 次邀请市里的课程专家，到校开设有关新课程的培训讲座。W 校长还不惜投入，把一批年轻教师送到了省课程实验改革基地，让他们去学习。同时，学校还定期举办新课改研讨会，开展多媒体授课学习活动等，发动全体教师主动迎接新课改的挑战。

　　然而，课改活动才刚开始，W 校长的烦恼就接踵而至。

J 老师如同绊脚石

　　说起 J 老师，区里的教师几乎人人都知道。他不仅是区里有名的数学教师，而且是市里的数学骨干教师。可是，J 老师却对学校正在推进的教学改革颇有微词。在一次教学研讨会上，J 老师公开唱反调，认为所谓的教学改革都是瞎糊弄。不管怎么改，学生的成绩还是第一位的。自己只有"真功夫"，不会"花拳绣腿"……

　　学校培训教师学习多媒体授课，J 老师再次公开拒绝参加。理由是：自己的数学课不需要用多媒体教学，学之无用；自己年纪大了，不懂"电"（电脑），新东西学不了；自己再过5年就退休了，学了也没用……

有了这位年纪比校长还大的J老师打"头炮"，很多教师都跟在他后面对改革持观望态度。这种两难的处境，让W校长感到很困惑。原则上的认识不容敷衍。但J老师就像一个"火药桶"，点也不是，不点也不是。关键是，在学校推进教学改革的道路上，J老师是个绕不开的路口。作为教学的权威、其他教师的榜样，J老师的意见起着影响全局的作用。看来唯一的出路就是直接面对，转变J老师的思想，首先提高他对教学改革的认识。但是，W校长应该采取何种方式呢？

W校长隐隐觉得，自己应该亲自和J老师进行一次开诚布公的交谈，以争取他的支持。但J老师会不会合作呢？或者先请一位与J老师交往密切的老教师先行与J老师沟通？要不然，从校外请一位公认的教学权威来说服J老师？突然，W校长想起了已退休的老校长。老校长具有多年的工作经验，对教学改革一贯持鼓励的态度，而且J老师正是老校长一手培养起来的，如果老校长出马，多半会事半功倍。

想到这里，W校长松了口气，决定马上联络老校长。

K老师突然要调走

星期一，W校长情绪高涨地来到办公室。由于老校长的努力，J老师已经答应配合W校长的工作了。这使W校长产生了一个念头：应该在学校里成立一个由退休老教师组成的教学改革顾问组，以便发挥他们的余热。然而，W校长的高兴劲还没过，教务主任就送过来一封信，拆开一看，W校长不禁大吃一惊：K老师申请调动！

K老师刚30出头，毕业于名牌师范大学，是学校教学的"新星"。K老师刚分到学校时，教学水平并不高。但W校长认为K老师基础好，发展潜力大，又有工作热情。为了尽快提高他的教学能力，W校长给K老师安排了一位经验丰富的老教师进行指导。很快，K老师就成了独当一面的教学能手。在这次新课改中，学校还专门将K老师送到省课程改革实验基地接受培训。然而，好不容易栽好的"树"，花却要开到别人的院子里了。W校长很恼火，觉得自己的信任被辜负了，有一种"透心凉"的感觉，恨不得马上找到K老师来问个究竟。

冷静下来，W校长决定还是先和教导主任交换一下意见。教导主任早就知道K老师申请调动的事。从个人的角度讲，她认为K老师的举动是可以理解的。桃源小学地处市郊，交通不便，声誉不高，奖金太低，能够调到市中心的名校，那是许多老师的共同心愿。K 老师的要求也是人之常情。俗话说得好："人往高处走"，谁不想发展得好一些呢？

听到这里，W 校长不由得沮丧起来。是呀，桃源小学靠什么留住好教师呢？与其匆忙做决定，不如先"冷处理"一下，等自己完全平静下来再想对策吧。

到了周末，W 校长把 K 老师请到家里吃饭。K 老师一开始很紧张，不敢面对 W 校长。这倒让 W 校长颇感安慰，毕竟自己在 K 老师心目中，还是有些分量的。喝了几杯酒后，气氛轻松了很多，K 老师才坦然说出了自己要求调动的真实原因。

原来，近几年，K 老师的教学水平不断提高，获得了师生的广泛认可。可意外的是，每年评"先进"，总也轮不上他。在评选先进的过程中，语文年级组的评选方式是民主投票，而最终票数较多的，都是那些人缘好的教师。教师中私底下还存在一些小团体。比如：毕业于同一所学校的教师成立了攻守同盟，互相投票。有一次，K 老师在市里参加公开课竞赛得了名次，可在年级组选先进的投票中却排到了第三。年级组长还在投票后，反复动员他将名额让给一位老教师。理由是 K 老师还年轻，而这位老教师就快退休了，评上先进后，她可以在下一年晋升一级工资。出于无奈，K 老师"主动"放弃了当先进的机会。到了第 5 年，K 老师觉得自己应该可以评上先进了，可这一次，他居然连一张赞成票都没获得。K 老师尽管在工作上非常顺利，但他总觉得心情不舒畅。他觉得自己被孤立了，学校的评价制度不能对他的工作成绩予以肯定。而且，从业务发展的角度来看，他留在桃源小学，提高的空间不大，没有相互学习的氛围，因此他选择了离开。

听完 K 老师的解释，W 校长事先准备好的说词，都派不上用场了，W 校长自己反而感到很尴尬。他怎么也没想到，语文教研组的"先进"是这样评出来的。

相对于 K 老师的调离申请，学校评价制度中存在的问题，更让 W 校长忧虑。该怎么改革教师评价机制呢？W 校长陷入了沉思。

提不起来的 T 老师

K 老师的调离，使 W 校长招聘新教师的思路发生了变化。W 校长认为，从名牌大学招来的教师太出色了，难留住。于是，W 校长把那些态度端正、能力中等的人，作为招聘新教师的首选。而 T 老师正是基于这种条件被 W 校长选上，成为桃源小学的新教师的。

然而，刚开学不久，T老师就在教学上招致了人们的非议：在知识素养方面，T老师显得根基不厚，专业知识不扎实，教课时总是出现"硬伤"，用教导主任的话来说，听课的人比授课的她还着急。在课堂管理方面，T老师也问题多多，诸如讲课缺乏节奏感，教学重点、难点不突出，时间安排不合理，学生管理失控等，往往"一放就乱、一抓就死"。课堂上要么是乱糟糟的，要么就是过于严肃、呆板。学生的学习缺乏生气，热情不高。

W校长曾经多次组织校内骨干教师去听T老师的课，帮她找问题，提建议。此外，W校长还给她安排了一位认真负责的老教师做指导教师。T老师自己也参加了市里组织的大专班。然而，所有这些努力都没有在课堂教学中体现出来。看来短期之内，T老师的教学难有改观。W校长有些心灰意冷，觉得当初自己的选择错了。W校长决定动员T老师转岗，负责图书管理工作。

不出所料，T老师对这个决定表示坚决反对，不是哭，就是闹，还多次跑到W校长家里表决心："有问题可以改嘛，我的态度是积极的，组织上不能放弃我。"与此同时，T老师还多次向其他教师哭诉自己的"遭遇"，并获得了不少教师的同情，更有个别教师主动表示愿意帮助T老师。于是，W校长只好暂时放弃了原先的决定。

可没过几天，又有学生家长跑来向W校长告状，说T老师的教学比不上K老师，自己的孩子听不懂她的课，要求更换T老师，否则就转学。W校长为难了，真不知道该拿T老师怎么办才好：拿起来吧，沾手；咬下去吧，硌牙。W校长一时难以抉择。

倒是副校长的一句话引起了W校长的注意："既然我们说'没有教不好的学生，只有教不好的老师'，那么，为什么我们学校管理者，就不敢对有问题的教师承担起责任呢？老师的教学质量出了问题，为什么不从我们学校的教师培训机制上找找答案呢？"

这倒是个思路。W校长似乎又看到了方向。

思考题

1. 在改革过程中，校长应该采取什么方式，才能获得老教师的支持？在改革中，舆论和学校文化起着什么作用？

2. 学校的教师评价制度将对教师的行为产生什么影响？

3. 学校该以什么标准招聘新教师？对学校来说，什么样的教师培训机制最具针对性，最有利于教师教学能力的提升？

评析

1. 对任何一所学校来说，老教师都是一笔最宝贵的财富。如何发挥老教师的作用，也是一个最值得校长深思的问题。在教学改革过程中，"疾风暴雨"式的改革方法，存在较大的风险。而发挥老教师的影响力，以他们易于接受的方式"渐进"式地推进教学改革，不失为一种务实的举措。同时，抓住舆论宣传，注重学校文化的改造，也有助于教师思想的适应及转变。这些将大大降低教师与校长之间的对立和冲突。

2. 显然，桃源小学在过去的教师评价中存在问题。主要是中层管理人员在评价教师的工作绩效时，缺乏科学性、精确性和客观性，人情因素在评价中发挥了决定作用；同时，又将工作评价结果，与下一年的工资晋级直接联系在一起。因此，桃源小学首先要做的事，就是改变不恰当的绩效评价系统，以科学的评价指标，准确地评价教师的工作业绩。具体讲，理想的评价应该以教师业绩的高低、进步的程度等作为奖励和评先进的准则。总之，学校的评价机制应该成为鞭策落后教师进步、激励先进教师更进步的发展动力。

3. 在招聘新教师的过程中，教学潜力是不容忽视的关键问题。让新教师多参加几次试讲，有助于准确地判断新教师的潜力。同时，W 校长凭个人意愿选择教师是不恰当的。应该组织多学科的教师对试讲教师进行集体评价，这有助于客观地评价新教师。

另外，入职后的培训，也对新教师的成长起着至关重要的作用。在新学期开学前，学校应该对新教师进行专门的培训。内容可以灵活安排，但至少应该包括几个方面：学校的基本情况，学校文化，学校对教师的基本要求，以往新教师在入职过程中容易遇到的问题及解决办法，如何与学生交流，如何有效地控制课堂。虽然培训不可能完全解决新教师即将遇到的全部问题，但肯定会为他们适应新环境打下一定的基础。

在新教师的授课安排上，学校应该尽量给新教师排新生班的课，让他们随班走。这样可以避免开始的起点太高、接手的课程太难，从而为他们创造一个良好的起步平台。当然，新教师也必然有一个适应期，应该给他们一个合理的期待期。

4. 对新老教师，学校都应该形成一套针对教师具体问题的校本培训和校本教研的机制，这一点尤为重要。学校内应该形成一种探讨教学、合作学习、共同进步的氛围，使得优秀教师得到尊重，并成为学习的榜样；后进教师也虚心学习，力争改变现状。在具体的教学研讨会上，主管领导和教学骨干应该亲自参加，并应针对教师出现的教学问题，动员全体教师开展诊断，献计献策，将科学的理论和具体的问题，以及已有的经验有机地结合起来。校本教研和校本培训最忌流于形式，比如：宣读文章，互相夸奖，精心作秀。

（此文原载于2004年《中小学管理》第3期）

学校管理的目标激励分析

【摘　要】目标激励作为一种有效的管理手段,已被广泛地运用于学校组织,以实现对学校教职工的激励。但学校管理者往往对制定什么样的目标、怎样制定目标等问题感到茫然,缺少一定的理论支持。为此,深入分析影响学校目标激励作用的因素,探讨如何在学校环境中科学地制定符合教师发展规律及社会要求的目标,具有一定的现实意义。

【关键词】目标；激励；学校管理

20世纪50年代末,美国著名管理学家彼得·F.德鲁克在其《管理实践》一书中提出了目标管理的思想,主张组织要通过目标进行管理,并且组织的整体目标要转换成组织部门和每个成员的目标。[1] 目前,"目标"一词已被广泛应用到学校的管理实践中。学校每年的升学率,各年级、各学科统考成绩排名,教师教学的评优率,后进生的转化率,班级的综合评定及教师晋升需公开发表论文的数量等,都是目标在学校管理中的体现。目标在增强学校凝聚力,提高教师的工作效率和教学质量等方面发挥着重要的作用。

学校管理的目标导向意味着目标就是教师的工作任务和评价标准,没有目标就没有任务,没有目标就没有评价标准,这与德鲁克在目标管理上所持的基本观点是一致的,一个领域如果没有特定的目标,这个领域必然会被忽视。可见,全面设置目标、设置全面的目标是学校管理成功的关键,是全面培养人、培养全面发展的人的前提。然而,学校的管理实践中却不乏目标不均衡甚至部分目标被忽视的现象:智育目标多,德育和体育目标少；考核目标多,能力目标少；评价指标只强调终端结果却没有反映起点；目标只代表管理者意愿却没有体现教师需要；等等。目标管理中的这种"目标缺失"或"目标高扬"的倾向,不仅有可能使教师教书育人的工作出现"过滤"而导致学生的片面发展,而且有可能使教师身心疲惫以致失去工作的情趣。目标产生的这种"负激励",非但不能激发教师工作的主动性和创造性,而且会对教师产生片面甚至错误的"激励"。为此,笔者就影响学校目标激励作用的因素,以及如何制

---

[1] 转引自[美]斯蒂芬·罗宾斯:《管理学》,中国人民大学出版社2001年版,第160,38页。

定目标等做一些论述。

一、目标激励的基础

目标的激励作用，表现在目标对人行为的激发、维持和调节。那么，人产生这种行为的原因是什么呢？不同时期、不同学派的心理学家观点各异。早期的精神分析学家弗洛伊德等人认为，个体的行为源于遗传的能满足生理需求的本能。心理学家阿尔弗雷德·阿德勒（Alfred Adler）则认为，每个人生来就有一种因自卑感而产生的补偿欲求，而补偿往往是超越的，这种寻求优越便导致了人的行为。① 可见，他们一致认为，人的行为来源于天生的动力，即需要。后来的行为主义者将需要的范围进一步扩展，认为人的行为源于环境的刺激，从而产生了新的需要，满足需要的过程就是对环境的适应过程。[1]人本主义者则将需要提高到更高的精神层面，他们认为人是自己生活的主动建构者，可以自由地改变自己，因为人需要对所发生的事情负责。[2] "我们有时会对环境中的刺激自动地做出反应，有时会受控于无意识冲动，但我们有意志，有能力决定自己的命运和行动方向。"[2]

可见，各种理论虽然认为需要的来源不同，或是天生的，或是环境刺激产生的，或是人主动追求的，但是他们在关于"需要引导行为"的观点上是一致的。这种认识决定了目标不能凭空产生，只有能满足需要的目标才能激发人的行为。正如马克思曾经指出的，人们"积极地活动，通过活动来取得外界物，从而满足自己的需要"②。可见，教师教书育人的过程同时也是他们寻求自身需要获得满足的过程。为此，学校目标在兼顾目标制订者及学校发展需要的同时不能忽视对教师自身需要的满足。目标只有与教师的需要息息相关，才能对他们具有激励性。

然而，正如实践告诉我们的，仅仅满足组织成员的需要对达成有效的目标激励并不充分，心理学家还提出了其他的变量。

维克托·H. 弗鲁姆（Victor H. Vroom）的期望理论认为，当人们预期到某一行为能给个人带来既定结果，且这种结果对个体具有吸引力时，个人才会采取这一特定行为。③ 根据他的观点，人们对某一目标采取行动前会有一系列的心理变量或疑问，如：努力就能实现吗？付出多大的代价才能实现，实现这

---

① 崔丽娟等：《心理学是什么》，北京大学出版社2002年版，第43页。
② 袁贵仁：《价值学引论》，北京师范大学出版社1991年版，第1页。
③ 转引自［美］斯蒂芬·罗宾斯：《组织行为学》，中国人民大学出版社2002年版，第180页。

一目标后会有什么奖赏,这种奖赏有多大的吸引力,它是否有助于实现自己的目标?其中,前者反映的是对实现某一目标的能力的估计,这种估计是一个从不可能到很可能的连续体;后者表达的是目标实现所具有的价值,或者说是目标对行为者需要的满足程度,这种需要的满足也是一个从不满足到很满足的连续体。这样,可把人的行为视为目标可实现程度与目标价值量之间的函数:

$$人的行为 = f(目标可实现程度 \times 目标价值量)$$

由此可见,目标要起到激励作用,就要能满足其行为者的需要,同时还必须是能够实现的。能实现但不能满足行为者的需要,或者能满足行为者的需要但不能实现,这两种目标都不能产生很好的激励效果。有鉴于此,目标激励的基础是:能实现且有价值。我们可以做如下假设:

a. 如果目标实现的可能性大且具有的价值高,那么它对行为主体的激励就大。

b. 如果目标实现的可能性小且具有的价值低,那么它对行为主体的激励就小。

c. 如果目标实现的可能性大但具有的价值低,那么它对行为主体的激励就小。

d. 如果目标实现的可能性小即使具有的价值高,那么它对行为主体的激励也小。

二、学校目标的价值性

根据假设 a,当目标能够实现时,它的价值性越高,对行为主体的激励性就越大。而如前所述,目标的价值性又表现为目标对其相关者需要的满足程度。因此,对教师具有价值的目标归根结底是能满足教师需要的目标。

我国中小学教师职业枯竭情况的调查指出,情绪上的疲惫感、人际上的疏远感、工作上的无意义感以及知识上的耗尽感是目前我国中小学教师职业枯竭的主要特点。[3]教师职业的枯竭折射出在我国中小学管理中教师生长需要、关系需要和发展需要的缺失。也正是这种缺失启示我们,学校目标对教师的价值应体现在对其3种需要的满足上。

首先,学校目标的价值要体现在教师生长需要或成长性需要的满足上。马斯洛的需要层次理论指出,生长需要是人自我实现的需要,它的满足会激起个人越来越多的成长欲望。① 教师劳动的复杂性和创造性决定着学校目标不能无

---

① 转引自顾明远主编:《教育大辞典·教育心理学》第5卷,上海教育出版社1990年版,第324—325页。

视教师的生长需要。一切对教师的生活和工作的稳定性构成威胁的目标不仅不能起到激励作用，甚至会引发恶性竞争，遭到教师的抵制。因此，学校要避免制订压力过大且不完成任务有严重后果的激励目标。但是在现实工作中，目标往往会与教师的实际利益相冲突，让他们感到是对现状的威胁，这就要求目标的制订者能站在教师生长需要的立场上来表述目标的意义。如校长为提高教师的教学水平，要求教师定期进行专业考试。如果直言不讳地把目标表述为对教师进行评价，确定优劣，就很容易被教师视为一种威胁，因为它打破了原有的等级地位和利益结构，是一种不稳定因素，教师势必会找出它影响正常教学等理由，以阻碍目标的通过。目标制订者可以把考核的意义界定为：为奖励教师业余自学、举办教师培训提供参考依据，提高教师的施教能力和生活水平。类似的正面、积极的描述会减少教师因不能达标而产生的焦虑和后顾之忧。

其次，学校目标的价值要体现在对教师关系需要的满足上。教师的劳动目标是人，劳动对象是人，劳动产品是人。教师这种自始至终都与人打交道的工作特点决定了教师工作的合作性、态度的情感性和报酬的荣誉性，使得教师较其他群体有更高的关系需要。这种关系需要表现在教师对交往过程的关心和尊重、信任、平等对待、渴望合作等诸多情感的满足。教师希望受到其他教师的尊重，希望得到家长的信任和学生的认可，同时更希望获得学校领导的了解、关心和信任，平等地参与学校的管理和决策。因此，这就要求学校管理者在目标的制订、执行过程中多听取教师的意见，鼓励其参与目标的制订，并为结果承担一定的责任。正如德鲁克认为的，吸引各级人员和广大职工参与目标制订并为目标的实现承担责任，可以使目标具有激励作用并能改善人际关系。可见，教师参与学校管理，不仅使目标更具操作性，而且能满足教师的关系需要，增强教师的主人翁意识。

教师参与目标的制订反映了管理者对教师的尊重和信任。在关系需要上，教师尤其关注对目标结果的衡量是否公平和公正。评价是对教师能力和努力的确认，因此，对目标结果进行衡量时，应充分反映教师的真实贡献，让付出努力的教师获得科学、客观的评价；只有这样，才会促进教师的后续努力。在学校众多的目标结果评价指标中，最重要的是教学成绩的评价，因为这种目标评价对教师在人们心目中的地位起着关键的作用。然而，目前的教学成绩评价不仅内容简单，而且只强调终端结果，忽视其起点高低。这样的衡量标准不仅让起点较低的班级的教师看不到成功的希望，而且会降低起点较高的班级教师的竞争意识，更有甚者还会阻碍教师之间的团结协作，使教师互不服气，阻碍关系需要的满足。

正如霍桑试验所证明的，团体中的个体为了不给其他群体成员造成压力，影响其在群体中的归属感，宁愿放弃提高自己的效率和获得较高的薪酬的机会，而换取团体成员对其的认同。① 团体成员对归属感的这种需求对于教师群体来说尤为明显。因此，学校管理者在目标的制订、执行以及评价等方面不能忽视教师的关系需要，否则会适得其反。

再次，学校目标的价值要体现在对教师发展需要的满足上。教师的发展需要主要体现为求知需要和教书育人的成就需要。如今信息的高速传递，知识的快崖增长和更新，使学生群体有了更大的知识来源；这些对教师更新知识的容量和速度提出了前所未有的高要求。教师渴望自己不再是"教书匠"而成为"学习型、专家型"的教师；大多数年轻教师更是以争取继续深造作为自己的事业目标。教师的这些发展需求，也要求学校目标能够满足，学校可制订"请进来、送出去、内挖掘"的教师培训计划，在教师之间定期开展同学科或跨学科的教研活动，建立"学校名师"制，制订真实反映教师贡献、促进教师专业发展的评价和奖励机制。此外，由于多年从事班级管理及引导教育工作，教师中的大多数人不知不觉地产生了较强的支配欲，这种控制欲望会驱使他们渴望参与学校管理。因此，当前迫切需要建立一种让优秀教师有机会成为学科带头人、让德才兼备的教师能晋升到学校管理岗位的机制，这种机制将会从本质上提高教师的满意度，从而激发他们的工作热情。

三、学校目标的可实现性

根据假设 d，即使目标对教师具有很高的价值，但如果实现的可能性小，它对教师能起的激励效果也是有限的。因此，激励目标在满足教师需要的同时，也必须是他们力所能及的目标。

首先，目标是能实现的。能实现的目标不仅让执行者看到希望，而且会增加他们对后续目标的认同。强化理论认为，当人们因采取某种行为而受到奖励时，他们最有可能重复这种行为。[4] 目标实现了，教师的成就感便会油然而生，自信心也随之增强，必然会更加主动、更有信心地履行后续目标。与此同时，获得了成就感的教师对待目标制订者也会表现出更为友好、更为信任的态度。教师不仅把目标制订者视为"知心人"，而且会不断增强自身履行承诺的决心。但是，如果学校制订的目标难度过大或者根本实现不了，即使能满足教师的需要，也不能起到很好的激励效果，有时反而会挫伤教师的积极性，甚至使部分教师产生舞弊行为，而守规的教师又会对目标的制订者怨声载道。这样，

---

① 转引自［美］斯蒂芬·罗宾斯：《管理学》，中国人民大学出版社2001年版，第160，38页。

不仅学校的目标难以实现，而且教师间的恶性竞争也会加剧，甚至会出现教师对领导者进行诽谤、抵制等行为。

其次，目标实现的难度适中。能轻而易举实现的目标会降低其结果的价值。这是因为，过于容易的目标往往不能满足人实现自我价值的心理需求。根据假设c，实现可能性大但价值低的目标也没有很好的激励效果。在可接受的范围内，目标与现实之间的最大差异能够使追随者产生最大的压力，并改变他们的态度。[5] 轻易达到的目标不具有激励性。学校中论资排辈的评优标准就是最典型的一例。只要到了一定的时间，教师就自然会成为优秀教师。这样的目标由于只考虑教师群体的稳定而忽视了个人的努力，不仅会打击部分教师的积极性，而且不能有效地激励年纪大的教师，总体激励效果较差。

可见，目标难度的确定是发挥目标激励作用的重点，同时也是难点。因为目标难度的影响因素是多方面的，如以往同类目标的完成程度、完成未来目标的现存能力和潜力、竞争者的现状及政策所赋予的机会等。因此，在目标制订过程中，要参考诸多信息，综合考虑，避免片面和武断。

最后，需要个人努力的目标能激起执行者最大的热情。这一规律表明，目标可以在超越教师现有能力的情况下起到激励作用。目标的实现是人们持续努力、不断提升能力的过程。努力是相对于困难的克服而言的，每一次困难的克服不仅是一次努力的见证，而且是后续努力的动力。目标之所以能激发人们奋进，就因为只有经过努力才能达到；目标之所以能促使人们去追求，就是因为只要经过努力就能达到。目标的这一特性进一步说明，超越教师现有能力的目标是具有激励价值的目标，经过努力而做出的承诺会使人更有责任感。制订超越教师现有能力的目标尽管启动时可能得不到教师的承诺甚至会引起他们的反感，但是管理者可以通过对目标意义的拓展而提高教师对其的认识，通过发现目标路径上的障碍对教师进行指导，通过在目标达成的不同阶段对教师进行及时的奖励而鼓舞士气，通过树立认同目标的典型而扩大教师对目标的认同，简言之，就是用各种监控和指导策略唤起教师对目标的责任感，使他们自愿地把目标视为对自我的挑战、视为一种源源不断的力量，这样目标不仅能得到贯彻执行，而且能充分调动教师的工作积极性，起到很好的激励效果。但是，如果管理者只负责目标的制订或者试图通过设置完成目标的奖励来调控目标而忽视目标实施过程的指导和支持，这种超越教师现有能力的目标就会因唤不起教师的信心、得不到他们的承诺而难以实现。这样的目标会引起制订者与执行者之间的冲突，产生负激励作用。

参考文献

[1] 林崇德. 发展心理学 [M]. 北京：人民教育出版社，1995：39.

[2] 崔丽娟，等. 心理学是什么 [M]. 北京：北京大学出版社，2002：79，77.

[3] 王芳，许燕. 中小学教师职业枯竭状况及其与社会支持的关系 [J]. 心理学报，2004（5）：568–574.

[4] [美] 组织行为学 [M]. 孙建敏，李原，译. 北京：中国人民大学出版社，2002：89.

[5] [美] 皮尔斯，纽斯特罗姆. 领导者与领导过程 [M]. 北京华译网翻译公司，译. 北京：中国人民大学出版社，2003.

（此文原载于2005年《中国教育学刊》第6期，全文转载于人大书报资料中心《中小学学校管理》2005年第11期）

中美英三国学生纪律处分制度的比较研究

学生纪律处分问题是我国教育的热点问题之一。由于我国的学生纪律处分研究尚处于起步阶段，传统的处分办法又不适应时代的要求，在此背景下，借鉴国外的相关经验无疑将有助于健全和完善我国的学生纪律处分制度。而英美两国作为有代表性的西方发达国家，在公立学校学生纪律处分问题方面累积了大量有益经验，下文我们将对此予以具体介绍。

一、对学生纪律处分的界定

学校对学生的纪律处分是指学校对违反校规校纪的学生所进行的校内惩戒。从纪律处分的概念上可以看出，它具有以下几个特征：①处分主体是学校及其他教育机构；②对象是在学校及其他教育机构中接受教育的学生；③原因是学生违反了校规校纪；④目的在于对学生进行惩罚和制裁，制止学生再发生类似的违纪行为。

从表面上看，对学生进行纪律处分是一种组织管理行为；但从本质上讲，这种处分行为实际上是对学生进行教育的一种特殊方式。

二、对学生进行纪律处分的依据

在我国，学生纪律处分的形式是法定的，包括警告、记过、记大过、留校察看、勒令退学和开除学籍六种形式，[①] 学校可以根据国家的法律法规和政策规章制定本校的校纪校规，学生违反了这些校纪校规就要接受相应的纪律处分。

而在英美两国，并没有成文法律将学校可以对违纪学生采取的处分形式全部列举出来。依据法庭判例及传统习惯，法庭仅对学校可以采取的处分形式进行了原则性规定。至于对什么违纪行为进行纪律处分、如何具体实施纪律处分则授权给学校，学校可以按自身需要来制定本校校规，而学生一旦违反了校规就有可能面临被处分的下场。但是，学校制定的校规必须出于某种教育目的或为了控制学生的不当行为，如果校规脱离了教育的根本目标，超出了法律对学

---

① 褚宏启·中小学法律问题分析 [M] 北京：红旗出版社2003年版，140页。

校董事会的授权，则学校依校规而实施的处分行为将被判定为非法。

同时，法庭认为，学校在确定具体处分方式时，必须考虑学生的年龄、身体状况、性格特点、学生的平时表现、违纪行为的严重性和具体处分形式的严重程度等多方面因素，如果能够用较轻的处分形式达到教育学生的目的，就不该选择更重的处分形式。

三、学生纪律处分的具体形式

如前所述，我国学生纪律处分的法定形式仅有六种，而实际上，在义务教育阶段，能够真正适用的法定纪律处分形式更少。由于义务教育的特殊性，我国《义务教育法》规定学校不能开除义务教育阶段的学生，因此，开除和勒令退学的处分形式在义务教育阶段是不适用的。而失去了开除处分的直接威慑力，留校察看也失去了其原有的影响力。对义务教育阶段的中小学来说，警告、记过、记大过是我们所能采用的三种处分形式。

与我国相比，在英美两国，学校可采用的学生纪律处分形式则要丰富得多，较为常见的主要包括以下几种[①]：

1. 警告（warning）

警告是指用口头或书面语言直接对学生进行批评，指出学生的违纪行为，以督促其改正自身行为的手段。警告可以分为两种，一种是轻微警告，往往由教师个人在课堂或班级情境下使用，目的一般是提醒学生不要从事某种违纪行为；另一种则是正式警告，如果学生的违纪行为严重影响到学校的教育教学秩序，学生就有可能受到正式警告，一般会在全校范围内公开做出，如在全校师生大会上被点名批评，或在学校公告栏中被公告批评等。

2. 没收（confiscation）

当学生的违纪行为与特定的物品有关，并且这些物品的存在妨碍了学生本人或他人的学习，或者威胁到学生本人或他人的身心健康时，出于教育目的，教师可以没收这些物品。但是在没收该物品之后，教师不能将其据为私有，而应将其归还给学生。如果该物品可能持久地影响学生的身心健康或教师预见到该物品可能影响学生今后的学习，教师则应该将其归还给学生的父母。另外，如果教师没收的物品并非违纪学生个人的物品，且可能构成该学生的个人债

---

① Martha M. McCarthy, Nelda H. CambronMcCabe&StephenB. Thomas, Legal Rights of Teachers and Students (FourthEdition), A Pearson Education Company, 1998, pp115 - 160；参见 Michael Imber & Tyll Van Geel, A Teacher's Guide To Education Law, McGraw-Hill, Inc., 1995, pp60 - 80.

务，则应将该物品还给其真正的所有人。

3. 剥夺某种特权（denial of privilege）

如果学生不断从事某种轻微的违纪行为，经教育或警告无效，教师往往会剥夺学生的某种特权，对学生参加课外活动的权利予以限制，如不能参加某种课外兴趣小组、不能外出野游等。但是，参加学校课程的学习及参加学校的公开考试等学业性权利不属于可被剥夺的权利之列。

4. 学业处分（academic probation）

在美国，学校还具有学业处分权。如果学生从事了某种违纪行为或经提醒学习成绩仍无改善，教师就可以对这部分学生予以学业处分，如使其某门课程不及格、令其留级或将其开除出特定课程（或学校活动）等。由于学术等级和学术评价包含许多主观判断标准，不是一种简单的事实判断，因此，法院一般不会干预学校教师等专业人士对学生的学术评定，这类处分形式也很少受到法庭诉讼的挑战。

5. 暂时离开（time out）

"暂时离开"实际上是幼儿教育中常用的一种教育措施。幼儿教师常常发现，幼儿有些时候会无理取闹或故意挑衅周围的人，而这种时候最行之有效的处理措施往往是将其与周围的人隔离开一小段时间，让其冷静下来，就能够有效地约束幼儿的无理行为。这种把学生从其扰乱的背景中分离出来，以控制学生行为的方法就是"暂时离开"，是英美国家的中小学经常采用的一种处分形式。

在英美国家的中小学中，根据隔离地点的不同，"暂时离开"的类型是不一样的。在教室里的隔离被归入"近地隔离"，指的是让学生坐到教室的某个固定角落里或教室后部的空地处，以中断该生扰乱周围同学的违纪行为。如果该生在这些位置仍然扰乱教室里的正常教学秩序，教师可以将该生送到教室门外或窗口处隔离，既使其能够跟上本班的学习进度，又使其与其他同学的距离拉长，从而无法骚扰他人。将学生送到另一班级的教室去短期借读，或是将其送往校长办公室或其他中性场所等隔离的方式被称为"远地隔离"。这种隔离方式使学生陷于陌生环境中，常常会促使学生丧失违纪动机。一般来说，"暂时离开"的时间是有限制的，时间不宜过长，课堂内的隔离一般在五分钟左右，而其他地点的隔离则一般应该控制在十五分钟至六十分钟。

6. 留校（detention）

留校是指在放学后把学生扣留在学校里一段时间。根据学生违纪行为的严重程度，教师会灵活决定学生留校时间的长短及留校后从事何种具体事务。一般来说，留校的时间是有限的，通常不超过三十分钟，过长时间的留校会被视为一种变相的人身限制,是非法行为;同时,学生留校后从事何种事务,学校也要慎重考虑。

7. 记入学生档案的处分（record of discipline）

这种处分是指把学生所犯的违纪行为记载下来,作为学生档案的一部分,一般只适用于学生违纪行为严重且对学校影响较大的情况,一般不会被轻易使用。同时,考虑到这种处分形式可能带来的严重后果,学校必须严格根据事实情况来记录学生的违纪行为。如果相关记录严重失实,学校就必须对自身的过失承担赔偿责任。此外,学生家长及年满十八周岁的违纪学生有权查阅学生档案,了解有关处分记录是否客观公正,而学校则要为这种查阅提供方便。

8. 停学和开除（suspend & expulsion）

停学是指暂时性地剥夺学生的受教育权,将其排除于一定学校教育活动之外的处分方式;而开除则可以被理解为对学生的永久性停学,处分程度大大强于停学,它包括两种类型,即开除学生学籍和永久性排除。美国学校里可能导致开除学生的违纪行为主要是暴力、偷窃、损坏学校或个人财务、引起或试图引起对其他人的伤害、持有武器、持有或饮用毒品或酒精、从事犯罪行为或其他政府所禁止的行为。但是,残疾学生的情况比较特殊,根据联邦《残疾人教育法案》的规定,开除一般不适用于残疾学生。

四、学生纪律处分的程序与原则

在我国,对如何实施学生纪律处分,国家法律并没有予以专门规定。因此,学校在对学生进行纪律处分时缺乏法律规范的指导,常常没有一个固定、明确的程序。同样的违纪行为,如果发生在不同时间,其处理程序往往不同,而处理程序的差异则可能导致最终处理结果的差异。这种处分程序上的无序性和自发性带来了"同罪异罚"的直接后果,严重影响了处分决定的客观性和公正性。

而在英美两国,源于长期的法律传统,法庭往往重视公民的程序权利胜于实体权利,学生纪律处分的情况同样如此。一般来说,法庭会尊重学校的处分决定,但是会对处分的具体处理程序进行审查。因此,学校在对学生进行处分时,必须遵循两个法定程序原则,即正当程序原则和"理性人"原则。

正当程序是指在处分过程中,要遵循自然正义的基本理念,以合理的程序控制学校在纪律处分中的自由裁量权。正当程序原则对处分主体提出四方面要求①：

(1) 学校必须就有可能导致处分的行为事先对学生提出正式警告，或者事先以学校章程的形式明示禁止学生从事类似行为；

(2) 处分决定的做出者应该是与处分事件无利害关系的人；

(3) 所做出的处分决定必须附有具说服力的事实依据，证明学生的特定行为符合处分的条件；

(4) 在做出给予违纪学生不利影响的处分决定之前，应给受处分者以申辩和对质的机会，应采纳其合理的申辩理由。

而"理性人"（the reasonable person）原则是指，教师是学生的"第二"父母，当他们在使用处分制裁、纠正学生的行为时，应该站在学生父母的角度来处理问题，必须尽到妥善注意的义务。如果从一个理智人的角度出发，这种处分行为违背了理性的原则，法庭一般就会判定教师在处分学生时存在过失。

以上述两个程序原则为指导，轻微违纪行为的处分处理程序和严重违纪行为的处分处理程序存在明显差异。针对前者，其处理程序相对简单；针对后者，其处理程序则相对复杂。

1. 轻微违纪行为的处分处理程序

在英美国家，对于短期停课以下的处分类型，如警告、隔离、没收等，学校一般会选择较简单的处理程序，具体程序如下：

(1) 学校必须事先将违纪行为及可能受到的相应惩罚以口头或书面的方式通知学生；

(2) 判定学生的违纪行为必须以客观事实为基础；

(3) 在最终决定之前，要给予违纪学生说明违纪动机、陈述理由的机会。

2. 严重违纪行为的处分处理程序

对于短期停课以上的处分类型，如长期停学、开除，可能导致学生的教育权被暂时性剥夺或长期性剥夺，学校一般会选择非常复杂的处理程序。

美国根据第十四条宪法修正案，学校在开除学生前必须经过下列法定程序，作为公平裁决的保障措施：

(1) 通知被开除学生，告知学生本人其具有申请听证会的权利；

(2) 在学生申请召开听证会之后，学校必须安排听证会的时间、地点和具体环境，并应给予当事学生一定时间，令其可以为自己的辩护做准备；

(3) 在听证过程中，当事学生有权聘请法律顾问或邀请其他成人参加；

---

① Ronald W. Rebore, Human Resources Administration In Education (Sixth Edition), A Pearson Education Company, 2001, p200.

(4) 当事学生有权知道学校处分所依据的证物和证据，有权提供有利于自己的证据或证人；

(5) 当事学生可以就证据的真假性问题与学校方的证人进行交叉质证；

(6) 听证过程必须有书面记录，最终的处分决定应以听证会上所确定的事实为依据。[1]

而在英国，当学生在一学期内累计停学超过五天时，学校必须使地方教育当局明确了解每次停学的期限与具体事由，地方教育当局有权撤销停学决定。[2] 对于开除，程序要求则比停学更复杂，情况类似于美国。

五、启示与反思

通过以上比较，我们认为，在学生纪律处分方面，我国的问题主要集中在以下几点：

1. 法定的纪律处分形式不能很好地满足中小学校学生管理工作的需要

就目前来说，我国的学生纪律处分形式相对单一，仅有警告、记过、记大过、留校察看、勒令退学和开除学籍六种处分形式。而在中小学中实际可用的处分形式仅有前四种，不能有效地满足学校管理违纪学生的需要。在现实生活中，我们的学校也经常采用警告、留校、学业处分等处分形式，但遗憾的是，这些处理办法在目前来说都是非法定的，学校很难理直气壮地使用它们。同时，由于缺乏法律的约束，学校在"灵活"处理学生违纪问题时又容易陷入权力滥用的泥沼，出现侵害学生权益的现象。

2. 程序规范的缺失严重影响学生纪律处分的公正性

对学生纪律处分这样一种严重影响学生权利、义务法律关系的学校管理行为，我们的法律法规及政策并没有做出具体的程序规定。由于缺乏明确指导，学校在实施纪律处分时往往随意性很大，剥夺了学生在纪律处分过程中应当享有的许多程序权利，也使学生对学校处分决定的公正性产生怀疑。

3. 学生纪律处分的参与度不高

在我们的学校管理文化中，学校常常把学生放在一个比较次要的位置，忽视了学生对学校管理工作的参与。学校通常视处分过程为"内部处理"，习惯于把学生当作听从自己命令的载体，整个纪律处分过程缺乏透明度，事前既不

---

[1] Michael Imber & Tyl Van Gel, A Teacher's Guide To Education Law, McGrawHill, Inc., 1995, p70-75.

[2] Ian Birch&Ingo Richter, Comparative School Law, Pergamon Press, 1990, p.109-110.

明确告知学生哪些行为可能导致何种类型的学校处分，事后也不给予学生相应的申诉和申辩权利。而学生纪律处分作为学校管理中最为严厉的惩戒措施，将对学生的权利义务关系产生重大影响。因此，学生及家长要求参与到学校处分管理中的愿望非常强烈，而我们目前的学生纪律处分程序并没有提供这种参与的机会。

综上所述，我们认为，从目前的客观实际出发，借鉴英美两国纪律处分中有价值的处分形式以丰富我国学生纪律处分类型将是一种有益的尝试。同时，借鉴英美国家在长期实践中形成的正当程序原则和"理性人"原则，尽快出台有关学生纪律处分程序的法规及政策将是促进学生管理法制化的一种现实选择。而在处分程序的具体设计上，增强学生纪律处分的参与度，吸纳学生及家长的合理建议将是减少处分问题争议的一个重要措施。

（此文原载于2005年《教育科学研究》第7期）

学校管理的升华：使工作富于激情

一、使工作富于激情的必要性

美国管理学研究专家斯蒂芬·P. 罗宾斯认为："管理是指同别人一起，或通过别人使活动完成得更有效的过程。""使活动完成得更有效"意味着需要"有效而且积极地完成活动之行为"。管理的这种特性反映在学校管理中就是要求学校管理者通过一定的措施使教师表现出积极而有效的行为，从而促使学校目标的实现。怎样使教师表现出积极而有效的行为？专家、学者和一线教育工作者都进行了不少有益的探索，提出了很多见解和主张。具体措施大体可以归纳为四类：外部奖惩、契约责任、领导者魅力和工作体验。

外部奖励指的是学校通过制度保证给予教师奖励，如颁发奖金、晋升职务、评先评优、保证续聘等，使教师的行为符合学校的目标。以这种方式使教师对工作做出回应，学校管理者要面临着三方面问题：一是要不断调节奖赏，不断揣摩哪种奖赏能引起教师的兴趣；二是奖赏会削弱教师的内在工作动机；三是一旦取消奖赏，教师便会有受到惩罚的感觉。可见，仅靠外部奖励难以使教师成为工作的自我管理者和自我激励者。而惩罚虽可以促使教师提高工作积极性，但这种提高是因恐惧而引发的，是被迫的，缺乏自愿性，因而提高是短暂的。且惩罚必须付诸实践，否则惩罚就会随时间而贬值。而当学校管理者通过惩罚促进教师工作时，这种单边的惩罚几乎不可避免地会退化为双边惩罚，亦即学校管理者与教师之间必然会滋生敌对情绪。这种敌对情绪将会使惩罚被抵消，甚至会导致矛盾激化，以两败俱伤而告终。

契约责任是教师成其为教师的条件。学校管理者可以通过对教师岗位职责如班主任工作职责、教师职业规范等的强调促使他们努力工作。以这种方法获取教师的工作动力面临着两方面问题：一是要有明确、清晰的职责，二是教师只会做分内的事情。教师的职责是教书育人，教书与育人都具有较强的动态性，很多细节不具有规定性。同时，对学生的教育在强调分工、专业化的同时还需要很强的协作，过细的规定对协作来说是徒劳的。

领导者通过展现魅力也可使员工以恰当的方式对工作给予回应。"士为知己者死"，以及近年来西方管理学者提出的魅力型领导理论便是这种思想的体现。然而，以这种方式激发教师的工作热情存在很大的不确定性，一旦领导者更替，情况就会改变。

工作体验是指通过使教师体验到工作的意义、乐趣而使他们对工作做出积极的回应。赫兹伯格的双因素理论认为，影响工作的因素有两方面：一是工作条件，二是工作本身。工作条件属于保健因素，它们只能使员工的工作表现达到最低要求而不能激发他们超越这个最低要求；一旦这些因素不具备，员工就会表现出对工作的不满，这种不满情绪会使员工表现出差劲的工作业绩（以上提及的外部奖惩、契约责任、领导者魅力都属于此类因素）。工作本身才是激励因素。唯有工作本身才能激发人们工作的积极性，才能激励人们超越那种"为合理的工作日报酬做合理的一天工作"的最低要求。工作本身主要包括工作上的成就感、责任感，工作的挑战性与趣味性以及对良好工作的认同。

综上所述，激发教师工作积极性的方式尽管多样，但是不同方法在激发力以及维持性方面有所不同。只有来自工作本身的激励才有可能使教师保持旺盛的工作斗志，创造出源源不断的业绩。使工作富于激情，无论是对调动教师的积极性抑或是帮助教师重新体验工作的意义都显得尤为必要。

二、使工作富于激情的条件与策略

麦格雷戈的Y理论认为，工作中所耗费的体力与脑力实质上与玩或者休息时所耗费的体力与脑力是一样的，一般人并非天生不喜欢工作，逃避责任、丧失进取心通常是后天经验的结果，并非人天生的本性。这种观点表明教师是喜欢工作的，而当下教师体会不到工作的意义是由后天的工作实践造成的，是习得的结果。这种习得的结果既然源于实践，就可以解决于实践。因此，我们可以通过工作的重新建构而使工作富于激情，让教师再度体验工作的乐趣与意义，以促使教师投入工作，表现出色。

1. 使工作富于激情的条件

怎样的工作才能让人产生激情？对这个问题，学者们见仁见智。哈克曼和奥尔德姆认为，一项工作富于激情与否取决于三方面因素：个人有无体验到工作意义、工作责任以及对工作结果的驾驭。根据他们的观点，当人们认识到一项工作对自己具有意义、自己又对这项工作负有责任而且能驾驭这项工作时，他们就会感觉良好，就会表现出色，而且持续地表现出色。

而在托马斯·J. 萨乔万尼看来，一项工作能否使人产生激情与工作难度、个人能力、欲担负责任以及实际担负责任有关。根据萨乔万尼的观点，使工作富于激情的条件之一是：工作难度与个人技能相匹配。因为匹配能使人产生成就感并增强效能感，同时匹配能促使一个人成长。当然，这种匹配有低层次匹配和高层次匹配之分，高层次匹配比低层次匹配更能让人体验到工作的激情。

当一项工作的挑战超出人们的技能时,人们要么退出,去寻找难度较低的工作,要么变得焦虑。当一项工作的挑战达不到人们既有的技能时,人们会产生无趣、厌烦的感觉。与此同时,这种低挑战的工作会限制人们施展才华。久而久之,会使人们失去斗志、变得越来越无能。

使工作富于激情的条件之二是:欲担负责任与实际担负责任相匹配。对于担负责任是多好还是少好,因人而异。同一责任因不同的人也会产生不同的效果。就某项工作而言,当一个人欲担负责任与实际担负责任相当时,他就能从工作中体验到一种激情。当一个人实际担负责任超越欲担负责任时,他对工作就会产生焦虑的情绪。反之,当一个人实际担负责任少于欲担负责任时,他就会对工作感到沮丧和厌倦。

2. 使工作富于激情的策略

(1) 通过对工作意义的拓展使教师对工作产生依恋感。人的行为是一种价值追求行为。人们对一种行为的认识直接影响着人们采取这种行为的动机以及履行这种行为的积极性。与此同时,唯有投入所从事的活动,人们才有可能体验到活动的激情。可见,欲让教师体验到工作的激情,拓展工作的意义以提高他们对工作的认识尤为重要。譬如,20世纪90年代后期,当要求教师参加在职培训时,教师普遍认为这是一种负担,但慑于行政威力,他们又不得不参加培训。有一所学校为了让教师积极、乐于参与培训,把教师培训界定为"提升生存能力、减少工作烦恼"的手段。通过赋予"教师培训"这种意义,教师就不再把培训视为一种负担,而认为培训是一种动力源、能力源。这样,他们就能以一种积极的心态接受培训,从而体会到培训的意义。一旦教师体验到培训的意义,他们参加培训的积极性就会得到进一步强化,这种提升的积极性又会使他们进一步体验到培训的意义。教师培训工作就会在教师的"认识—参与—体验—进一步认识—进一步参与—进一步体验"这种循环中得以有效发展与推进。

(2) 通过让教师参与学校决策使教师增强工作责任感。教师参与学校工作决策意味着工作决策的责任得到了教师的分担、承诺,决策就成为教师自己的决策。承诺一致原理指出,一旦人做出了一个决定,或选择了一种立场,就会有发自内心以及来自外部的压力迫使个体与其保持一致。可见,让教师参与决策不仅会增强他们的主人翁意识,而且当教师执行自身决定时,他们就在担负着决定所固有的责任。这种责任会驱使他们努力执行决策,成为决策的坚强捍卫者,使他们更有干劲地工作,从而更能体验到工作的激情。

(3) 通过提高驾驭工作的能力使教师对工作产生胜任感。正如上述指出的,只有当教师的能力与工作的挑战性相当时,教师才能体会到工作的激情。

这意味着学校管理者有必要加强对教师的培训，如通过开展班主任培训、教研组学习、年级组研讨等活动，在学生教育方式、知识传授方式以及教材内容理解等方面对教师予以指导。只有教师能驾驭所从事的工作时，他们方能体验到工作的激情。

（4）通过外在激励使教师对工作产生认同感。正如赫兹伯格双因素理论指出的，与工作有关的因素如各种奖赏虽然不能成为激励因素，但它们是保健因素，缺少了这些因素会使人产生不满，从而影响工作的积极性。鉴于此，外在激励虽然不能从根本上使教师体验到工作的乐趣，但是，通过外在激励可以在一定程度上使教师把注意力放到工作上来。只有当教师投入了工作，他们才有可能体验到工作蕴涵的乐趣。因此，采用适当的外在激励有助于教师体验到工作的激情。

（5）通过树立榜样使教师对工作产生荣誉感。社会学习理论认为，个体不仅通过直接经验进行学习，还通过观察或听取发生在他人身上的事情进行学习。换言之，教师会通过对自己的体悟，以及对他人的观察调节自己的行为，从而有所为，有所不为。强化理论又指出，当人们因采取某种理想行为而获得奖赏时，他们更有可能重复这种行为。这些情况表明，学校管理者可以通过赞扬工作表现突出者，使他们觉得自身工作得到认可，从而产生荣誉感，进而增强他们的后续努力。与此同时，尚未受到表扬者又会觉得学有目标。这种对目标的追求会促使他们更加专注、投入地工作。正所谓"榜样的力量是无穷的"。

（此文原载于2007年《福建教育》第11期，全文转载于人大书报资料中心《中小学学校管理》2008年第2期）

书包限重：再次聚焦"减负"

主持人：本刊记者　张爽

特邀嘉宾：

王本中　中国教育学会高中教育专业委员会理事长、原北京师范大学实验中学校长

王楚松　中国教育学会高中教育专业委员会副理事长、原湖南师范大学附中校长

杨宝祥　天津市第一百中学校长　吴国通　北京小学校长

陈科妮　北京交通大学附属小学英语教师

林天伦　华南师范大学公共管理学院硕士生导师、管理学博士

张俊友　北京师范大学管理学博士

新闻事件：成都市青羊区发布"书包限重令"

党的十七大报告指出，要更新教育观念，深化教学内容方式、考试招生制度、质量评价制度等改革，减轻中小学生课业负担，提高学生综合素质。四川省成都市青羊区教育局积极贯彻党的十七大精神，为给中小学生"减负"，发布"书包限重令"，规定从2007年10月29日开始，全区小学、初中学生书包重量不准超过学生体重的10%；教育部门随时抽查，并公布抽查结果，对超重严重的学校，将追究校长责任。为落实"书包限重令"，青羊区对各学校明确要求：各学校要发布告家长书，明确书包的限重标准，使家长明白减轻书包的重要性和必要性。引导家长正确选择书包文具，并请家长协助学校培养学生养成每天按课表收拾书包的良好习惯，督促学生不把与学习无关的玩具等装进书包，并监督学校的减重行为。在此基础上，青羊区教育局接连下发了"减负"工作二号令、三号令、四号令，分别从减轻中小学生作业负担、对中小学生实施"活动保障"、评价改革等方面进行了规定，在社会上引起了热烈反响，对素质教育政策的有效落实起到了推动作用。

书包限重：从"减负"的一个大胆突破谈起

主持人：在我国，减轻中小学生的负担已经不是新问题，但一直无法彻底解决，对于成都市青羊区教育局发布的"减负"工作一号令——"书包限重令"以及接下来的政令，您有什么看法？

杨宝祥：减轻中小学生的课业负担是中国教育发展的大事，就"书包限重令"本身而言，从正面看这是对学生减负的一个大胆突破，通过这种形式让全社会都意识到减负问题的重要性，它就起到作用了，从这个角度讲，我比较欣赏青羊区教育局的做法。当然，减轻书包重量可能并不能从根本上解决学生负担，因为这是一个社会问题，社会各方面的支持与配合是非常重要的。而且，负担不仅仅是书包重量的问题，本质上是用什么观念来办学、办教育的问题，书包只是外在的，书包轻课业不一定轻。

王本中：关于这件事，我有两个想法。第一，教育行政部门关注减轻学生负担，希望能有所作为，想些办法，这是件好事。当然，办法的实效性怎样、是否能实现政策出台的初衷，要通过实践检验。教育是比较特殊的事业，关系到青少年的发展和成长，从以往的实践来看，用行政命令中的简单办法是难以奏效的。第二，希望新闻媒体在引导讨论这个问题时要实事求是，并冷静地对待这个问题。因为教育事业关系到青少年的健康成长，与商业炒作完全是两码事。

张俊友：对于这个问题我有同感。"减负"是一项基本政策，青羊区教育局看到了中小学生负担过重的现状并力图解决，这是值得鼓励的。教育行政部门监督检查各个学校落实"减负"政策有多种有效的方法和途径，从"书包限重"入手不见得是最有效的方式。教育行政部门负责有关公共教育事务的管理，应该对哪些事务进行管理？采用什么方式进行管理？既涉及法律的问题，又涉及管理科学与艺术的问题。同时，政策的出台只是一个开始，能否有效落实，让中小学生真正受益才是最重要的。

吴国通：成都市青羊区教育局从学生书包重量、学生学习时间量、学习活动和评价改革几个方面入手减轻中小学生负担，实际上最能表现行政导向作用的是评价改革。因为书包大小轻重无法判断学生的学习能力，如果引导学生养成主动学习的良好习惯，书包轻重是学生自己说了算的。我认为青羊区教育局的做法有一定的积极意义，为学校的具体做法拿出了指导意见和办法。这比很多行政部门关注政绩、关注升学率好很多。

王楚松："书包限重令"，听起来第一感觉还蛮新鲜的。怎样评价呢？减负肯定是对的，重视减负也是必要的。只是这种形式在教育上不太可取。关于减负，1983年教育部就有十项规定，我们湖南省校长1987年还搞过八项约定，2006年还出台了十项禁令，内容差不多，但是现在来看，虽然条条都有道理，但条条都没有做到。学生的负担越来越重，谁都知道这对学生的健康成长非常不好，但实际上从教育行政部门到校长到老师再到家长，自觉不自觉地都这样做。青羊区教育局重视这件事的态度是值得肯定的，但通过这个措施来解决问题其效果还有待检验。

林天伦：为了减轻学生的课业负担，社会呼吁不少，教育行政部门也出台了治理措施，但效果有限。"减负"首先必须明确这样的问题：多少课业负担为宜。学生的学习基础、学习态度、人生理想与追求都会影响学生对课业量的要求。因而，学生课业负担难以做个"统一量"的规定。然而，当下学校的教学实践往往假设同一个年级的学生，他们具有相同的能力接受量与质都相同的课业量。他们常常被要求做题量、难度都相同的练习。这与区别对待每个学生、因材施教等思想是背道而驰的。其次，"减负"必须明确负担的载体是什么。用书包重量来衡量学生的负担有点片面。作为一种减负措施，"书包限重令"在减负方面能起到的作用可能会比较有限。

陈科妮：在北京，目前小学生的书包重量与青羊区教育局一号令要求的差不多。学生确实也是按照第二天课表来选择书本文具的。减轻书包重量自然是好事。但从事实上来看，书包重量与减负关系不大。而且目前北京小学生的负担和小学教师的负担还有加重的趋势，政府提出"减负"本意是好的，但到了实际执行过程中，就容易走调变样，所以如何保证决策的实施是最重要的。

有效减负的基础：切实提高教育质量

主持人：若想真正减轻学生负担，您认为关键在哪里？

林天伦：要减轻学生课业负担，关键在于在以校长为首的教育工作者的带动下全社会能够转变教育观、人才观。学生在各类活动中要夺名次、拿分数是必然的，关键是如何夺名次、拿分数？是通过大容量、地毯式的训练还是通过让学生学会学习、学会思考进而有所创造而获得？当然是后者。学校既应该教给学生丰富的知识，更应该培养学生获取知识的能力，这对学校和教师来讲是个挑战。老师应该把更多的时间放在教学方法的改进、潜心研究教材、研究学生的接受能力上，把自身的教法与教材、学生结合起来，讲授中做到"易中见难，难中见易"，从而提升课堂教学效果，增强学生的学习效能感。

王楚松：教师提高课堂教学质量是关键，确实有的老师在课堂上该讲的不讲，然后课后补，但这只是极个别情况。大部分老师不会这样做，最主要的还是教学质量问题。怎样在课堂的有限时间内落实教学目标是很重要的，因为课堂是根本。当然，不可否认，经济利益的驱动确实从一定程度上影响到了教学，而且现在很多老师负担很重，升学指标的压力、教师评价机制的压力，都给老师带来了负担。还有很多学校老师的课排得很多，这也需要改善。但这些并不是老师忽视课堂教学质量的理由。要求老师上好课不是在加重老师负担，那是老师应该做的，可以说保证课堂质量是老师应该承担的责任。

张俊友：一要提高教师的水平。正如夸美纽斯在《大教学论》中阐明的"教育是把一切事物教给一切人们的全部艺术"，因此，并不是每个人都能够做教师、能够做好教师。正因为我们的一些教师的水平不够高，才导致在规定的时间内完不成规定的教学任务，学校与家长才不得不牺牲学生的课外时间。要提高教师的社会地位、提升教师的准入门槛，加强教师的业务培训是提高教师水平的途径。二是建立家长学校。开办家长学校，对于传播先进的教育理念、形成正确的教育态度，对于协调社会、学校、家长的关系，营造良好的教育环境具有重要的作用。

王本中：国家已经明确阐述了素质教育的内涵，并强调其重点是培养学生的创新精神和实践能力，这恰恰是新的时代精神的需要，也是针对我们国家基础教育相对薄弱的环节展开的。创新精神和实践能力怎么培养目前是一个新的课题，现在大家正处于积极探索的过程中。课程改革已经进行几年了，其宗旨也是希望把青少年的创新精神和实践能力通过新的课程体系来培养，目前我们讨论的重点应该是思考和反思现阶段课程改革推行以后出现的新问题，比如国家课程标准如何落实等等，在课程设置上，很多学校重并未当所重，轻并未当所轻，把考试作为开课的标准，这是应该坚决制止的。第二，国家课程标准带有法规的性质，体现了国家的意志，也是很好检查的硬指标，保证学校所开课时不超过国家规定的课时、学生课时的总量，教育行政部门应该在制定国家课程标准、课时安排、活动总量的控制上进行严格检查，严格督导。当然，教师向课堂要质量非常重要。

吴国通：要想真正减轻学生负担，我认为最重要的是转变教育价值观，目前我国大部分中小学还没有摆脱为学生升大学服务的短期目标，没有建立为学生终身发展奠定基础的价值观，没有脱离考什么就练习什么的模式，没有关注学生主动发展。多年以来，我们的教育主要注重智力开发，事实上这是有问题的。学校里就高不就低，用优秀学生比一般学生，学生学得很辛苦。强调"快"似乎是受到经济发展的影响，但经济和教育毕竟本质规律有所不同，以"快"作为教育的标准行不通。基础教育应该回到基础。只有回到基础，回到基础教育的本质特点，回到学生的认知规律上，才能真正减轻学生负担。

陈科妮：家长、老师、学校都想减轻学生负担，但是整个考试体制在眼前，谁敢以身试之？减负的关键，从根源上说，还是在于人才观需要改变，以及整个社会的激烈竞争应该健康。但这总不能以好几代孩子的成长为代价让时间和社会的自然发展来调控，所以真正减负，确实还需要政府来干预，力度要大。就成都市青羊区教育局对减轻学生负担的重视程度来说是值得赞赏的。

杨宝祥：学校要主动减负，可以给学生留那些学生感兴趣的、有意义的、能丰富知识、提高能力的作业，这些家长也是很乐意的。我们现在就要求教师精讲精练，让教师提高教学能力，把课上好才是教师的主要责任。目前来说教师的知识水平是够的，主要是专业能力、职业精神等方面，一些新教师有待进一步完善，同时独生子女教师自身也有很多需要克服的问题。

主持人：调查显示，很多家长对"书包限重令"持观望态度，认为小学和初中的孩子自制力较差，"减负"无益于孩子良好学习习惯的养成，甚至会影响孩子的学习成绩，让自己的孩子失去竞争优势，您怎么看？

王楚松：解决减负问题最关键的一个方面是家长问题，很多家长认为把孩子送到学校就是为了搞好学习，以后考重点高中、考名牌大学。曾经有个校长跟我说，说他在推进课程改革的过程中时常觉得很孤独，这种感受我非常理解。校长无论做什么，都面临着太多人的意见。尤其是家长，甚至认为进行课程改革是在拿自己的孩子做小白鼠进行试验，非常抗拒。还有很多家长在得知学校课程改革后，迅速给孩子转学，害怕课程改革影响孩子的成绩。目前整个社会大环境还有待改善。

陈科妮：这又回到目前社会的激烈竞争和人才观上去了。家长们都认为僧多粥少，必须努力学习，保持竞争优势。可是，目前我们大家认为的竞争优势真的符合国际人才大市场的要求吗？中国孩子在分数上起跑领先，外国孩子在人生竞赛中却遥遥领先。很多外企已经表示，中国有很多相当棒的 doer（做事情的人），却找不到 thinkers 和 leaders。一位外企的中国区执行董事谈到他手下员工时，头疼地说到，他们都是著名大学毕业的 MBA，聪明勤奋，但是不会思考，任务稍有变动，他们就不知所措。书本知识多少与优势强弱不是简单的正比关系。

王本中：家长的影响相当大，在很多学校里，甚至出现老师不补课，家长来催的情况，如果学校坚持不补课，家长就会自己请家庭教师。家长对孩子有很高的期望，尤其是现在很多家庭只有一个孩子，全家的希望都寄托在一个孩子身上，"望子成龙""望女成凤"的心态全社会都非常普遍，这已经不是教育能解决的问题，而是社会问题。

张俊友：我觉得家长的担忧是可以理解的。家长希望孩子能够考上好学校，但他自身又无法很好地判断哪些知识对孩子升学有帮助，只能希望学校严格把关。曾经有个家长跟我说，最怕孩子累得够呛还没有效果，孩子累些可以接受，只要没白辛苦，能学到有用的知识就行。"什么对孩子的成长最有帮助"是学校和家长都应该思考的。

吴国通：学校应该多跟家长沟通，我们学校也存在这样的状况，家长认为孩子们回家不写作业不正常，事实上在小学阶段孩子能在课堂上听明白、做完作业是件好事，太多的重复性劳动没有价值，于是北京小学除了举办大型家长会外，还会让家长走进课堂，让家长明白学生认知规律的特点和学校的具体做法。

教育行政部门的有效作为：
加强督导，正确评价，创造良好氛围

主持人：刚才几位老师都谈到了教育行政部门的有效作为问题，那您认为教育行政部门应该做什么呢？

王本中：社会关注高学历，家长希望孩子考上好学校，加上我们国家特有的独生子女现象，造成了基础教育"异变综合征"。中小学生过重的负担是这种"异变综合征"的一种表现形式。要想解决这种异变，教育行政部门、校长和教师都应该保持清醒的头脑，在抵制猛力追求升学率的潮流方面有所作为。其实这么做不一定吃亏，真正以人为本，真正按照教育规律办事，学生的升学率未必会降低，学生发展的后劲还会很好。如果过度追求加班加点，猜题押题，题海战术，有可能分数高了几分，但学生的其他素养比如意志品质、为人处事的能力等都存在问题，而且这还容易助长孩子的不健康心理，有投机取巧、机会主义的后患。治理基础教育异变综合征是一个系统工程。通过构建终身学习体系、调整人事制度、重视职业教育必然会逐渐产生作用。从教育行政部门内部来讲，真正应该下功夫抓的是着重在行政上检查和督导已经颁布过的政策，比如国家课程的开设，真正表彰一批有利于学生全面发展的学校，逐渐转变大的舆论导向。应该通过这件事情引发教育行政部门关于怎样推进素质教育行之有效、有所作为的思考，不要就事论事。

王楚松：从政府部门来讲，要加强引导，对做得好的和做得不好的学校要公正评价。如果还表彰那些虽然升学率高但违背教育规律、加重学生负担、搞不规范竞争的学校的话，再怎么减负也落实不了。就教育行政部门而言，既要看学校的教育质量，更要全面评价学校工作，从这个角度讲，教育行政部门和校长都是可以有所作为的。这是一种理想和现实的博弈，理想是通过课程改革提高教育质量，现实是成绩要好、达到升学的目标，有智慧的校长可以在这个情境中寻找成功之路。现在教育行政部门的领导应该扎扎实实到学校中去，与校长、老师研究怎么搞好课程改革，提高教学质量，遵守教学规范，真正解放思想。

张俊友：造成学生负担和压力的原因是多方面的，它既涉及教育体制内部的问题，也涉及教育体制外部的问题。教育体制的内部问题，如过分追求升学率，教育体制的外部问题，如就业制度。因此，减轻学生压力的问题是个系统工程问题，需要社会各方面的努力。实行九年一贯制是减轻小学生负担的一个办法。

杨宝祥：现在政府提倡减负，学校被动减负，这样很难实现减负的目标。教育管理部门应该认识到，学生的学习是通过多方面多渠道实现的，课堂只是一个方面，应该通过组织各种有益的活动，提高学生的社会竞争力。每个校长的水平不同，教育局应该给校长更多具体的指导，应该让校长理解到书包限重不仅仅是书包的问题，重点是学生多方面的能力的提升。教育行政部门应该给学校更多的自主权，并为其保驾护航，让校长能够放心去做，没有后顾之忧。同时，教育行政部门还要引领评估导向。

减负的价值取向：坚持全面发展

主持人：事实上，书包重，孩子忙，孩子不见得能够学到有益的知识；而书包轻，孩子相对自由些，也不见得就学不到知识，这涉及一种知识观和人才观的转变问题，您认为当前对于中小学生来说，学校最应该教会他们什么？

吴国通：北京小学的教育目标——基础扎实，习惯良好，发展全面，学有所长；寄宿教育的宗旨——生活自理、学习自主、行为自律、健康自强。这体现了北京小学培养学生的价值取向，总体来说，就是进一步挖掘、发展人的主体性，让学生在生动、活泼、自主的氛围内发展。北京小学刚刚召开了"构建实与活的学科教学"研讨大会，"实"的标志包括三个方面：实在年段、实在课堂、实在学生主体；而"活"，第一是"活"在资源开发上，第二是"活"在方式方法上，第三是"活"在增值性评价上。总而言之，减轻学生负担不是降低质量，而是要抓教育规律、核心内容以及本质特点，促使学生全面发展。

王本中：我在北师大附属实验中学做校长的时候，曾提出"四会"，即让学生"会做人，会求知，会办事，会生活"。也就是说，书本知识只是学校教育的一方面，培养学生全面发展才是最主要的，这也是减轻中小学生负担的价值取向。

杨宝祥：我们提倡"成人、成才、成功"，主要让学生在做人方面达到公民标准。学校最主要的是要转变观念，把学生学习知识的途径丰富化。从学校改革的角度讲，减负不等于学生在校时间缩短、书包减轻，应该根据青少年的特点，安排更多的适合青少年成长的活动，培养学生的创新理念和能力。学知识不仅是通过课堂讲授，更多的是潜藏在学校活动中，能力更多的是通过活动培养的。一个学生真正的学习能力是综合素质的反映。

王楚松：学生当然首先要学会做人，学校要培养学生良好的行为习惯，培养学生的学习兴趣和爱好，扎扎实实为学生打好基础，一味灌知识、搞竞赛对学生是弊大于利的，同时还要重视学生实践能力的培养。书本可以传递一部分知识，还有很多知识是在书本之外的，与书包的重量也没有多大关系。所以学校整体情境的育人功能应该得到重视。

陈科妮：用古话来说，授之以鱼不如授之以渔。现在我们的教育过于注重学生掌握的知识量，培养孩子吸收和接受知识的能力，基础教育的"童子功"是多学、多练、多记、多考。而事实上应该重视学生的批判性思维和独立思考、创造性以及发现问题和解决问题的能力，应该让学生多看、多问、多想、多干。

林天伦：新课程在培养学生动手能力、探究精神、思考和表述能力方面提供了条件。然而，这种条件如何才能成为促进学生发展的养料，则需要老师知识观、教学理念、教学方法等的更新。否则，新教材就有可能为教师在课堂上进行简单化的讲授提供机会，这种简单化必然在伴随着大量的课后补充练习，这样，新教材的出发点就被扭曲，学生就难以避免课业负担过重的厄运。

张俊友：我觉得学校应当让学生学会学习、学会关心。但是，学习不仅仅是学习书本知识，也不仅仅是通过教师的教来进行学习。而我们现在许多学校没有认识到知识既包括学科课程的内容，也包括活动课程的内容；教学既可以是教师与学生的互动，也可以是学生之间的互动。有些学校甚至剥夺了学生的活动时间、游戏时间，这是不可取的。

党的十七大再次提出要减轻中小学生课业负担的问题，成都市青羊区教育局为了切实落实党的十七大精神，颁布了"书包限重令"等一系列政令，当然，"书包限重令"只是第一步，真正减轻中小学生课业负担，要做的事情还有很多。

（此文原载于2008年《中国教育学刊》第1期）

基于博弈论的师生冲突分析

【摘　要】师生关系是学校中最重要的一种社会关系，教师和学生构成学校系统中两个重要的利益主体，他们通过教育活动在学校场域中进行利益博弈。师生博弈可分为师生关系和谐的合作博弈与师生冲突的非合作博弈，从这个意义上讲，师生冲突的本质是非合作博弈的结果与表现。构建和谐的师生关系，有效消解师生冲突，最终实现师生合作双赢的稳定局面，关键在于重建均衡的师生博弈模型，改变当前师生博弈的规则与格局，赋予学生充分实现其主体性的权利；引导教师合理有效地运用教师权威；宣扬"爱的教育"，达成师生间的价值共识。

【关键词】师生博弈；师生关系；师生冲突；和谐师生关系；教师

教师与学生作为学校中两个最重要的群体，他们之间的交流互动构成了教育教学的主旋律。现实的教育活动中，师生关系既有和谐、融洽的一面，也存在冲突、矛盾的一面。正如冲突理论学派支持者华勒（W·Waller）所说："教师与学生之间常有希欲[①]的冲突，无论这种冲突的程度如何隐而不显，它总是存在的。"[②] 华勒的论断进一步说明师生冲突是难以回避的，尤其是当前社会正处于变革与转型时期，师生冲突现象更是越来越常见，冲突程度也不断加剧。这种越来越复杂的师生冲突要求我们务必作出恰当的回应。从博弈角度分析师生冲突，本文认为，师生冲突本质上是师生非合作博弈的结果与表现，在此基础上，笔者就如何建立理性、和谐的师生关系提出几点建议。

博弈论也叫对策论，其含义可以表述为：一些个人、团队或其他组织，面对一定的环境条件，在一定的规则约束下，依靠所掌握的信息，同时或先后，一次或多次，从各自允许选择的行为或策略中进行选择并加以实施，并从中各自取得相应结果或收益的过程。[③] 一个完整的博弈包括博弈的参加者、博弈信息、行为或策略、博弈的次序和博弈各方的收益五项内容。

---

① "希欲"指的是希望与欲求之意，"希欲的冲突"是指一种潜在的情感对立。
② 转引自陈奎熹. 教育社会学 [M]. 台湾：三民书局印行，1983年版，第33页.
③ 张振华. 博弈论视野中的素质教育 [J]. 辽宁大学学报（哲学社会科学版），2007年版，第9页.

博弈的定义隐含了这样一个基本假设：在冲突或竞争的情况下，每一个参加者都具有充分的理性，都力图谋取自身利益最大化或损失最小化。博弈的根源在于利益驱动，博弈主体都是依据自己的偏好和掌握的信息与规则来追求确定的外部目标。然而，博弈参与人不是孤立地作出决策，一方的决定会受对方影响以及影响对方。换言之，一方的选择有可能加惠于也有可能加害于另一方。有鉴于此，博弈分析的目的是使用博弈规则预测均衡①，即通过对各参与人行动与决策结果的分析来预测他们的最优策略组合，这也称为均衡状态。在这种状态下，所有参与人均得到最好的结果，所以，任何一方都不会主动偏离均衡状态，即使偏离了也会想方设法回到均衡的轨道上来。就此而言，博弈论是深刻理解人们各种互动行为的基础，它已经成为人们分析与解决事物矛盾、冲突与合作等因素的一种有效工具。

一、师生冲突的博弈分析

师生关系是教师职业生涯、学生学习生涯中非常现实的人际关系。② 近年来，关于师生冲突的事件频频见于媒体，有对抗性的冲突，也有一般性的冲突。关于师生冲突概念的界定有多种，不同的学者从不同的角度给出的理解不一，目前尚无一个精确而统一的定义。本文从博弈论的角度来看，认为师生冲突是指在现实学校教育情境中，师生之间为了维护各自利益而采取各种应对策略，力图阻止对方达到目标的互动结果，其实质是师生非合作博弈的结果与表现。具体而言，教师和学生作为学校系统中两个重要的利益主体，师生之间构成了一定的利益关系，他们的互动属于在学校这个场域中的利益博弈活动。但这种博弈不是显性的，而是隐藏在学校教育活动的背后，通过学校的教育活动来表达他们对各自利益的追求。

首先，就作为教育者的教师而言，一方面，他们将"教师"视为一种谋生的职业，通过它可以获得经济利益，是其生活的来源和保障，也是其未来发展的基础；另一方面，社会赋予教师一定的角色权力，教师作为教育者，对学生拥有教育教学权、指导权、管理权等，这些权力成为教师获取精神满足的途径，教师通过对学生各方面的控制，让学生服从自己的管理，以维护教师的尊严和保障自身的权威地位。

其次，从学生主体来看，作为受教育者，他们渴望通过教育达到以下目标：一是获得生存与发展所需要的知识和技能，从而让自己更好地适应社会化

---

① 张维迎. 博弈论与信息经济学 [M]. 上海：上海人民出版社，2004 年版，第 46 页.
② 陈桂生. 普通教育学纲要 [M]. 上海：华东师范大学出版社，2009 年版，第 295 页.

的进程,进而通过满足社会的需要,为改善自己的经济处境打下基础,这是教育的经济功能的一种体现;二是通过教育活动获得精神追求,学生的主体意识在学习中逐渐觉醒,自我个性也逐渐凸显,他们渴望自由、民主、平等和公正,在课堂上敢于发表自己的见解,勇于向权威挑战,不再处于被动学习的状态,也不想一味服从教师的管教,他们通过互联网等途径获得了书本以外的更多感兴趣的知识,价值观也开始呈现多元化。

以上分析表明,无论是教师还是学生,双方都有自己的利益追求和价值取向,他们都对教育寄予了特定的期望,教育成为他们博弈的载体和工具。在日常的教育互动中,师生为了谋取自身的利益,不断进行着力量的对比和抗衡,这成为师生冲突发生的根源。这些冲突反映了教师与学生之间的利益博弈关系,即双方都力求在师生互动中寻求自身利益最大化的结果。有鉴于此,我们有必要通过运用相关博弈原理与方法对师生冲突现象进行分析,以找到有利于缓和双方关系之解,实现双方由矛盾向合作的转变。

一般来说,师生关系是师生之间在一定的教与学的环境中形成的特殊的人际关系,[①] 因此,师生冲突较多发生在教与学的过程中。面对冲突,教师和学生的策略选择可以通过表1的博弈矩阵表示。

表1 师生冲突策略选择的博弈矩阵

学生 A	教师 B	
	批评	不批评
对抗	-6,-5(第一种)	-5,3(第三种)
不对抗	5,-3(第二种)	4,5(第四种)

在上述矩阵中,学生表示为A,教师表示为B,他们是博弈的参与者。师生发生冲突时,A有两种策略选择,"对抗"与"不对抗",B也有两种策略选择,"批评"与"不批评";表中的数字表示的是在该策略下博弈双方所获得的好处(收益),数字越大好处(收益)也就越大,正、负数分别表示参与人获取的利益和损失。

以博弈理论看,这个矩阵表明了可能出现的四种情况。为便于分析,我们假定师生冲突是在这样的情境下发生的:课堂上,学生A对教师B的讲课内容提出异议,认为教师讲授的内容有错误。

第一种情况代表教师压制、学生反抗策略。冲突中的师生双方采取不合作的态度和方法来应对,均只关心个人的利益是否得以维护,希望通过压制对方

---

① 陈桂生. 普通教育学纲要 [M]. 上海:华东师范大学出版社,2009年版,第295页.

的利益来达到自己利益，双方处于不可协调的冲突状态，师生关系呈现紧张状态。一方面，教师确信自己是正确的，利用自己的绝对权威地位选择"批评"学生的策略，力图控制课堂秩序；另一方面，学生也在竭力"对抗"教师的行为，与教师正面冲突，如争辩或顶撞等，甚至可能发生肢体上的对抗。因此，这种策略将导致两败俱伤的结果：学生因受到校规的处罚而痛恨教师；教师在学校和学生中的声誉与形象受到负面影响，威信与亲和力下降。双方收益均为负，学生收益为 -6，教师收益为 -5。

第二种情况代表学生妥协策略。教师依然坚信自己是正确的，因而选择"批评"学生的行为，以维护自己的教学权威和良好形象；学生因担心继续与教师对抗会受到校规的惩罚，并会对课堂秩序产生不利影响，从而选择克制自己的情绪，采取妥协的方法"不对抗"，以牺牲自己的利益来满足教师的利益，屈服于教师的管理，课堂教学得以继续进行。双方这种互动的结果是：师生之间虽避免了紧张、对抗的局面，但从长远发展来看，这种暂时的稳定关系并不能使师生之间真正达到和谐相处、共同发展，因为学生从此将不愿与教师进行沟通交流，师生间的距离将逐步拉大。学生收益为 5，教师收益为 -3。

第三种情况代表教师回避策略。在学生对教师上课的内容表示强烈不满的情况下，教师采取了坚持自己立场的合作策略，但这种合作程度很低，因此又被看作是教师的一种回避策略。教师也许发现了自己的错误，但并不想接受学生的批评和监督，以忽视、沉默或含糊了之等办法应对；此外，也为了避免发生正面冲突导致问题升级，对自己的声誉和个人形象不利，因此选择了"不批评"学生的回避策略。双方得到的结果是：学生收益为 -5，教师收益为 3。这种表面上看似合作的状况仅是暂时缓和了矛盾，但真正的问题并没有得到有效解决，师生间不和谐的因素仍存在。

第四种情况代表师生合作策略。这是一种双赢的局面，一方面，学生发现了教师的错误后，善意地指出教师的不足，体现了对教师的尊重；另一方面，教师乐意接受学生的观点，承认并改正自己的错误，从而受到学生的欢迎。师生同时选择了合作策略，在坚持自己立场的情况下尽可能去满足对方的利益。这一结果建立在双方都具有以下共识的基础上：具有长远眼光，信任对方，坚持平等，彼此尊重，相信每个人的观点都有合理性，双方都不愿牺牲任何一方的利益，因此能够互相包容与理解，消除暂时的误解和冲突。在这种共识下，师生双方能够坐下来对话沟通，分享各自的观点和看法，以寻求合作的契机，达到双方利益的最大满足。双方博弈的结果是：课堂在和谐的氛围中顺利进行，学生投入听课，教师受到学生的尊重，师生关系融洽，学生收益为 4，教师收益为 5。在上述师生博弈矩阵中，前三种策略属于非合作博弈，结果表现为师生冲突,第四种策略是师生合作博弈的行为,结果表现为师生关系的和谐。虽存在这四种不同的策略组合,但我们不难发现,任何一种策略组合都不是稳定的均衡策略(或最优策略),即无论博弈的环境如何变化,参与博弈的师生任何一方都能够选择比目前更优的策略来使自己获得更大的收益。在教学过程中,我们始终追求的就是这样一种均衡博弈结果:我们希望教师与学生能够形成共识,师生合作,融洽相处,实现师生关系的和谐。第四种策略尽管是一种双赢的策略,但它还不是一种稳定的状态,因为在这种策略下,当教师或学生任何一方选择对自己更有利的"批评"或"不对抗"时,另一方也会随之改变策略。出现此种状况的根本原因是,在目前"管与被管"的二元教育管理模式下,师生之间的地位与权威对比较为悬殊,学校赋予教师较大的管理权,教师一方拥有绝对优势,而学生的主体性优势却不明显,处于相对弱小的地位。

二、博弈视角下的师生关系构建

对于师生冲突的上述博弈分析表明,若要化解师生冲突,使师生关系变得和谐融洽,关键在于重新建构博弈模型,即改变当前师生博弈的规则,在此基础上形成一个师生平等相处、互相尊重和互信合作的均衡策略组合,让师生都能最终感受到这一策略给自己带来了最大的利益或好处。换言之,这种模型的建构有赖于学校管理部门采取有效的措施平衡师生之间的利益关系,促成师生达成合作共识,从教师与学生两方面着手,在尊重双方主体利益的前提下,努力增强双方进行合作的意愿。具体到上述博弈矩阵中,就是加大教师"不批评"、学生"不对抗"的收益成分,从而改变之前的博弈格局,形成一个(不批评,不对抗的)均衡策略组合。

(一)赋予学生充分实现其主体性的权利

20世纪80年代开始,"主体性教学"作为一种促进学生主体发展的策略就悄悄地在实践与探索,"以生为本"的理念也逐渐为教育界人士广泛接纳。然而,在学校的教育实践活动中,学生的主体性地位与意识并没有得到很好的落实和体现。如,涉及学校管理方面的学校规章制度、教学目标等的制订都由学校管理者或教师完成,而学生只能"袖手旁观"以及无条件地遵守,学生参与学校管理的权利"名存实亡";又如,在现有课堂教学的"授-受"形态下,师生之间缺乏足够的交往与有效沟通,教师往往忽视与学生之间的对话交流;同时,在课堂情境中,教师独揽课堂的控制权,过于强调自身的主体地位,当学生与自己的教育价值观发生矛盾时,常以教师的权威要求学生服从。

这种缺乏自由、民主和平等的学校教学管理环境与教学方式限制了学生主体性的满足与自由发展。因此，学校必须改变原有的不合理的管理方式，赋予学生充分的体现自身主体地位的权利，同时，教师要加强与学生的对话交流，增进对学生的了解，尊重学生的主体地位，真正做到以生为本。

（二）引导教师合理有效地运用教师权威

教师的教学管理离不开权威，相关的法律制度赋予他们诸多管理权力，但是权威作用的发挥必须以学生的尊重和接纳为前提，作为教师必须深知这一点。在教育管理活动中，教师既要合理运用规章制度管理学生，更要用情去感化人，以赢得学生的信任与尊重，做到有效地运用权威。当发现学生有不良行为时，教师可依据其违规表现采取一些适当的惩罚措施，如，口头警告、书面检查等，惩罚如运用得当，通常能迅速有效地制止不良行为的发生。但是，学生毕竟是思想意识尚未完全成熟的人，他们的思想行为中包含着许多非理性的成分，不加分析地运用教师制度化的权威去强迫他们遵从学校的规章，既违背了教育本身的规律，也对学生的成长不利。教育，即"教书育人"，"教人向善"也，要达到使学生"向善"的目的，教师首先必须做到"向善"。因此，教师在管理学生时，应善于运用指导性的、积极的语言，循循善诱，给予学生更多的理解、尊重与人文关怀，为学生打开一扇"情感"之门，一方面可将学生不良的思想行为引入正轨，纠正他们的过激行为；另一方面将增强学生对教师的信任感，为构建良好的师生关系奠定基础。

（三）宣扬"爱"的教育，达成师生间的价值共识

在平衡师生权利、地位关系的基础上，要实现师生关系真正的融洽和谐，达成师生间的共识，还需要在学校营造一种爱与理解的氛围。师生同处在学校这一特定的教育环境中，这种环境能影响他们一生的价值定向与爱的方式的生成。[①] 如果学校有一个充满爱心、相互理解的教育环境，那么，在这种情境的导引与熏陶下，师生的心灵距离将拉近，彼此尊重、平等相待，建立起一种互相敞开心扉的互信关系，从而为实现师生选择稳定的合作策略准备条件。

具体的实施途径是：在学校宣扬一种爱的理解教育精神，以引导师生相互关怀、相互了解，通过开展各种丰富多彩的活动，一方面让学生懂得换位思考，懂得教师劳动的辛苦，他们才会理解教师，尊重教师，用爱心去回报教师

---

① 雅斯贝尔斯. 什么是教育[M]. 邹进, 译. 北京：生活·读书·新知三联书店，1991 年版，第 1 页.

的培育;另一方面可以提升教师的职业道德,让教师在教育学生时真正做到"捧着一颗心来",用心去关心每一位学生的成长,宽容每一位学生的过错。从长远来看,这一外部教育活动的精神将逐步内化为师生内心自觉的价值意识,最终实现师生价值观上的升华与融合。

如以上三点能得以实现,那么师生之间的博弈结构将呈现表 2 所示的格局。

表 2 师生冲突博弈格局的变化

学生 A	教师 B	
	批评	不批评
对抗	-6, -5(第一种)	-5, 3(第三种)
不对抗	5, -3(第二种)	6, 6(第四种)

表 2 表明,师生间的博弈存在一个稳定的均衡解(不批评,不对抗),师生任何一方都没有理由偏离这一最优策略,这是我们始终追求的一种化解师生冲突、实现师生关系和谐的目标所在。在现有条件下,我们离这一目标的实现还有一定的差距,但这并不能阻挡我们前进的步伐。冲突是新生之前的阵痛,预示着新型师生关系的形成与到来。师生关系的调整是必然的,这是一个过程,需要时间,需要承受,需要坚持。①

(此文原载于 2010 年《教育科学研究》第 4 期)

---

① 田国秀. 师生冲突的概念界定与分类探究 [J]. 教师教育研究,2003 年版,第 6 页.

美国公立大学发展新理念与筹资战略有效性研究
——以印第安纳大学为例

【摘　要】 资金是大学持续性发展的基础和保障，是大学发展理念现实化的物质条件。而资金的筹集有赖于理念的指引。近几年美国印第安纳大学筹资活动正是在其新的发展理念指引下取得了连年非凡的业绩，形成了一套有效的多元化筹资战略，主要体现在互动的筹资系统，以及促进校友成长的筹资策略方面。筹资的出发点是大学的发展目标，筹资成功的关键是其有效性。筹资所取得的成果促进了印第安纳大学新理念的实现。

【关键词】 新理念；筹资战略；有效性；印第安纳大学

进入21世纪以来，美国高等教育在全球化、专业化的经济与社会发展背景下面临着诸多机遇与挑战。教育大众化、人才竞争国际化，使得美国高校不断调整自身的办学思路，形成新的发展理念。然而，理念的现实化离不开资金的支持，缺乏资金支持的理念仅是无果之花，只有有了物质条件保障的理念才会引领学校发展，才会使高等教育追求卓越的目标得以实现，正如印第安纳大学校长麦克罗比（McRobbie）所说："有了这些资金，我们能够实现教学与研究的卓越目标，能够保证我们的校门始终能向来自不同背景的最好、最聪明的学生开放，不管这些学生经济环境如何。"[1] 而作为美国高等教育发展的主体，公立大学的生存与发展一直受到人们的普遍关注。本文以公立印第安纳大学为例，通过文献查阅的方式，分析其新的发展理念以及在该理念的指引下如何形成一套有效的筹资战略，以透视目前美国公立大学筹资的一般特点。

一、印第安纳大学新的发展理念

印第安纳大学（Indiana University，简称IU）创建于1820年，在全美共有8个分校，是一所公立的综合性大学，其办学定位于为印第安纳州的建设与发展培养优秀人才，州政府的拨款是其办学经费的主要来源。8个分校共有教师4000多人，学生93000人，其中研究生占19000人，生源主要来自本州。[2] 作为一所大型的公共教育机构，印第安纳大学以文理科为基础，拥有世界领先的医疗和技术教育专业。它不仅广泛提供全日制的本科教育、研究生教育,而且为整个印第安纳州、美国乃至全球提供继续教育,以及杰出的学术、文化项目和学生服务,与世界许多国家和地区在经济、社会以及文化发展方面建立了积极的伙伴关系,并着力创造性地提供解决 21 世纪问题的领导方案。

近两个世纪以来,印第安纳大学为美国乃至世界培养了许许多多优秀人才,作为一所享有盛誉的明星级大学,它得到了美国社会各界的普遍认可。[2] 然而,一方面因学校办学规模逐步扩大,不同大学间的激烈竞争,对学生资助的增长等原因导致办学成本急速增加,面临办学资金的短缺问题;另一方面,20 世纪 70 年代以来,美国政府对公立院校的财政供给不断减少,如 1978—1998 年间,州政府提供的直接拨款下降了近 25%。[3]在这种困境下,印第安纳大学及时主动地调整了发展战略,确立了"多元、长远、全方位"的发展新理念。[4]其中,"多元"指的是办学主体多元化,从过去以政府投资办学为主体到以政府、社会、学生和学校自身共同投资办学,以更好地实现学校科研、教学、服务社会方面的办学目标;"长远"强调的是在激烈的学术声誉竞争的环境中,学校的管理要有长远的发展眼光,即今天所做的事要为明天考虑,这样才能持续发展;"全方位"是指学校办学中的各个环节、各个层次均必须全面而均衡发展。

印第安纳大学发展新理念的提出,进一步明确了学校的办学思想,不仅推动了学校的教育教学、科研以及管理工作,而且奠定了学校多元化筹资战略的基础,为有效解决学校发展的资金瓶颈提供了依据。

二、印第安纳大学多元化的筹资战略

(一)印第安纳大学近 5 年的筹资概况

近 5 年来,印第安纳大学以其独特的筹资战略走出了办学经费困境,筹到的资金数量逐年递增,排位稳居全美所有大学前 20 名,公立大学前 10 名。表 1 是该校 2003—2008 各年度的筹资数额及排名。[5]

表 1 印第安纳大学近 5 年自愿捐赠收入及排名

年度	捐赠收入总额(单位:百万美元)	所有大学排名	公立大学排名
2003—2004	248.5	13	3
2004—2005	301.0	9	2
2005—2006	247.5	17	6
2006—2007	278.5	19	7
2007—2008	408.6	尚未公布	尚未公布

注:表中数据来源于 http://iufoundation.iu.edu/annualreport/financials.html。

从表可知，2007—2008 年度该校获得的自愿捐赠收入为 4.086 亿美元，比 2004—2005 年度多出 1.076 亿美元，创下了历史新高。《自愿援助教育年度调查报告》显示，2007—2008 年度全美大学慈善捐赠收入比 2006—2007 年度增长 6.2%，而捐赠收入总量位于前 20 名的大学平均增长 11.5%，印第安纳大学却增长了 47%，尽管该年度美国经济出现了衰退。

（二）印第安纳大学的筹资机构

印第安纳大学面向个人及私营部门的筹资机构是基金会，然而，基金会筹资的有效性离不开该校的高等教育倡导机构以及校友会的运作。

1. 高等教育倡导机构（Hoosiers for Higher Ed-ucation，简称 HHE）

高等教育倡导机构是一个专门协调政府与公共关系的筹资机构。该机构由印第安纳大学校友会与印第安纳大学副校长办公室共同运作。高等教育倡导机构有成员 1 万人，他们不仅担负筹资使命，而且履行高等教育倡导义务。因此，高等教育倡导机构一方面使其成员就学校发展所需资金和政策支持的重要性与政府人员保持联系，尤其意在对州和联邦立法机构的决策制定产生影响，以确保该大学维持其一流的国际教学与研究机构的地位，另一方面提高公众对高等教育在印第安纳未来发展所具有的重要性的认识。[6]

尽管高等教育倡导机构是专门面向政府与公共关系的筹资机构，但是，它通过对高等教育重要性的宣传提高了人们对高等教育的认识，从而动员了社会人士对高等教育的支持。

2. 印第安纳大学校友会（IU Alumni Association，简称 IUAA）

印第安纳大学校友会是专门负责向校友筹款的机构。校友会在世界各地有 100 个校友分会，8 个学校（校园）校友协会，30 个分支机构或特殊利益的校友群体。大学依靠印第安纳大学校友会的网络保持与校友的沟通联系，为他们提供项目和服务，并让他们参与到为大学服务中来。校友会的这种角色使得学校与校友处于相互依存、共生共荣的状态，校友向母校捐赠也就是情理之中的事情。

校友会非常重视培养在校学生的捐赠意识，正如资金筹集委员会（Fund-raising Committee members）成员罗拉（Laura）所说："资金筹集委员会的目标是帮助年轻校友理解作为校友回馈学校应该是他们生命的一部分。"委员会的成员发现，许多在校学生也都乐意捐赠，然而，考虑到他们中有一些人将来就业的不可预见性，并且还有一些人可能借贷读书，从 2008 年起，委员会就不要求他们在就读期间捐赠，而是将捐赠留到他们毕业之后。

3. 印第安纳大学基金会（IU Foundation，简称 IUF）

印第安纳大学基金会是由印第安纳大学传奇校长赫尔曼·B. 威尔斯于

1936年提议成立的。基金会是一个非营利性组织，筹款对象为个人及私营部门，其筹资理念是"你的慷慨就是印第安纳大学的未来"（your generosity, IU's future）。

基金会在2008年接受了超过11万的个人或单位的捐赠（包括个人和企业），募集到的款项将近1.5亿美元。截至2008年6月30号，印第安纳大学基金会管理的捐赠市场价值超过15亿美元；资金会在接受捐赠的同时还管理4000多个私人资助账户，并为大学与捐助者提供相关的筹款咨询服务。2008年，印第安纳大学筹集的来自私营部门的非政府研究资助的总额占全国大学总额的2%。在公立大学中，印第安纳大学拥有的捐赠的市场价值排名第14位。[7]

三、筹资战略有效性的背景及原因

印第安纳大学每年都能获得数量不菲的自愿捐款，原因是多方面的：

第一，印第安纳大学所在国家——美国是一个倡导慈善事业的国家，联邦和州政府都会对热心慈善事业的人士在政策上予以一定支持，如税收减免。这种政策的导向有利于促进资金向善方向流动。

第二，印第安纳大学根据不同的筹款对象成立了专门的筹款机构，这些不同的机构又构成了一个互动的系统，起着殊途同归的作用——促使更多的校友、学校友人及私营部门把更多的资金捐给印第安纳大学。高等教育倡导机构尽管是专门面向政府的筹资机构，但它在履行宣传高等教育重要性职责的同时，也扮演着引导社会资源流向的角色，为人们捐资助学夯实了思想基础。印第安纳大学校友会的职责定位在8个方面：

（1）寻求建立有意义和长期的校友和朋友关系，以促进校友会和大学之间的忠诚度和紧密联系；

（2）呼吁50多万大学毕业生和朋友采取行动为大学服务以及宣传大学；

（3）协助在国际范围内促进大学的发展；

（4）协助大学招聘最优秀的学生、教师和工作人员；

（5）协助大学增加参与决策人员的多样性；

（6）倡导所有公众与政府机构为大学服务；

（7）帮助经营大学的辉煌事业，并且一直持续下去；

（8）协助大学及大学基金会筹集私人慈善捐赠以实现大学的使命和远景。[8]校友会在履行这些职责的同时不断地促进大学和校友的发展，密切大学与社会的联系，提升大学的知名度，从而成为校友、学校友人、私营部门慷慨解囊的润滑剂。

第三，捐赠物及捐赠形式多元化。印第安纳大学接受的捐赠物既有现金，也有股票、有价证券，更有不动产。捐赠的形式也是多样的，有计划捐赠、荣誉捐赠、纪念捐赠，还有竞争捐赠。

第四，按照捐款者的意愿用款。印第安纳大学自愿捐款分为限制性捐款和非限制性捐款。限制性捐款会根据捐款者的意愿把资金分配到相关部门，由这些部门按照指定要求使用资金。非限制性捐款可以由大学根据学校发展需要而灵活处理。一般而言，非限制性捐款中2/3用于发展学生领导、奖励教学与学术成绩杰出的教师、招聘员工、开展一些为大学增添光彩的活动等，余下的1/3会根据大学的要求，用于支持校友会的沟通活动与募集活动，以及支持大学在一些尚未获得资金支持的领域开展创新性工作。

第五，便捷的捐赠通道。印第安纳大学以大学校长、部门处长、学院院长、系主任、部门负责人、项目经理的名义开立了4000多个账户，捐赠人可以把捐赠存入一个或多个账户。与此同时，捐赠者可以亲自到定点捐赠，也可以在网上捐赠。

第六，捐款使用的监督。印第安纳大学对每年度的捐赠收入都进行详细报告，美国教育援助委员会也会对各大学的筹资数量及排名进行公布。此外，每年度捐赠收入的使用情况也会由独立审计部门进行审计。这种筹资和用款的透明度使捐赠者感觉到自己的捐赠是在实现自己的意愿。

第七，注重培养未来校友的奉献意识。印第安纳大学连年筹资喜获丰收的另一特点是重视对在读学生进行捐赠意识的培养，把回馈母校视为他们生命的组成部分。这种在校期间就得到塑造的捐赠意识会促进日后捐赠行为的产生。

第八，校友捐赠与校友发展联结在一起。印第安纳大学不仅重视向校友"索取"，而且重视向校友"奉献"。大学通过校友会为校友提供继续教育服务，与校友合作研究，每年为校友提供奖学金等。这种对校友持续培养的方式不断促进他们成长，使他们源源不断创造经济财富，从而使得他们不仅"有心"而且"有力"回馈母校。学校对校友这种持续培养的方式使得大学与校友之间的关系不会因为学生的毕业而结束，而是随着时间的推移而不断发展与加深，正如校长麦克罗比在昆士兰大学演讲时所言："美国高等教育中的一个特色是发展大学与校友之间的关系，这种关系不会在学生毕业时结束，也不是一种单向的关系，而是一个真正意义上的共生的关系。如果双方能得到适当照顾和关怀，这种关系将延续一生。"[9]

第九，增强社会对高等教育重要性的认识。印第安纳大学筹资有效的另一因素就是增强人们对高等教育对于社会发展的重要性的认识。人的行为是一种价值追求行为，要使人们积极援助高等教育，必须让人们认识到高等教育在经济发展、社会和谐、政治文明等方面发挥的作用。基于这种认识，印第安纳大学专门成立了一个倡导高等教育的机构，该机构拥有众多成员，他们通过不同途径提高政府官员、社会人士，尤其是印第安纳人对高等教育的认识，从而使得政策制定、资金流向更有利于高等教育。

第十，把提升学校地位与筹资结合起来。美国高等学校事务管理者协会（National Association of College and University Business Officers）的一份调查显示，截至2008年6月30日，印第安纳大学捐款收入的市场价值为15.5亿美元，在公立大学排位14名，比2007年提升2名，而参加排名的高等学校超过790所。在这众多的大学里，印第安纳大学捐赠收入的市场价值之所以排位如此靠前，与该校在印第安纳州、美国乃至世界享有的声望是分不开的。这犹如麦克罗比校长在2008年总结学校捐款时所言："这种高水平的支持折射出捐赠者相信印第安纳大学对未来教育和经济发展所能做出的贡献。"

学校地位与筹资的这种关系可从大学每年的捐款收入得到进一步印证。如2007年捐款收入前20名的大学分别是斯坦福大学、哈佛大学、南加利福利亚大学、约翰·霍普金斯大学、哥伦比亚大学、康奈尔大学、宾夕法尼亚大学、耶鲁大学、杜克大学、加利福利亚大学洛杉矶校区、麻省理工学院、芝加哥大学、威斯康辛大学、华盛顿大学、密歇根大学、明尼苏达大学、纽约大学、弗吉尼亚大学、印第安纳大学、加利福利亚大学旧金山校区。这些筹资上的佼佼者无一不是在社会上享有很高声望的大学。这与经济学名言"资源流向回报率高的地方"是相吻合的。正是基于这种认识，印第安纳大学不断促进自身的建设，通过自身的发展引来更多的捐赠收入。

四、总结

印第安纳大学作为一所历史悠久但又处于新的发展阶段的公立院校，从一个侧面反映了美国公立大学筹资的特点，即公立院校在主要依靠政府投资办学的基础上，正逐渐走上多元化筹资的轨道，政府、学生、企业、社会机构等已发展成为学校的办学主体。这种筹资战略使学校有效地走出了资金困境，获得了丰厚而稳定的资金来源。从印第安纳大学的筹资过程可知，筹资总额的逐年增加既得益于其多层次的筹资机构，更有赖于这些机构的协调运作，而这与学校发展的新理念又是密切相关的。

具体而言，印第安纳大学根据不同的筹资对象成立不同的筹资机构，有面向政府的倡导高等教育的机构，有面向校友的校友会，更有针对社会个人、私营部门的基金会，这些不同的筹资机构组成一个互动的系统，在筹资方面扮演着殊途同归的角色。另外，大学接受的捐赠的丰富性也是"多元、长远、全方位"发展理念的现实化。与此同时，大学在筹资过程中把校友的捐赠与校友的成长、大学的筹资与大学对社会的贡献结合起来,这种既重视"索取"又强调"奉献"的行为避免了"竭泽而渔",使得大学的筹资行为具有源源不断的物质基础。这种基于"造血"而不仅是"抽血"的筹资方式正是大学"长远"发展理念的具体化。可见,印第安纳大学筹资有效性在于其工具的丰富性与目标专一性的统一,在于其取与舍的统一,这种筹资战略思想正是其"多元、长远、全方位"发展新理念的反映,没有这种新理念的指导,就没有大学筹资的丰硕成果。

印第安纳大学筹资的有效性又为实现其"多元、长远、全方位"的发展新理念提供了物质条件,正如该校麦克罗比校长所言:"有了资金,我们就能做计划,我们就能实施计划,就能为学生提供资助,就能让印第安纳大学使人们读得起高等教育的追求成为现实。"可见,学校发展理念的实现离不开坚实的财政支持,缺乏财政支持的理念无疑是无果之花,是空中楼阁,然而,学校筹资的有效性又离不开理念的指引,没有匹配的理念指引的筹资是盲目的,是徒劳的。

参考文献

[1] Indiana University. By action of the University Faculty Co-uncil [EB/OL]. http://alumni.indiana.edu/strategicPlan/mis-sion.shtml, 2005-10-25.

[2] 印第安纳大学布卢明顿分校 [EB/OL]. http://baike.baidu.com/view/1531517.htm, 2009-09-20.

[3] 徐警武. 美国四年制公立院校办学成本递增的特点与启示 [J]. 教育研究, 2008 (1): 96.

[4] http://www.indiana.edu/. 2009-09-20.

[5] 2007-2008 Financial Highlights. Indiana University Total Voluntary Support and National Rankings [EB/OL]. http://i-ufoundation.iu.edu/annualreport/financials.html, 2009-09-20.

[6] Indiana University. Hoosiers for Higher Education [EB/OL]. http://gov.indiana.edu/hhe/, 2009-09-20.

[7] Indiana University [EB/OL]. http://iufoundation.iu.edu/, 2009-09-20.

[8] Indiana University alumni association. Strategic Goals [EB/OL]. http://alumni.indiana.edu/strategicPlan/goals.Shtml, 2009-09-20.

[9] Indiana University alumni association. Strategic plan 2008 [EB/OL]. http//alumni.indiana.edu/strategicPlan/plan.sh-tml, 2009-09-20.

(此文原载于2010年《比较教育研究》第5期)

薄弱学校委托管理制度建设：困境与出路

【摘　要】在我国推进教育治理体系和教育治理现代化的大背景下，如何完善薄弱学校委托管理制度建设成为我国优化教育资源配置，促进薄弱学校改造的重要任务。本文从准入与退出制度、评价制度和监督制度三个层面，审视我国薄弱学校在委托管理制度建设中所面临的困境。在此基础上，提出制定完善的准入与退出标准，规范薄弱学校委托管理市场秩序；采用科学的评估指标对薄弱学校委托管理进行第三方评估，提升委托管理效果；加强委托管理监督体系建设，全方位落实委托管理责任等路径。

【关键词】薄弱学校；委托管理；准入与退出制度；评价制度；监督制度

全球行动视野下世界各主要发达国家，尤其是欧美发达国家都从国家层面的高度把薄弱学校委托管理作为推进本国基础教育改革与发展的优先战略与行动计划，如美国的"特许学校"、英国的"教育行动区"计划等。在此国际大背景及我国加快推进教育治理体系和治理能力现代化的要求下，如何改善薄弱学校的办学条件，提高其生存与发展的能力，成为我国深化基础教育领域改革，推进义务教育均衡发展的重要任务。委托管理作为现代教育管理的一种方式，可以最大限度地提高教育资源使用效益和教育发展能力，这使薄弱学校的改造成为可能。然而，薄弱学校委托管理作为一种新的管理方式，其作用的发挥离不开合理的顶层制度设计与有效制度环境的支持。与西方教育发达国家相比，我国薄弱学校的委托管理在制度建设方面较为薄弱，缺乏相应的制度保障。因此，加强和完善薄弱学校的委托管理制度建设是委托管理作用发挥的前提和基础，也是摆在我国政策制定者面前的一项重要任务。本文尝试在思考薄弱学校委托管理的教育内涵与特征的基础上，从准入与退出制度、评价制度及监督制度三个层面来分析我国薄弱学校在委托管理制度建设中存在的困境，并提出相应的路径选择。

一、薄弱学校委托管理的内涵与特征

1. 薄弱学校委托管理的内涵

委托管理也简称为"托管"，最早出现在企业管理领域，其理论来源是经济学中的委托-代理理论和契约理论，后来逐渐被运用到公共事业管理和教育管理领域当中。薄弱学校委托管理是委托管理在学校管理领域中的具体运用,是我国薄弱学校改造的一种新路径。委托管理作为我国改造薄弱学校的创新性探索,最早来自上海市的实践。因此,有关薄弱学校委托管理内涵的界定主要来自实践层面,如上海市教委主任薛明扬认为"委托管理即突破城郊学校人、财、物等资源区域流动困难和城郊二元体制障碍,发挥区县的主体作用,选择并委托中心城区优质教育机构和教育中介在教学质量、教育理念等方面引领、组织、管理较为薄弱的郊区学校,最终达到优质教育资源向郊区学校辐射[1]"。此后,随着薄弱学校委托管理实践的深化和发展,其逐渐引起了学术界的关注。有学者指出,薄弱学校委托管理就是教育主管部门在保持被委托学校所有权和转换管理权的基础上,将薄弱学校委托给优质学校管理,以实现区域教育均衡发展的一种方式。[2]由于薄弱学校委托管理在我国出现的时间还比较短,目前学界对其内涵并无统一的界定,更多的是一种政策性的含义。本文结合委托管理的相关内涵,认为薄弱学校委托管理是由政府或教育主管部门采用市场化的运作机制,通过签订委托管理协议,以购买服务的方式,将基础教育阶段的薄弱学校委托给其他优质学校或教育专业机构进行管理的一种新型教育管理方式。

目前,作为改造薄弱学校的重要举措,委托管理在尝试和探索的过程中主要产生了两种模式[3](图1):一是优质学校委托管理模式,即政府将薄弱学校委托给其他优质的学校进行管理,如将上海松隐中学委托给上海市建青实验学校进行管理。该模式的特点表现为优质学校凭借优质的教育资源和先进的办学模式,在合作与共赢的原则下,帮助和引导薄弱学校进行改造。二是教育专业机构委托管理模式,即政府将薄弱学校委托给具有一定资质的教育专业机构进行管理,如上海市成功教育管理咨询中心对上海市城郊薄弱学校的管理。该模式的特点在于政府部门采用市场化的运作方式,将薄弱学校委托给较为成熟、优质的教育专业机构进行管理。

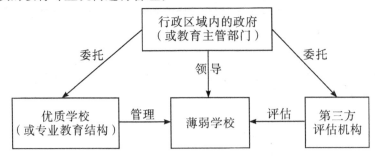

图1 薄弱学校委托管理办学模式

2. 薄弱学校委托管理的特征

与我国传统的"结对帮扶""支教"等办学形式相比,委托管理作为一种新的教育管理方式，具有以下特征。

首先，采用市场化的运作方式，由政府提供专项经费来购买服务。我国传统的"结对帮扶"等活动是在我国现有教育体制内进行的，以"一对一"的形式自愿结合，由优质学校带动薄弱学校发展，而委托管理则突破了现有教育体制的束缚，将托管机构带进了市场，政府通过招标的方式，向那些具有托管资质的机构购买服务，与其签订委托管理协议书，促使托管机构采用市场化运作机制，按照委托管理市场的标准为薄弱学校提供高质量的托管服务。

其次，在保持薄弱学校性质不变的基础上，实现了学校管理责任主体的转移。传统的"帮扶结对"等形式不影响受援学校的办学自主权和经营权，支援学校与受援学校是互不影响的独立责任主体。而学校委托管理则在保持薄弱学校性质不变的基础上，将薄弱学校的管理责任主体由薄弱学校变成了托管机构。托管机构的负责人可以成为薄弱学校的校长，享有薄弱学校日常管理的权利，可以根据薄弱学校的具体情况制定合适的托管方案，并承担相应的责任。管理责任主体的转移极大地调动了托管机构的积极性，促使其全方位负责对薄弱学校的托管工作，顺利实现托管目标。

最后，以契约式的方式进行团队合作，实现委托效果的最大化。传统"帮扶结对"等活动由于没有委托管理协议书之类的明文规定，优质学校往往只派出几名优秀教师进行支教，使得"帮扶结对"活动流于形式，不能有效推动薄弱学校改造，促进其发展。而委托管理通过教育部门与托管机构签订的委托管理协议，明确规定了双方的权利和责任。为了更好地履行责任和实现托管任务，托管机构不仅需要派出优秀教师团队，还需要派出校长等优秀管理团队，为薄弱学校改造提供教学与管理的支持，对薄弱学校进行有组织、有计划的系统改造。目前，上海市在薄弱学校委托管理中实施的团队契约式托管，便具有提高管理执行力、增强集体影响力和提升托管学校教研活动质量等三大优势。[4]

二、薄弱学校委托管理制度建设的困境

（一）准入与退出制度的困境

作为以市场化机制运作的学校委托管理，建立健全准入与退出制度是规范委托管理市场秩序，发挥委托管理作用的重要保障。当前，我国委托管理在准入的标准、准入审批的主体、退出的标准与执行方面还存在诸多不合理之处，这容易导致委托管理市场的混乱，严重影响薄弱学校改造的进程和效果。

1. 准入标准的可操作性不强

科学合理的量化标准是有效遴选托管机构与薄弱学校的前提和保障。目前

上海市进行委托管理的机构主要包括公办优质学校和专业教育机构两大类，上海市有较为成熟且有一定托管经验的托管机构。其他地区引入薄弱学校委托管理，首先面临的一个重要任务就是确定托管机构的资质。由于对薄弱学校的托管不仅能够获得政府的大量经费支持，同时还能有效提升托管机构的社会声誉，因此许多机构都会争取托管薄弱学校。而从目前上海的情况来看，委托机构主要是通过推荐的方式，以是否"有管理人员和教师储备、有一定托管或相关工作经历、社会声誉良好、办学经验丰富等"[5]为标准，托管机构准入缺乏量化的指标体系，可操作性不强，易导致托管机构之间不正当竞争行为的发生。同时，由于有教育经费的投入及学校改造的契机，诸多学校也会争取成为受资助的对象，因此薄弱学校的准入条件也应从学校硬件和软件方面制定出操作性较强的量化指标。

2. 审批机构的专业性不够

对托管机构资质和薄弱学校资格的审批是确定委托管理主体和委托管理对象的重要途径，这涉及哪些机构具有提供托管服务的资质和哪些学校享有薄弱学校改造专项经费的支持。因此，需要成立一个结构合理的专门审批机构负责托管机构和薄弱学校的整个审批过程，并对审批结果承担责任。而在现有政策和制度环境下，我国托管机构或薄弱学校的审核主要是通过政府部门组织相关专家进行审批，并没有成立一个结构合理的专业审批机构。例如上海市在对托管机构进行资质审核时，是由市教委组织专家，对照标准要求进行确定。[5]这种临时召集专家的审批方式，由于缺乏规章制度的约束，不利于遴选出合适的托管机构；由于缺乏专门的机构，导致审批出现异议时又需重新召集相同的专家进行复审；由于专家对薄弱学校的真实情况不太了解，不清楚薄弱学校需要怎样的托管机构。因此，在成立专门审批机构和招聘专业审批人员进行审批时，还应鼓励学生家长参与到审批过程当中，这不仅有利于遴选出合适的托管机构，减少托管结对中的分歧，还有利于调动广大学生家长的积极性，更好地配合薄弱学校改造。

3. 退出的标准与执行不严格

退出制度是委托管理市场的重要组成部分，也是委托管理效果的重要保障。严格的退出制度可以促使委托机构之间的竞争，以使其不断提高委托服务的质量和水平。上海市对于托管机构未达到目标、出现违规行为与其他一些不当情况时，对托管机构实行退出机制。[6]对托管中出现的具体违规行为没有认真界定，并写入相关的政策文件，因为委托管理工作一旦失败，对薄弱学校将产生非常严重的后果，不仅需要对委托机构实行退出机制，还应对其进行惩罚，赔偿损失。而目前，我国其他一些地区并未建立相关的退出机制，对于退出的标准没有合理统一的衡量标准，因此，在制度和法律层面制定出科学的退出标准，并严格实行退出机制是目前和未来很长一段时间内我国教育行政部门所面临的重要任务。

（二）评价制度的困境

薄弱学校委托管理特别重视对委托管理效果的评估，科学的评价制度有利于获得真实的委托管理效果，从而为相关部门进行决策与行为调整提供重要依据。当前我国薄弱学校委托管理的现有评价制度在评价机构的专业性，评价指标的科学性以及评价结果反馈的有效性方面面临着诸多难题与挑战。

1. 缺乏独立而专业的评估机构

独立而专业的委托管理评估机构是委托管理效果真实呈现的重要保证。与上海市采用第三方评估机构进行评估相比，目前我国其他地区还未形成独立而专业的第三方评估机构。现有的评估机构往往只是附属于政府或教育部门，受到我国行政管理体制的束缚和制约，很难呈现出最真实的评估结果。一些评估人员由于没有薄弱学校委托管理效果评估的知识和经验，在评估过程中往往追求片面性，忽视了评估的重点，使评估过程流于形式，难以获得最真实的评估效果。因此，要确实提高委托管理效果的评估质量，必须借鉴上海市的经验，同时根据当地的实际情况，建立独立、完善、专业的评估机构，有专职独立的评估队伍，确保评估结果的真实性。

2. 缺乏科学合理的评估指标体系

指标体系是为了综合反映和说明委托管理状况的一组具有内在联系的指标，它是开展委托管理评价活动的基础和依据。目前我国薄弱学校委托管理绩效的评估指标体系尚不健全，主要表现在两个方面。第一，评估指标体系细化不够，如某校"委托管理项目"绩效评估自评表中对于领导管理的评价只涉及科学管理和民主管理[7]两个二级指标，而没有进一步细化到更具可操作性的三级指标。第二，忽视了一些难以量化但很重要的指标，影响了评估的整体效果。比如"托管绩效评估中忽略了教育资源的配置及其使用效率等方面的问题[7]"，因此，我们应不断开发出科学合理、操作性强的委托管理绩效评估指标体系，同时应重视对委托管理中一些难以量化的方面进行深入调查，以确保评估效果的全面性和真实性。

3. 缺乏有效的评估结果反馈机制

有效的反馈机制是评估结果发挥作用的重要机制保障。首先，各地在进行委托管理工作试点时，由于所能引入的第三方评估机构有限，现有的第三方评估机构往往要负责评估的好几个阶段或者好几所学校的评估要同时进行，容易导致评估结果不能及时反馈。其次,评估反馈结果主要是通过书面汇报的形式进行,这就容易使一些重要的突发事件不能得到及时反馈。最后,目前的结果主要是反馈给政府有关部门,而广大薄弱学校的教师、学生及学生家长并没有有效的渠道获取评估的有关结果。因此,为了使评估结果得到及时反馈,应将评估成果进行积极转化,我们应在评估制度取得实践经验和逐步完善的基础上,逐渐增强评估结果反馈的有效性。

(三) 监督制度的困境

完善的委托管理监督机制是提高委托管理绩效,促进委托管理市场建设的制度保障。目前,我国委托管理的监督制度建设仍不完善,监督结果的责任追究制度也有待进一步加强。为了有效提高薄弱学校委托管理的绩效,应从监督制度建设方面努力。

1. 监督主体对责、权、利关系的理顺需要加强

监督是提高薄弱学校委托管理质量的重要保障,也是监督主体表达其利益诉求的基本方式。"制度是一种权利、责任、利益的分配规则体系,是对社会成员基于利益基础上的权利、责任和义务的占有关系或分配关系的一种客观性安排。"[8]目前我国对薄弱学校委托管理的监督主要是以相关政府部门为主,在其政策文本中尚未发现有关于薄弱学校,尤其是学生家长及社会媒体对于委托管理机构的监督,这就容易导致相关政府部门和薄弱学校两个重要监督主体的责、权、利三者之间关系的失衡。委托机构与政府部门签订协议,并向政府部门负责,这使得政府部门对于托管机构具有较大的约束和监督权力,而薄弱学校却缺乏足够的权利,一旦政府部门出现管理上的疏忽,就很容易使得薄弱学校的利益受到损害。为此,政府部门与薄弱学校在委托管理协议中应进一步理顺权、责、利三者之间的关系,让薄弱学校拥有更多监督和约束托管机构的权力和责任,并承担相应的义务。

2. 多元监管体系的支持力度需要加大

委托管理采用市场化的机制运行,不同于其他普通公立学校的运作方式,因此需要建立一种新的多元监管体系的支持,通过加强内外部监督和控制的方式减少委托管理中的不合法行为,以提高委托管理的效果。而目前,我国多元监管体系在机构建设、制度制定和监管手段运用方面都缺乏相应的支持。首先,目前对于薄弱学校的监管主要是以相关政府部门作为委托方对托管机构进行监管,将薄弱学校师生、学生家长及广大社会媒体排除在外,多元监管机构建设有待加强。其次,我国目前没有建起了鼓励和引导薄弱学校师生、学生家长及社会媒体对委托给管理进行多元监督的相关制度,以保证其作为监督主体的权利和责任,"一些教师反映,他们被派出后,在一些评优评先方面很容易被忽视"[4]。最后,监督管理手段的科学化、信息化有待加强,目前主要是政府部门采取自上而下的监督方式,这种监督方式不利于对托管机构进行及时、全面的监管。

3. 监督结果的责任追究制度需要完善

薄弱学校委托管理引入了市场机制,形成了相关政府部门和托管机构之间的信托关系,这决定了政府对薄弱学校的监管与对其他普通学校的监管是不一样的。其他学校办学的好坏主要由学校领导负责,而薄弱学校通过委托管理之后,实现了办学主体责任的转移,托管机构对薄弱学校的发展肩负着重要的责任,因此薄弱学校管理者对委托机构的监督及责任追究就显得尤为重要。而目前我国并没有一部像美国《特许学校法》一样的专门针对薄弱学校委托管理的法律来详细列出问责的条款和问责的程序。在《上海市教委关于实施第三轮农村义务教育学校委托管理工作的意见》中,没有发现有关监督问责的具体规定。因此,政府部门需要通过加强立法保障薄弱学校的监督权利,同时完善对托管机构监督结果的责任追究。

三、薄弱学校委托管理制度建设的出路

为使薄弱学校委托管理在全国各地的薄弱学校改造中更好地发挥作用,我们需要进一步完善薄弱学校委托管理的制度建设,形成良好的制度环境。未来,我国薄弱学校委托管理可从制定完善的准入与退出标准细则以规范委托管理的市场秩序、采用科学评估指标进行第三方评估以提高委托管理的效果、加强委托管理监督体系建设以全方位落实委托管理的责任三个层面来加强薄弱学校委托管理的制度建设。

(一)制定完善的准入与退出标准细则,规范委托管理市场的秩序

制定托管机构的准入与退出标准细则,是规范委托管理市场秩序的法制保障。良好的委托管理市场秩序应坚持"严进严出"的重要原则。一方面不断细化准入标准,加强对托管机构准入的审批管理;另一方面严格执行市场退出机制,淘汰不合格的托管机构。

1. 细化准入条件与标准,提高委托管理市场的准入门槛

薄弱学校委托管理是以政府为主导,充分发挥市场在资源配置中的积极作用,从而达到改善薄弱学校目的的一种管理方式。在当前我国全面实施薄弱学校委托管理的市场环境中,市场的力量逐渐增强,托管机构作为委托管理市场中的"经济人",不可避免地追求自身利益的最大化。因此,为了有效地规范

委托管理市场，构建合理的市场秩序，政府应该制定市场的运行规则。一方面，政府部门应该制定科学的标准，从机构的管理能力和办学模式等方面细化准入的标准，加强标准的可操作性，通过量表评分的方式来考察其是否具有托管的实力；同时也应从社会责任和市场道德角度采用量表评分及实地观察和访谈的方式考察其是否具备托管的品质，从而严格托管市场的准入条件，提高托管市场的准入门槛。

2. 建立专门的准入审批机构，加强对托管机构的审批管理

成立专门的准入审批机构是严格执行委托管理准入标准的突破路径。薄弱学校委托管理在我国许多地方还是一个新事物，为了遴选出有质量保障的托管机构，各地应成立专门的准入审批机构。首先，在有关政府部门的领导下，成立一个专门的准入审批机构，专门负责对薄弱学校托管机构的审批，并积极指导和监督审批机构的运行，让审批权力在阳光下运行；其次，招聘具有相关经验的工作人员，组建学历、年龄、性别等结构合理的审批队伍，及时加强对审批人员的各种培训，形成专业的审批态度，提高审批的质量和效果。

3. 出台相关法律法规，对托管机构实行严格的市场退出制度

薄弱学校委托管理市场的运行离不开相关法律法规的支持和保障。美国制定和颁布的《特许学校法案》是各州申请开设特许学校的前提和法律保障。[9] 我国虽然有《中华人民共和国义务教育法》和《国家中长期教育改革和发展规划纲要（2010—2020年）》等与推进义务教育均衡发展的相关法律，但缺少一部像美国《特许学校法》一样专门针对促进义务教育阶段薄弱学校管理的法律。为此，我国应加强对薄弱学校委托管理的立法工作，制定专门的法律法规来规范薄弱学校委托管理的运行，尤其应加强对委托机构退出机制的立法。委托管理的成败，不仅关系到政府的声誉，更关系到薄弱学校广大师生的切身利益，针对薄弱学校委托管理出现的严重问题，需要有相关的法律对托管机构进行惩罚，并执行严格的市场退出制度，将其淘汰出委托管理市场。

（二）采用科学评估指标进行第三方评估，提高委托管理的效果

科学的评价是委托管理绩效改善的重要路径。因此，要通过引入独立而专业的第三方评估机构、开发合理的评估指标体系与方法、加强委托管理结构反馈机制的建设等途径，将过程评价与结果评价相结合，贯穿于委托管理的全过程，不断提高委托管理的效果。

1. 引入独立而专业的第三方评估机构

我国对学校办学质量的评估主要由政府部门采取自上而下的评估方式进行，但在薄弱学校委托管理中，为了呈现最真实的评估结果，切实提高薄弱学

校委托管理的质量，需要引入独立而专业的第三方评估机构。首先，第三方评估机构在法律地位上独立于政府部门，不受政府部门的直接领导，而是通过签订协议的方式与政府部门进行合作，其主要目的是对薄弱学校委托管理的真实效果进行科学评估；其次，第三方评估机构拥有专业的评估人员，能对薄弱学校委托管理的效果进行全方位的专业评估，以确保评估的信度和效度。

2. 开发出科学的评估指标与评估方法

实施薄弱学校委托管理，建立一整套科学、合理和规范的评价体系与方法是委托管理效果有效达成的重要保障。为此政府部门应广泛邀请专家学者和薄弱学校委托管理机构的实践者共同协商，理论结合实际，通过科学的量化方法，制定出合理的评估指标体系，这个评估指标体系应包含薄弱学校委托管理的各种需要测量的对象，并进行三级指标的分类，对指标的重要程度进行加权，这样的评价指标体系不仅可以使评估活动有效开展，还能对委托管理机构的托管活动进行有效的指导。同时，还应不断开发出科学的评估方法，采用定量评估和定性评估相结合以及过程评价与结果评价相结合的方式对薄弱学校的托管效果进行全方位的测评。

3. 进一步加强委托管理评估结果反馈机制的建设

薄弱学校委托管理在引入第三方评估机构进行评估时，需要建立及时有效的评估结果反馈机制。借鉴国外发达国家及上海市的成功做法，并结合当地教育的自身实际，从评估结果的权利主体和评估结果的反馈方式两个方面完善评估结果的反馈机制。一方面，评估结果不应只是通过书面汇报的形式告知政府相关部门，还应进一步扩大评估结果权利主体的知情权，薄弱学校的管理者、教师、学生及广大学生家长都有权利知道评估的结果。另一方面，可通过宣传栏、网络以及新闻媒体等方式来对评估结果进行更广泛的公示，接受全社会的监督，提高评估结果的公信力。

（三）加强委托管理监督体系建设，全方位落实委托管理的责任

加强委托管理监督体系的标准化建设是保障薄弱学校师生利益的关键和核心。要通过增强监督主体的责权意识，建立多元的监管体系和构建有效的监督结果反馈机制等方式全方位落实委托管理机构的责任。

1. 增强监督主体的责权意识，积极行使监督权力

为有效防止托管机构自我监管的力度不够，导致违反委托协议情况的出现，政府等其他利益主体也有权利加强对托管机构的监管。政府部门应建立专门的监督机构，安排专门的监督人员，加强对托管机构的监督。同时，作为委托管理的重要利益相关者——薄弱学校应该增强作为监督主体的责权意识，积

极地行使监督权力。"目前学校实行的是校长负责制,校长是学校法人,学校如果出了问题,自然由校长这个法人负责"[10],学生及广大学生家长作为委托管理结果的最终承担者,更应具有作为监督责任主体的意识。因此,薄弱学校的管理者不能因为薄弱学校办学责任主体的转移而忽视了对托管机构的监管,薄弱学校的教师、学生和家长也应充分树立主人翁意识,清楚地知道托管结束之后,学校办得好坏与自身利益密切相关。

2. 建立多元监管体系,让监督贯穿委托管理的全过程

随着托管机构对越来越多的薄弱学校进行托管以及托管程度的不断深入,建立政府、学校、其他托管机构及社会媒体等横向和纵向相结合的多元监管体系(图2),推动委托管理监督的制度化和常态化,让多元主体的监督贯穿委托管理的全过程成为提高委托管理质量的重要制度保障。一方面,要实现横向监督和纵向监督共生,形成多元的监管体系。纵向监督方面,应在加强政府相关部门自上而下的监督的基础上,将薄弱学校管理者、教师、学生及家长纳入监督主体之中,采用自下而上的监督方式对托管机构进行全方位的监督;横向监督方面,应在加强托管机构内部自身监督的同时,不断强化其他托管机构、社会媒体等社会舆论以及网络的监督力量。另一方面,加强监督制度建设,鼓励和引导多元监管主体采用科学化、信息化的监督方式对托管机构进行全面、及时的监管,让多元主体的监督贯穿于薄弱学校委托管理的全过程,在加强结果性监督的同时,更加注重过程性监督,从而将监督工作制度化、常态化。

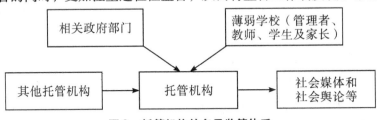

图2 托管机构的多元监管体系

3. 借鉴国外的监督问责经验,完善监督结果问责制度

"美国在制定和完善相关法律时,在问责条款方面要做到涵盖内容全面、语言表述清晰,从而确保法律的可操作性。"[11]为此,我们可以在认真分析美国相关法案的基础上,结合我国委托给管理的现实情况,从法律制度、条款的清晰与可操作性方面借鉴美国的经验,不断完善我国薄弱学校委托管理监督结果的问责制度。首先,教育行政部门应制定相关法律法规,为监督结果的问责提供法律保障。法律的问责条款"为向违法者问责提供了法律依据,保障了教育法律的实施"[12]。其次,监督主体应从委托管理的具体方面进行真实的监督,应当列举出具体的不合理行为和现象,使监督具有很强的针对性,从而更好地进行问责。最后,采取严厉的措施对委托管理中的不合理行为和机构进行处罚,比如终止委托协议,退出委托管理市场等。

参考文献

[1] 薛明扬. 城郊学校创新"委托管理"破解"择校"难题困[N]. 中国教育报,2010-03-04.

[2] 张廷亮. 关于开展中小学委托管理的政策思考[J]. 教育科学研究,2011(3):29-32.

[3] 张建. 薄弱学校委托管理:动因、价值与深化策略:基于社会资本的视角[J]. 教育发展研究,2013(20):12-17.

[4] 李彦荣. 学校委托管理的实施策略与发展思考:以上海市义务教育学校委托管理为例[J]. 中国教育学刊,2010(11):22-25.

[5] 上海市教育委员会. 市教委关于实施第三轮农村义务教育学校委托管理工作的意见[EB].[2011-7-12]. http://www.shang-hai.gov.cn/shanghai/node2314/node2319/node12344/u26ai28128.html.

[6] 上海市教育委员会. 市教委关于实施第二轮农村义务教育学校委托管理工作的意见[EB/OL].[2011-7-12]. http://www.shang-hai.gov.cn/shanghai/node2314/node2319/node12344/userob-ject26ai18323.html.

[7] 黄丹凤. 基础教育阶段学校委托管理评估的基本框架及特征分析:以上海市农村学校委托管理工作为例[J]. 教育测量与评价,2014(2):13-17.

[8] 赵敏. 我国现代大学教师制度伦理研究[D]. 武汉:华中科技大学博士学位论文. 2007.

[9] GradyDO. CharterSchool2evocation:A-ethod for Efficiency, Accountability, and Success[J]. Journal of Law & Education, 2012, 41(3):513-554.

[10] 潘国青. 浅论农村薄弱学校委托管理的成功经验:以上海市奉贤区为例[J]. 上海教育科研,2014(5):18-21.

[11] 索磊. 薄弱学校委托管理的法律保障机制研究:以美国"特许学校法"问责条款为例[J]. 教育发展研究,2013(24):55-60.

[12] 李宜江. 论教育立法中问责的模糊性[J]. 教育发展研究,2010(5):23-26.

(此文原载于2015年《教育科学》第5期,全文转载于人大书报资料中心《中小学学校管理》2016年第2期)

第三章

课堂教学改革

"六个一"课堂教学的理论与实践

课堂教学是教学成功的关键,如何提高课堂教学效率,进行有效的课堂教学改革,就成了广大教研、教学管理人员,以及教师们共同探讨和研究的课题。综观目前课堂教学改革,传统的"满堂灌""填鸭式"等教学模式尚未扭转,一些新的弊端已经出现:如"穿新鞋、走老路"这种华而不实的现象,表面上看来,教学方法在不断变化,却没有从根本上转变传统的教学观念;或好高骛远,脱离客观实际,违背认知规律,片面强调学生的主体作用,而忽视了教师主导作用的重要性。面对课堂教学改革所暴露出来的种种弊端,笔者进行了深入的探索和研究,深刻地认识到,要提高课堂教学效率,无论课堂教学怎样改,都必须遵循以教师为主导、学生为主体的原则,既要把调动学生的学习积极性、独立性和创造性放在首位,又要充分地体现教师"导演"的角色。笔者结合长期教学实践总结出来的"六个一"课堂教学理论,理顺了师生之间主导与主体、善教与乐学的关系,把它运用于课堂教学,能够切实提高课堂教学的效率,是一种行之有效的方法。

一、新知识要有一个生成的过程

什么是新知识的生成过程呢?所谓新知识就是学生未接触过、感到陌生的知识。那些难以理解和掌握的新知识就像一条宽深的沟壑,挡住了学生前进的道路,使他们左右为难,不知所措。这时,教师就要像桥梁工程师那样,把早已设计好了的图纸拿出来,胸有成竹地指点他们应在什么地方下桥墩、在什么高度架横梁、在什么地方围护栏,从而胜利地到达彼岸。其中,"工程师"的点拨讲解就像放电影那样一幕一幕地把桥梁的轮廓逐渐展现出来,让学生在动手"建桥"的过程中看到"桥"建成的全过程,使他们不仅知其然,而且知其所以然。这就是新知识的生成过程。

那么,教师在讲授新知识的时候,怎样才能让学生清晰地看到知识的生成过程呢?根据人的认知特点,教师应由浅入深地对新知识进行层层剖析,或多以身边熟悉的事物为例,或采用直观形象的比喻,或使用正反对比强烈等手段,慢慢地诱导、启发,步步深入,并让学生自己归纳、总结以加深理解,然后通过适当的练习加以巩固。这样,知识就会在学生的头脑中生根发芽,并牢固、有条理地被储存下来,形成知识网络。例如,在英语语音知识"开音节"

这一个概念的教学中，可以采取以下几个步骤：

（1）从学生熟悉的词汇：age、date、lake、name、time、like、fine、nice、rose、note、hope 等入手，让学生通过朗读感知发音的特点。

（2）引导学生分析：

这三组词语倒数第三个字母是什么字母？（元音字母）

这三组词语倒数第二个字母是什么字母？（辅音字母）

这三组词语最后一个字母是什么字母，它发音吗？（e，不发音）

上述三个部分组合起来构成了一个怎样的形式？（元音字母 + 辅音字母 + 不发音的 e 结尾）

我们再来看看这些单词有几个音节？（一个音节，即单音节）

单音节的词应该轻读还是重读？（重读）

（3）引导学生归纳总结：那么，好像"元音字母 + 辅音字母 + 不发音的 e 结尾"的重读的音节我们称之为什么音节？（开音节）

这样步步设问，由浅入深，逐步建构，知识就会在学生的脑中有一个生成的过程了。

二、知识不会一次过就能传入

教师传授知识能否只讲一次学生就可以领悟并牢牢地记住？对于这个问题，笔者对学生进行了长时间的跟踪调查，得出的结论是：对绝大部分学生来说，知识的传入不会一次过就能完成。面对这种不能回避的现实，教师在教学过程中应采取什么措施呢？从心理学角度来看，大脑接收信息包括记忆、保持、再认和回忆四个过程。这四个过程各有它们不同的特点，证明大脑接收信息是有规律可循的。教师在传授知识的过程中，只要遵循这些规律，并抓好以下几点，就能找到将知识迅速快捷地传入学生大脑的突破口。

1. 注重实效，克服经历过的思想

有什么样的思想就会有什么样的行动。在课堂教学中，教师既要教育学生对待学习不要轻易让任何一个知识点出现疏漏，纠正只有经历，不求甚解的错误做法，又要努力克服自己在授课过程中存在的各种不足，确保授课质量。如果只重过程，不顾实效，看上去是认真负责，实际上却马虎了事，或者干脆一支粉笔写到底，一张嘴巴讲到完，你在台上讲得天花乱坠，学生却昏昏欲睡，不知所云。一堂课下来，学生收获甚微。这种走马观花、不顾实效的教学过程是形式主义的表现。要克服这种错误思想，教师首先要有严谨、踏实的工作作风和敬业精神，要加强学习、多动脑筋、不断提高自己的教学水平。

2. 巧设授课层次，多角度讲解启发

教师在传授知识时，常遇到这种情况：同样一个知识点或概念，讲一两次优秀生已经领悟，而后进生则反复多次也许还未能明白。这种客观存在的差距，给教学工作带来了很大困难。教学工作的目的是面向全体，整体优化，让每个学生的认知能力都得到充分的开发。然而，课堂教学怎样才能解决学生之间认知差距的矛盾使授课更有针对性，达到事半功倍的效果呢？笔者认为解决这一矛盾要从两个方面入手：

（1）弄清学生之间知识的差距和不同的接受能力层次，合理设计施教方案，做到"抓两头，带中间"。教师在传授知识时，既要充分留给优秀生思考空间，又要让后进学生有所得，巧妙处理好优秀生与后进生之间"多讲与少讲""深刻与浅显""讲解与练习"的关系。

（2）多角度全方位讲解启发。人们在感知某一客观事物时，总是从已有的知识经验开始的。由于各人的生活经历和储存的知识量不尽相同，认识事物的角度也就不同。教师在传授知识的过程中，如能从不同角度进行讲解分析，不同基础的学生就会结合他们已有的知识和经验进行加工吸收，并传入大脑，把知识记牢。

3. 温故知新，步步为营

教育学家认为：学生的学习是否有意义，取决于新知识与旧知识是否建立了联系。在学生尚未真正掌握旧知识的情况下，教师又把与之密切联系的新知识传授给他们，那无疑是无效劳动。所以，在传授知识时要重视温故而知新、步步为营，让旧知识有序再现，并以旧引新，把新旧知识有机地连接起来，使知识在学生的大脑中由点串成线，继而形成网。学生重温了旧知识，学起与之相联系的新知识来就会更有信心，也更易融会贯通，授课的效果自然会更显著。

4. 结合知识特点，巧用记忆方法

学习任何一门学科知识，都需要有良好的记忆力。如果记忆这一关过不好，其他的一切努力就不会有多大的效果。因此，教师在传授知识的中要注意引导学生领悟知识的内在联系，让他们把握知识的脉络，并根据各人记忆的习惯结合不同的内容，用适合自己的记忆方法进行总结、归纳，使知识更快速地传入。如历史课中的历史事件和历史年代，可以采用同异法、歌诀法、谐音法、等距法、联系法、推算法等方法进行记忆。

三、要更正的知识不会一次过就能实现

"先入为主"这个成语说的是人们心中一旦有了成见，就很难听信后来即

使是正确的道理。同样，人们要更正大脑中已储存起来的错误知识也是如此。两者的区别只在于前者是有情绪抵触，而后者在很大程度上是无意识的、不知不觉的。这种停滞的思维定势对人们接受新鲜事物有消极的影响。如果人们的思想被这种思维定势严重束缚，在分析问题和解决问题的时候，其应有的主动性、灵活性就不能很好地发挥出来，这就必然妨碍问题的及时解决。综上所述，教师在更正学生业已形成的错误知识时，要善于抓住他们的心理，掌握其思维脉搏，有理有据地从不同方面说明所要更正知识的正确性，让他们在反复多角度的比较中修正错误、去伪存真，把正确的知识有条理地、牢固地储存起来。

四、传授知识要留给学生一个思维空间

思维是智力的核心。思维能力是培养和发展学生观察能力、动手能力、记忆能力、自学能力和创新能力的基础。在课堂教学中恰到好处地留给学生一个思维空间，能提高学生的思维能力和综合素质，增强他们发现问题、分析问题和解决问题的能力，使他们实现从"学会"到"会学"的转变，继而达到"教而不教"的目的。"教有法，教无定法"，教师传授知识怎样留给学生一个思维空间呢？方法多种多样，笔者仅从以下几点谈谈一些做法和体会：

1. 创设课堂情景

良好的课堂情景是师生进行知识、情感交流的催化剂，它能使师生在轻松愉悦的课堂氛围中高质高效地完成"教"与"学"的任务。课堂情景的创设主要依据授课内容来设计。笔者在课堂教学中根据不同内容和学生的不同特点，灵活地运用了以下情景。

（1）问题情景。古人云：学起于思，思源于疑。思维总是始于问题，有问题就必须解决，而问题的解决过程就是事物的发展过程。教师根据授课内容及学生现有的知识水平，提出适当的问题，引导学生积极思考、探究问题的因果，学生有了解决问题的欲望，就会拧紧思维的链条，开动脑筋、积极思索，学习起来自然会对所接触的知识有一种强烈的渴求。

（2）知识与实际运用情景。学习知识的目的，就是要用来解决实际生活中遇到的问题，在教学过程中间，让学生尝到用自己的智慧解决实际问题的喜悦，并认识到知识的实用性和重要性，这样，学生学习的兴趣就会被激活。

（3）求异发现情景。教师在要求学生学好书本知识的同时，还要培养他们的求异思维，创设新异的练习，鼓励他们多打问号，大胆猜想，养成求异创新的思维习惯，锻炼发现真理的能力，从而享受发现的快乐。

（4）目标情景。学生一旦有了学习目标，他们的注意力就会稳定下来，

围绕目标展开思维，在目标的召唤下积极主动地去获取新知识。

2. 利用语言功能

在生活中，我们每个人都有这样的认识：同一首诗，不同的朗诵者会留给人不同的印象；同一首歌，不同的人唱也会有不同的演唱效果。这是什么原因呢？归根到底就是各人对生活的感悟和造诣深浅的区别。课堂教学首先要运用语言，作为教师应有扎实的语言功底，因为生动流畅的语言能使听者感到贴切、舒服。在课堂教学中只有充分调动语言功能，做到抑扬顿挫、节奏鲜明，并在阐述知识的过程中恰到好处地留下结论，让学生补充出来，用语言引力的作用牢牢地拴住学生的心，才能使他们紧跟着教师的思路转下去。

3. 开发想象潜能

想象和思维紧密相连，丰富的想象能充实人们的精神世界，激活人们的灵感，并鼓励人们向上和前进，实现远大的理想。教师在课堂教学中要结合所授知识创设想象空间，让学生插上想象的翅膀，在想象的王国里自由翱翔，不断爆发出灵感的火花，涌动出创新的活力。

五、学生出现的错误总有一个原因

教师在批阅学生作业时，发现有不对的地方，通常都会划上一个"×"，以示此题的结果是错误的。学生做作业有时会出错，同样，在听课的过程中也难免会出现这样或那样的错误，这些错误归纳起来主要表现在两个方面：一是听课过程中思维跟不上，出现了问题，如分析、推理、判断等方面的偏差，导致结果的错误；二是表现在遵守课堂纪律方面，他们或讲话，或开小差，或睡觉，或干脆跟老师唱对台戏。这两个方面的错误，前者是在积极的状态下，不知不觉地发生的，后者则是有意而为之，是逆反的。犯错误，每个人都难以避免，更何况学生？其实，犯错是纠错的良方，犯了错误，只要能从错误中吸取教训，就可以避免犯更大的错误。因此，教师在处理学生出现的错误时，应本着对学生高度负责的态度，对所暴露出来的各种错误进行客观、具体的分析，找出其中的原因，然后对症下药。如学生做作业做错了，是他们真的不懂，还是由于粗心大意将题目做错了？上课时学生讲话或者打瞌睡，是老师讲课呆板、课堂气氛沉闷，还是学生基础差跟不上而破罐子破摔？像这些问题，只要教师能同学生做知心朋友，坐下来，与他们一起找出并剖析出现错误的原因，寻找认识规律，吸取教训，把犯错误的不利因素变为有利的、积极的因素，并通过耐心细致的思想工作，学生就能改正错误，不断地自我完善。

六、每节课结束前都要有一个小结

精辟的小结是对授课内容的高度概括，能起到画龙点睛的作用。根据不同情况，教师既可以自己对所授内容进行小结，达到再现知识，加深理解，强化记忆的目的，也可以在教师的点拨下由学生自己进行小结，以利于学生对知识脉络的全面掌握，提高他们的归纳、综合能力。

以上"六个一"课堂教学理论和实践，从多方面入手，拓宽和加深了教师对课堂教学和学生认知规律的认识和把握，减少了授课过程中的盲目性。总之，坚持"六个一"课堂教学要求，能帮助教师提高课堂教学的效率。

（此文原载于2001年《现代教育论丛》第1期）

论生成教学的特征、原则与实施

【摘　要】 生成教学的突出特征在于它的过程性与平等对话，即在教学过程中增长学生的知识与技能，培养学生的情感、态度和价值观；在平等对话中实现师生交往、生生交往，培养学生的创造能力、创新思维。生成教学是实现素质教育的一种新的教学哲学，实施生成教学必须遵循差异性、过程性、平等性、开放性和关系性原则，实施生成教学要求学校采取相应措施促进教师更新观念、增长智慧、积极实践。

【关键词】 生成教学；过程论；平等对话

教学不是教师教学生学、教师传授学生接受的过程，而是师生之间平等互动的交往与对话的过程，是师生共同成长的生命历程。生成教学可以理解为教师持关爱、尊重学生和为学生的健康成长负责之心态，对学生的需要和感兴趣的事物进行价值判断，并据此与学生进行平等互动的对话，不断调整教学活动，以激起、强化、优化学生自主学习，从而促进学生发展的过程。本文拟对生成教学的特征、实施原则和实施要求进行探讨。

一、生成教学的特征

生成教学不是简单的教学模式、教学思维，而是一种基于过程论的新的教学哲学，一种对师生关系认识的超越。它的出现是素质教育、新课改强烈呼唤改变传统教学"预设论"的结果。依据上述，生成教学应该具有以下特征。

第一，生成教学以尊重生命的自然成长规律为基础。教师关爱学生、尊重学生，把促进学生自主发展视为己任。

第二，生成教学的内容是学生需要和感兴趣的事物，具有动态性、开放性与灵活性，而不局限于课本上静止的文本资料。教学过程中出现的教师无法预料的事件都会成为教学的资源，成为师生对话的对象，成为促进学生发展的契机。为了有效促进和把握生成教学，教师要不断捕捉、判断、重组课堂教学中从学生那里涌现出来的各种各样的信息，把有价值的新信息和新问题纳入教学过程，使之成为教学的亮点，成为学生智慧的火种。[1]

第三，生成教学的课堂不是教师自演自说、教师提问学生回答的固定场所，而是一个充满鼓励、关怀、平等的对话场所。在这样的课堂上，教学过程突破了知识和技能的"授-受"局限，表现为教与学互动的过程，师生双方相互交流、相互沟通、相互启发、相互补充。在这个过程中，教师与学生分享彼此的思考、经验和知识，交流彼此的情感、体验与观念，[2]从而使双方的主体性不断科学合理地发挥和建构。

第四，不断调整教学活动，凸显生成教学的动态性、过程性与开放性。教学活动要根据学习主体及具体教学情境的变化而不断调整，不存在永恒不变的教学计划、教学大纲和教学目标。

第五，通过促进自主学习实现学生发展是教学的出发点和归宿点。自主学习旨在培养学生的个性、创造能力、创新思维，让他们遵循生命生长的自然规律去发展。生成教学通过"生成"活动，使学生自己能够教育自己，成为学习的主人，使教学达到不教而学的境界，从而实现学生的发展。

二、生成教学的实施原则

生成教学强调人文关怀，尊重生命，关注学生的情感意志，注重过程与方法，这些特点与新课改倡导的"知识与技能、过程与方法、情感态度与价值观"三位一体的教学目标是一脉相承的。生成教学不仅强调过程性，还注重人作为一个完整、统一的人的和谐发展。这与把学生当成容器的灌输式教学截然相反，与以知识、教材和教师为中心的教学，与缺乏情感的教学，与一成不变的课堂，与"教案剧"的上演，与以统一标准评价学习主体等一切不利于学生发展、束缚学生主体性形成的思想与行为也是不相容的。因此，实施生成教学须遵循以下原则。

1. 差异性原则

智力之间的不同组合表现出个体之间的智力差异。这种差异决定了每个学生的情趣、爱好、特长不同，从而存在着学生差异性的发展。生成教学正是在充分考虑学生的个性差异的基础上，实施因材施教，摒弃以统一的教学方法、统一的课程、统一的教学流程、统一的评价标准对学生进行加工和评价这种忽视人的差异性和能动性的课堂模式。生成教学在注重激发和培养学生的学习兴趣，发挥其特长和专长，倡导培养学生的思维活力和创新精神的基础上实现课堂教学从只注重同一性和规范性向鼓励多样性和创造性的转变。

2. 过程性原则

人的任何活动都以过程的方式存在，时刻处在变化、发展之中，而不是静止、凝固的。传统课堂教学忽视甚至无视课堂教学的过程价值，而仅仅追求"课"是否按预设有条不紊地进行，预期目标是否达成。

真实的教育活动由于主体及情境的因素，以及互动式交往活动的深化，教育的过程充满着变数，充满着无法预知的"附加价值"和有意义的"衍生物"，[3]这种未来的不可知性要求课堂教学关注过程、重视过程。

3. 平等性原则

生成教学中的平等对话包括人格上的平等，师生之间交往的平等，教学过程参与的平等，思想、言论上的平等和评价上的平等。这种平等首先要求教师对学生要一视同仁，不能把学生分成三六九等。其次，生成教学倡导"去中心化"的观念，不主张以学科知识和教师为中心，反对教师话语权威和教学控制，强调教学中师生平等的互动。再次，生成教学中的平等性要求教师调动学生全员参与、积极主动参与、有效参与到课堂教学活动的计划、设置中来，通过教师与学生不断反思与对话而探索未知领域。[4]最后，生成教学的平等性反映在教学评价上，教学评价不仅要注重结果，更要注重过程和发展。

4. 开放性原则

教学需要计划指导，但严格的计划会抑制人的创造性思维，教学就会成为"教案剧"的上演。更重要的是，教学计划仅能对教学情景进行预测，不是真实的教学场景。不管教学内容的生成源自何处，最初的教学计划只是作为一种教学内容选择的可能性，是一个起点，在具体的实施过程中，这一计划应有一定的灵活性和开放性。也就是说，要不断地根据学生的反应、教师的价值观和经验判断调整教学计划。教学计划是一种过程性的工具，它犹如旅行指南，而不是施工蓝图，它使我们看到教学发展和选择的各种可能性。[5]它是一种开放式的，而不是封闭式的系统。正是生成教学的这种开放式框架给学生与教师的对话和协商提供了可能。

5. 关系性原则

世界上任何事物都是一个过程，没有永恒不变的实体，所有的事物都是以关系的形式出现并时刻处在变化之中。世界上任何事物都是处在联系之中，没有独立、唯我独尊的事物形态。自然，教学过程也不例外。生成教学虽然反对以知识、教材和教师为中心，但这并不代表它就主张以学生为中心。生成教学反对中心论，摒弃单边论，认为知识、教材、教师、学生都重要，都是教学过程中的主体，缺一不可。只有处理好这四者之间的关系，才能使我们的教学收到成效。生成教学不以知识、教材、教师、学生中的任一单方面为中心，强调的是师生、生生、知识与学生、教材与学生两两之间的关系，即主体间性。

三、生成教学的实施要求

生成教学的实施需要一种宽松、平等的生成性环境。创设这样一种宽松、平等的生成性课堂环境需要学校采取相应措施促进教师更新观念，增长智慧与积极实践。

1. 收集数据，促进教师更新观念

生成教学的基础是对学生生命个体的尊重，对学生作为一个完整的人的发展负责。换言之，生成教学的主旨在于促进学生发展，作为评价学生学业程度的考试成绩只是学生发展的一种表征，是学生发展的自然结果，是副产品。生成教学的这种目标取向要求对其达成路径进行相应的调整，要重新认识学生、重新认识教材、重新认识教学工作、重新认识教学目标。然而，教师已有的认识是在学习和教学实践中逐渐形成的，是相对稳定的，其消解和重构不能一蹴而就，需要数据的支持，需要结果的强化。

第一，通过学生转化事例促进教师更新对学生的认识，确立起"发展"的学生观。学生是有自由意志和人格尊严的、具体的、发展的个体，不是等待盛装知识的容器；是积极进取的，不是消极被动的；是富有想象力的，不是呆板的；是乐意合作的，不是自由散漫的；是可塑之材，不是朽木。教师只有确立起这种"发展"的学生观时，他们才会承认学生是具有独立生命的个体，才会与学生进行平等对话，才会尊重学生的意见，才会对学生出乎意料的反应感兴趣，才会生成新目标，才会在这种生成中达成共识。

第二，通过教学示范促进教师更新对教材的认识，确立起"动态"的教材观。教师课堂上不创设生成的情景或不重视生成的资源与教师对教材的认识有关。他们认为教材是神圣不可侵犯的，必须不折不扣、逐章逐节地完成。为了转变教师对教材的这种认识，笔者以学科组为单位，每个组选定一个老师，由他向学科组的其他老师演示如何把生成性资源与教材的主旨、教学目标联系起来。主讲教师的课堂演示、课后介绍，以及其他教师的心得交流，使他们确立起"动态"的教材观。

第三，通过教师事迹促进教师更新对教学工作的认识，确立起"幸福"的工作观。生成教学突破了传统教学中教师讲学生听这种"授-受"教学方式的局限，要求课堂上师生之间进行平等对话，只有通过对话，课堂才能成为互动的课堂，素质教育要求中的对"学生实践能力和创新精神"的培养才会成为可能。课堂上师生行为方式的这种要求呼唤着教师变革原来习以为常的教学方式。然而，变革往往伴随着抵制。消除抵制的关键在于更新观念，在于赋予教学工作新的意义。转变教师对教学工作的认识可以从教师身边的事例入手，把学校倡导的教学工作的价值取向通过不同年龄、不同职称、不同职务的教师个体展现出来。笔者在主持学校工作期间就尝试利用学校一周一次的集会时间，选定若干名教师，每次安排一名教师上台发言，让他谈从教的感受和教学成败得失的体会。这样，学校所倡导的"摒弃教学是谋生工具的认识，认为教学是提升自身生命力的机会，是精神世界不断丰富与完善的通道，是感受幸福、追求幸福、创造幸福的必由之路；教师的幸福不在于经济财富拥有的多少，不在于权力掌握的大小，而在于职业的发展与贡献，在于学生的幸福成长与未来的发展"这些教学工作的新认识就通过教师所说的话、所谈的事予以展开和诠释。通过教师群体自身的事例转变教师对教学工作的认识，不仅使发言者受到尊重、认同，而且使作为听众的教师深受鼓舞、学有方向，更重要的是由于学校所倡导的对教学工作新认识是通过教师身边的事例予以反映的，因此可以提高他们对教学工作的承诺度。

第四，通过全面发展更能促进学生学业成绩提高的事例促进教师更新对教学目标的认识，确立起"系统"的目标达成观。现实中，教师不重视生成教学的原因之一在于对课堂教学目标达成的担忧。他们认为，课堂教学的主要目的是完成既定的教学任务，使学生考出好成绩。正因为这种完成任务和考出好成绩的课堂教学目标取向导致教师课堂上喜欢"唱独角戏"，"重考轻学""重教书轻育人""重对轻错""重预设轻生成"。为了让教师确立全面发展更能促进学生学业成绩提高的学生发展观，笔者从心理和技术层面进行了探索。在心理层面解除教师因改革而可能导致教学成绩下滑的恐惧，承诺由笔者个人担当起教学成绩下滑的责任。在技术层面进行了一些改革，如强化班会、级会、校会在"指导学生学习方法、转变学生学习态度、形成良好行为习惯、塑造顽强意志"等立德方面所发挥的作用；整顿做操，把做操表现视为校风、教风和学风的反映；开展全校师生跑步活动，把跑步视为"炼志、强体、提神、增效"的重要途径。这一系列活动的开展"占用"了学生很多学习时间，但学生的学习成绩不但没下滑，反而有了大幅度提升，高考成绩连年攀升。事实上，通过"育人"而"育分"是系统观点在学生学业成绩提高上的应用。

2. 建立制度，促进教师增长智慧

生成教学强调情境性、生成性。教师更新观念仅仅提供一种思想基础。如何把教学内容转化为教学情景，如何挖掘教学内容中的教育性因素，如何根据教学的具体进程以及学生所表现出来的具体兴趣、需要、水平生成新的教学目标，如何对学生课堂上"意料之外的反馈"进行价值判断并转化为促进学生成长的资源，均需要教师教学智慧的参与和发挥。教师教学智慧的增长是一个教学经历累积与提炼的过程。为了促进教师进行有效累积，笔者在学校管理中采取了以下措施。

第一，通过课堂交流促进教师生成教学智慧。听课是教师教学工作的组成部分，但"怎么听课、听课后做什么、怎么做"这些看似简单问题，不同的处理方式会导致不同的结果。笔者曾要求教师听课时思考这样的问题：新概念是怎样生成的？结论是怎么引发出来的？是授课者自己表达出来的还是通过师生互动由学生表达出来的？如何利用学生表现出来的"怪异"反应去引导学

生、激励学生？如何挖掘某个情景的教育性因素？如何进行课堂总结？在这些问题的导引下，听课者的听课目的明确了，听课时的关注点集中了，听课后的交流更能有的放矢，从而有效促进了教师生成教学智慧。

第二，通过错因分析促进教师增长教学智慧。学生学业上的错误从其存在形式上可分为课堂上回答问题的错误、作业的错误、考试的错误。学生在学业上犯的错，只要是经过思维活动而犯的错，总隐含着教师形成、增长教学智慧的良机，因为学生的这些错误主要源于他们对教师讲课内容的片面理解，或移花接木或张冠李戴。因此，只要教师就这些错误深入与学生进行对话，就能理清学生犯错的思路，找出错因，并进行有效的纠错。这种就学生的错误而进行的对话，不仅纠正了学生的错误，而且为教师积累了教学经验，使他们在后续的教学实践中可以提前告知学生避免重犯类似的错误。教师对学生学业上犯的错进行原因的探析有助于教师增长教学智慧。

第三，通过知识管理促进教师丰富教学智慧。教师的教学智慧是教师在教学实践过程中的一种潜在思维活动，是一种典型的潜意识，隐含在教师的知识、经验及习惯性行为中。教学智慧的这一特性意味着教师教学智慧的增长不仅要求教师积极参加教学实践，积极应对各种偶发情况，认真反思与总结教学经验，而且要求教师不断学习，通过学习拓展知识面。诚然，教师零散的知识不能形成智慧，完备的系统化的知识才是教师智慧产生的沃土。因此，要将知识转化成一种智慧，需要教师将公共的专业知识、教育知识变成教师个人的知识，并加强对个人知识的管理。

3. 加强指导，促进教师积极实践

生成教学作为一种教学思想、理念，其价值在于实践，离开了实践，充其量是一句口号。生成教学不仅是一种教学思想，而且是完成新课程使命的途径。无论是其思想价值抑或是实践价值都要求实践，只有教师积极进行实践，生成教学的潜在价值才能显性化，学生自主学习的形成才有机会，学生主体性的发挥才有保障。

第一，通过预设强调促进教师把握教材与课堂，提升他们积极实践的信心。作为一种教学理念，生成教学并不拒斥教学预设。预设体现教学的计划性和封闭性，生成体现教学的动态性和开放性，两者具有互补性。生成以预设为基础，是对预设的丰富、拓展或调节、重建。[1]可以说，没有预设的课堂是不负责任的课堂，而没有生成的课堂是不精彩的课堂。预设与生成是课堂教学的两翼，缺一不可。在进行教学预设时教师要从"为了学生的发展"这个基点出发，从"我怎样教"中走出来进入到"学生怎样学"的意境中，从学生的实际发展水平出发，根据学生已有的经验、知识储备、认知习惯等对教材内容

进行增删、对教学问题进行设计、对教学场景进行规划，以便形成一个可供参照的"操作指南"。在教学设计中，教师应该思考这样的问题：学生对于这样的安排会有什么反应，他们对哪些内容感兴趣，对哪些内容感到学习有障碍，应该运用怎样的教学方式与手段。当作为导向的教学设计反映出学生现有的发展水平时，生成教学才具有针对性和实效性。然而，强调预设也并不意味着课堂教学就是教案的展开过程。预设仅是一种方向、一份乐谱，而不是教师施工图纸。作为乐谱，同样的乐谱，不同的演奏家会有不同的体验，有不同的演奏方式，产生不同的效果。强调预设好比一份乐谱，意味着留给师生主观能动性发挥的空间，隐含着教师智慧展示与发展的机遇。

第二，通过课例演示使教师教有所效，提升他们积极实践的操作性。生成教学本质上是一种平等的对话，平等对话的前提是有对话的机会、具备对话的能力，以及对话得有价值。然而，现实课堂教学中，学生要么没有对话的机会、要么对不上话、要么不想对话。这就需要教师创设有利于学生对话的场景。为了给教师提供这样的一种场景，笔者尝试过"外行看内行、外行教内行"的教研活动，让不是本学科的教师听本学科的教师授课，让不是本学科的教师讲授本学科。这种交叉的教研活动使教师领会了如何为学生创设对话的情景，如何组织学生对话，围绕什么进行对话。同时，这种活动的开展还使教师进一步明白了师生在课堂上对话的内容可以是丰富的，既可以是字词的朗读、书写，也可以是公式、概念的回顾；既可以是对具体某个词、句、段的解读，也可以是谈谈对实验、探究过程的体会，以及结果的展示，更可以是在对话过程中生成的各种资源等。对话的形式是多样的，既有师生对话，也有生生对话；既有教师与学生个体的对话，也有教师与学生集体的对话，更有学生个体主体间、学生类主体间的对话。

参考文献

[1] 刘家访. 上课的变革 [M]. 北京：教育科学出版社，2007：91.

[2] 赵小雅. 课堂：如何让"预设"与"生成"共精彩 [N]. 中国教育报，2006-04-14.

[3] 郭元祥. 论教育的过程属性和过程价值：生成性思维视域中的教育过程观 [J]. 教育研究，2005 (9).

[4] 多尔 W E. 后现代课程观 [M]. 北京：教育科学出版社，2000：78.

[5] 琼斯 E, 尼莫 J. 生成课程 [M]. 上海：华东师范大学出版社，2004：7-8.

(此文原载于 2010 年《教育研究》第 6 期)

谨防课堂教学对新教材本义的偏离

【摘　要】 教师在课堂教学过程中存在偏离新教材原意的四种倾向，即重"考"轻"学"、重"教书"轻"育人"、重"代办"轻"参与"、重"对者"轻"错者"。本文在分析问题产生原因的基础上，从教育主管部门、学校和教师三个层面提出校正措施。

【关键词】 课堂教学；教材意图；偏差；校正

为了解当前新课改教材讲授方面的真实情况，笔者在2007年3月—2009年6月间深入初中课堂听课125节，涵盖初中三个年级的语文、数学、英语、政治、物理、化学6个学科，其中语文28节、数学32节、英语26节、政治12节、物理16节、化学11节。授课教师共125人，其中具有5年以下教龄的教师33人，6年～10年教龄的教师14人，11年～15年教龄的教师10人，16年～20年教龄的教师15人，21年以上教龄的教师53人。笔者发现，大多数教师的课堂教学存在偏离新教材编写意图的倾向，不利于新课改目标的实现。

一、课例存在的主要问题及其影响分析

这些课例中的课堂教学存在的主要问题可概括为四"重"四"轻"。

1. 重"考"轻"学"，为考而教

为考而教是这些课例的一大特点。实践中主要表现为"考什么就教什么、不考就不教"，"不考而教"反而成为教学针对性不强的代名词。因此，为了突出教学的针对性，教师努力研究考点和考试大纲，考试大纲中没有规定的内容基本不教。这样，教"学"也就演变成了教"考"。无论新课改精神如何要求，依然是"课照以前讲，试像以前考"。

例如，一位化学教师讲授用pH试纸测定酸碱溶液，测定方法是：在白瓷板或玻璃片上放一片pH试纸，用滴管蘸取被测液滴到试纸上，把试纸显示的颜色与比色卡比较，即可得出被测液的pH值。课后，当笔者问起该教师为何不向学生提问一下"为什么pH试纸要放在白瓷片或玻璃片上"时，该教师先是一愣，继而说："这个一般不考。"尽管引导学生分析用白瓷板或玻璃片盛放pH试纸的原因能够增强学生对pH试纸功能的认识，并训练学生关注事物之间的联系，但因为这个知识点作为考点出现的概率很小，所以在实际教学中

就被省略了。

重"考"轻"学"的负面影响是显而易见的：首先，限制了学生的知识面；其次，剥夺和压制了学生的兴趣和爱好，进而压制和束缚了学生的学习主动性和综合能力的发展；再次，割裂了知识点之间的关联，使"考点"由于缺乏"非考点"的支持而变成了无源之水、无本之木；最后，阻碍了学生构建全面的知识体系和开发自身潜能，难以帮助学生构建积极的自我、提升自我效能感。

2. 重"教书"轻"育人"

教师在教学实践中不仅要向学生传授知识，更要利用课程中的一切资源培育学生，使他们在获取知识的同时形成良好的品德。但由于重"考"轻"学"思想的盛行，使教师重"教书"轻"育人"，只关注书本知识的传授，不善于利用教材资源培养学生的道德情操、鼓舞学生的学习斗志。

在笔者所观察的课例中，教师除了对教材所附的有关品德塑造、情感养成等方面的练习题进行处理外，极少积极主动地发掘授课过程中的情境因素来教育、引导和鼓励学生。教师们普遍认为，对学生进行思想熏陶、品德塑造、情感培育、良好行为习惯的养成教育是班会课的事，或者是政治课、语文课的任务；而班主任往往又认为，一周只有一节的班会课哪能完成这么重的任务。一些政治和语文教师则观点鲜明地提出，课程内容多，授课时数少，没有这么多时间讲大道理。

重"教书"轻"育人"的负面影响主要表现为：首先，课程目标中要求的"培养学生情感、态度和价值观"这一维度得不到教师应有的关注，成为课堂实践中的真空地带；其次，教师教书育人的基本职责被削弱，逐渐演变为只"教书"而不"育人"；最后，学生成为单纯的知识接收器，不利于学生的后续学习也不利于其整体素养的提升。

3. 重"代办"轻"参与"

重"代办"轻"参与"是这些课例的另一个特点。实践中，教师"代办"有两种典型的表现形式。一是，教师习惯于唱独角戏，把本应由学生完成的任务接过来自己做，忽视学生的课堂参与，"上课仍然口干舌燥满堂灌，学生仍然死记硬背团团转"。例如：一位物理教师在讲授串联电路的电流规律时，先把灯泡 L1、L2 串联起来接到电源上，分 3 次把电流表接入，分别测量 L1 左端 A 点、L1 与 L2 之间 B 点、L2 右端 C 点的电流，然后把测量结果写在黑板上。接着就说："同学们，通过刚才的实验我们可知，串联电路中电流处处相等。"这就等于教师代替学生把串联电路的电流规律进行了概括和归纳。而这与教材本身的设计意图，即让学生先进行实验或观察，记录实验结果，然后通过对实验结果的分析来认识串联电路电流特征大相径庭。

教师"代办"的另一种形式是，教师站在讲台上直接陈述要讲授的内容，学生则坐在固定位置上静听和记诵。例如：一位化学教师运用幻灯片讲授金属的性质："同学们，请大家看这些幻灯片，这是金属铝、铜、铁，而这是金属金，你们看，金属都是闪闪发光的，因而，它们都具有光泽。金属可以导电，也可以导热，因而，它们也具有导电性和导热性。除此以外，金属还可以拉长、缩短、压扁等，因而又具有延展性。所以，金属的物理性质主要是有光泽、能导电、导热和延展。"教师在不到几分钟的时间就陈述完毕。这种教学的"效率"不可谓不高，条理不能说不清晰，然而学生仅仅是领到了死记硬背的任务而已。

教师"代办"的负面影响体现为三个方面：首先，剥夺了学生参与课堂互动的机会，助长了学生的惰性，将学生置于消极、被动的接受地位，这与"倡导学生主动参与、勤于探究"的课改精神格格不入；其次，学生的学习过程演变为"听、抄、记"，不利于学生"搜集和处理信息能力、分析和解决问题的能力"的培养；最后，造成学生在学习过程中观察、思考、探究等环节的缺失，因而，学生对知识的理解和掌握程度有限，往往是知其然不知其所以然，缺乏根基的知识使学生难以有效完成基于知识理解和应用的作业、考试。

4. 重"对者"轻"错者"

无论是讲授新课的课堂还是讲评练习的课堂，绝大多数教师对能提供期待答案的学生赞赏有加，而对没能提供期待答案的学生要么不予理睬，要么予以否定，这种情况在有他人听课时尤为突出。在这些教师看来，学生提供异样答案，是他们不专心听课、学习基础薄弱的表现，也是老师教不得法、教学无效的反映。在这种认识的支配下，教师喜欢的自然是与自己期望一致的回答，学生另类的表现难以唤起他们的关注。事实上，学生课堂的回应，无论是口头或笔头的作答，只要不是出于应付，都必然体现着学生积极的思维过程，是学生现有知识与能力的反映，因而往往含有价值因素。

例如：在一节语文课上，教师让学生写出"怪诞"一词，一些学生把"诞"字中的"延"写成了"廷"。这些学生的作答虽然不正确，但却给教师提供了很有价值的信息：学生把"延"写成"廷"，恐怕受"挺"字的影响。教师不仅应引导学生区分"挺"与"诞"，还应在后续的教学中把类似的情况告诉学生，让他们少出差错。当教师有了这种意识时，他们自然会以肯定而不是否定的方式对待学生。这样，不仅可以让学生发现其错误所在并进行纠正，而且可以激发他们的学习热情。与此同时，教师还可以通过对学生错误的分析发现其错因，为自己后续的教学提供经验，并在此过程中不断形成自己的教学智慧。

二、问题校正策略

这些课例表现出来的上述问题，其成因是多方面的，但笔者认为与教师对教学目的的认识偏差、教师传统的教育教学背景、教师在职接受培训效果不佳等有很大关系。为防止课堂教学偏离教材本义，有效实现新课改提出的"知识与能力、过程与方法、情感态度与价值观"三位一体的目标，教育主管部门、学校和教师需要共同努力。

1. 教师应加强自我反思

（1）更新对学生的认识。学生是有自由意志和人格尊严的、具体的、现实的个体，不是待盛装知识的容器；是积极进取的，不是消极被动的。因此，教师在教学中应充分关注学生的主体性。

（2）更新对教学的认识。教学不是教师唱独角戏，而是师生之间的互动、对话；教学不是谋生工具，而是师生提升自身生命力的机会，是精神世界不断丰富与完善的通道。

（3）更新对教学目标的认识。课堂教学的出发点在于促进学生主体性的发展，考试分数只是一种副产品。

（4）有变革教法的勇气和决心。教师要深入钻研教材，领会其精神实质，并把这些精神体现在教学设计上，反映在教学行为中，逐步形成自己的教学特色。

（5）创设有利于学生对话的场景。对话常以问题为"火种"。为了让学生想对话、对得上话，教师设计的问题应贴近学生、贴近生活、贴近教学目标。

（6）有效利用课堂教学中生成的各种资源，对学生中出现的非预期反应不是跳过去或绕过去，而是深入去追问、去探究，力图变"废"为"宝"，化"害"为"益"，使其服务于学生知识的增长、能力的提升、自信心的增强。

2. 学校应努力打造学习型教师团队

（1）建立教师学习共同体，开展丰富多彩、务实的校本教研活动。例如：利用教师例会，组织教师围绕某个知识点进行"既教书又育人"的教法探讨。

（2）制定有利于教材研究的教师管理制度，引领教师将注意力放在对教材和教学教法的深入研究上，全面评价教师的教学水平，对教师进行合理的激励。

（3）以事实引领教师确立和谐、可持续的学生发展观。

3. 教育主管部门应加大对教师把握教材能力的培训力度

（1）将终身学习理念融入教师培训中，针对处于职业生涯不同阶段、具有不同背景的教师在使用教材时可能出现的问题,设定有针对性的培训目标,提供不同层次和水平的培训活动。

(2)将组织教师进行教材学习、帮助教师进一步领会教材的精神、传授体现新课改精神的教法,作为培训的重要内容。

(3)培训形式灵活、多样,因地制宜,转变"上大课"的单一形式。各地可以组成新教材教法讲演团,深入中小学现场上示范课、听评课,使教师们学有榜样、教有督导,从而提高教师驾驭教材的能力。

参考文献

[1] 中华人民共和国教育部. 基础教育课程改革纲要 [Z]. 教基 [2001] 17 号, 2001-06-07.

[2] 陈文召. 新课改教学实践与思考 [J]. 中国科教创新导刊, 2008 (2).

[3] 刘培军. 新课改教学中出现的主要问题及原因 [J]. 河北教育(综合版), 2008 (6).

[4] 王东伟. 浅谈新课改教学的几点体会 [J]. 科技信息(科学教研), 2008 (15).

[5] 刘家访. 上课的变革 [M]. 北京:教育科学出版社, 2007.

[6] 褚宏启. 杜威教育思想引论 [M]. 长沙:湖南教育出版社, 1997.

[7] 关翠萍. 对新课改的教学感受 [J]. 安徽教育, 2007 (11).

(此文原载于 2010 年《中小学管理》第 6 期)

第四章

教师专业发展

教师教育叙事与身份认同：
关联及有效性前提

国外有研究者认为教育叙事影响教师的身份认同，两者之间存在关联。但是教育叙事与教师身份认同之间的关联方式是什么？教育叙事建构教师积极的身份认同的前提是什么？已有的研究并没有给出令人满意的回答。

教育叙事和身份认同存在差异也存在关联，差异主要表现在内涵上，而关联则内在于教师的教育叙事实践中。教师教育叙事是指教师自身同时充当述说者和记叙者，叙述身边的教育实践，一般通过故事的形式展现。教师身份认同是指教师基于"我是谁"的自我意识，对自身角色以及特定价值的选择、体验和皈依。教师身份认同不是一个统合的整体，不是预先设定的，更不是教师可以随身携带的财产，它是在教师的自我反思，以及与外界互动中形成的。

教育叙事不只与当下情境有关，与教师对过往经验的组织有关，也与教师对未来的期待有关，教育叙事不仅仅回答"现在我是谁？""过去是什么样子？"也尝试回答"我想要成为什么样的人？"等类似问题。由于教师自身状况以及他们所处情境的复杂性，问题的答案并不确定，寻找以上问题答案的过程是长期而复杂的，而寻找答案的过程也是教师认同化的过程。有效的教育叙事可以帮助教师梳理、整合这一动态、复杂的过程，构建并确证教师积极的身份认同。

一、教师教育叙事与身份认同关联的四种方式

教师教育叙事伴随着教师自身经验的组织与重构，教师实践知识的建构，角色位置的明确以及教师"自我"的建构四个过程。四个过程内在统一于教育叙事中，发生顺序没有先后而且往往相互包含，他们属于教育叙事与自身和外界心理性互动机制，共同构成教育叙事与身份认同相互关联的四种方式。

（一）经验的组织与重构

教师在教育叙事中对经验的组织与重构包含教师的认同化过程，而教师身份认同也影响着对经验的叙事化整理和阐释。一方面，教育叙事赋予已发生之经验以意义与合理性，赋予教师自我以价值。教师在教育叙事中反思自身的过往经验，对日常经验进行理性思考，整理异质经验中纠结着的情感、经历，组织、重构自身的经验世界，从经验中提取意义，尤其是具有威力或令人困扰的经验，并

在这一过程中建构自己与过去、未来以及他人的关联与认同；另一方面，随着教师对新价值规范的认同，会促使教师在教育叙事中对经验进行重组，对叙事的结构、情节和意义等进行改造，"重活"自己的过往经历，重塑经验的意义。

（二）教师实践知识的建构

"教育叙事所叙述的故事是教师在日常生活、课堂教学、课外实践活动中曾经发生或正在发生的事件，它是真实的、情境性的，其中蕴涵着大量默会知识和丰富的内心体验。"教师教育叙事把日常的教育教学经验组织成结构化事件，对看似平凡的活动赋予独特意义，挖掘并确认隐藏在自身或者他人教育行为背后的价值关切与认同等，并使教师教育教学实践中内含的实践知识得以澄清和展现，阐释我们通过命题、概念无法述说的，但却在教师日常教育教学中真实起作用的实践知识。

（三）角色位置的明确

不同的角色占据着不同位置，因而角色意识也是一种位置意识。教师在教育实践中需要站在不同的位置上思考并调整自己的言行，教师需要明确自身的位置而不能逾越了自己的位置。如我们经常听到"这是为学生好"，"这是为了学生的未来前途"等类似论述。这些论述站在学生命运的代言人的立场说话，有意无意地将自己的价值普遍化，不合理地强加给学生，从而模糊了不同位置、不同角色之间的边界和差异，让教师的身份认同陷入困境。就某个特定角色来说，教师每一角色位置都包含两个部分，除了与教育结构相联系的常规部分之外，还有由教师的想象所建构的期待成分。教育叙事提供了从不同角色位置以及角色位置的不同方面思考问题的可能，从而能够帮助教师明确自己现在的角色位置，以及未来走向何方。

（四）自我的建构

自我与认同存在紧密关联。自我是一种关于我们自身的理论、态度和信念的有组织的表现。许多时候"认同"与"自我"两个概念常常被用来表征同一事物。也有人认为"认同"构成部分的"自我"。米德就认为"自我"有两个重要的成分"I"和"me"。在他看来，"I"是"自我"的动力成分，"me"是认同即"自我"的发展或显现。米德把认同等同于宾格"me"，因而他所界定的认同是被动的，不过他指出了认同与自我的关联性。特纳丰富了我们对自我与认同的认识，在他看来，"自我是一套和一系列对特定场景做出反应的认同，由一系列认同建构而成，这些认同按其显要性和重要性被安置在层级序列中"。自我不是一个有待发现的物品，它取决于情境化的认同，寻找并实现自我的过程也是建构认同的过程。

二、教育叙事的有效性影响教师的身份认同

教育叙事与身份认同的关联并不意味着教育叙事一定能够促进教师积极的身份认同，教育叙事可能澄清、修正并强化教师积极的身份认同，也可能削弱教师的身份认同。教师教育叙事的有效性程度影响教师的身份认同的积极性程度。

（一）无效教育叙事弱化教师的身份认同

当前教师的教育叙事存在着诸多不利于教师积极的身份认同的现象：虚构化，编造和杜撰；琐碎化，等同于日志，流水账；消极化，一味倾诉教育教学中的苦恼，只是宣泄不满；消费化，通讯报道式的介绍先进事迹或哗众取宠式的批判和检讨等。

以上叙事我们认为是无效叙事，他们只是提供了教师发泄不满情绪的渠道，缺少对真实教育教学生活的真诚关注、缺少对教育实践的理论关怀，他们会弱化教师的行动意识、瘫痪教师的经验组织、消解教师的实践知识、混淆教师的角色位置。无效叙事妨碍了教师积极的身份认同。

（二）有效教育叙事是建构教师积极身份认同的前提

有效叙事能够完善教师的经验组织、整理教师的实践知识、明确教师的角色位置并建构教师积极的认同。叙事的有效性有着自身的内在规定性，有效的教育叙事内含价值关怀，内容贴近教师的日常生活，开放且注重平等。

1. 内含价值关怀

在泰勒看来，价值是认同的现代根源。教师的身份认同是具体的，有着丰富的情感经验和现实考量。尽管教师的身份认同在具体教育情境中遵循的规则不一，但是都内含着对人性、道德等基本价值的评价和选择。有效教育叙事紧守职业规范和教育伦理，能够帮助教师判断和选择基本的价值规范，在互动中自主地选择和展现某种认同。

2. 内容贴近教师的日常生活

教育叙事有着不同的内容，教育叙事叙述什么内容，回避什么内容，以什么方式叙述既体现了教师身份认同的情境性、复杂性和过程性，也反映了认同对叙事的影响。

内容贴近教师的日常生活并不意味着教育叙事是教师个人的私人话语，有效的教育叙事不是教师对日常教育教学的抱怨，也不是对日常琐事的记录。有效

叙事是在处理自我与学生、家长、同事以及学校的日常事务时，将它放在特定的情境中，综合考虑社会、文化等因素的效应，对日常事务进行理论性的深层次思考。有效叙事能够增进教师对日常教育生活全面而整体的理解，以及对价值的体验与分享。在有效教育叙事中，教师保持着对教育世界的敏感与亲密的关系，以质朴、简单、直接的语言在叙述与重写的过程中实现叙述、理解与行动的统一，有助于教师身份认同的建构并保持一致和连贯，有助于提升教师的行动意识。"通过生活体验写作，中小学教师将成为一个敏行的教育学实践者。"

3. 开放并注重平等

有效教育叙事的形式开放灵活，借助个体和集体叙事；口头、书面以及网络化叙事等不同形式，教师对自己、对外界开放。有效教育叙事尊重不同的经验，尝试并包容与自己不同的经验和解释，是一个多重的开放空间，一个自由表达、交流与合作的空间，一个充满各种可能的公共空间。叙事的公共空间为教师创造了自主发展、跨时空交流合作的可能，并重组人为制造的、分割了的教育时空，重建有联系的、和谐的教育时空。借助有效的教育叙事，学生、家长、学校和社会可以组成和谐的、平等的教育共同体，一起探讨、研究并解决感兴趣的或困惑不解的问题。例如当前在教师中盛行网络叙事，教师借助BBS、个人BLOG等形式走出自我的狭小空间自主"发言"，同时通过讨论、跟贴等方式展开与他人的"对话"，分享对相同经历、共同关注的话题的感受和理解。真诚的交流与合作能够生成文化敏感性、产生移情效应，有助于提升教师的个人归属感，进而实现教师身份的叙事化建构。

有效教育叙事是平等的、主体解放意义上的"话语"方式，教师无须依赖专家学者的指导，自己就是自己的救赎者。

学术话语本质上是排斥一线教师的。教师与研究者存在语言上的差异，教师喜欢生活化、情感化、事务性的叙述，而研究者倾向于理论化、概念化的解释与建构。一线教师在表达方式上难以完全符合严格的学术规范。在研究者看来，教师的语言是低级的、需要排斥的。长期以来，这种对教师语言的偏见已经被意识形态化并已造成切实的伤害。教师对日常事物的关注及其个性化表达被排除于理论研究之外，妨碍了教师的日常教学和自主发展。有效的教育叙事能够帮助教师阐释并整理日常经验，从理论的、专业的角度透析并转化日常教育教学中被压抑的职业情感、经验和意识，梳理、表达并展现被遗忘的自我。表达与展现自我也是理解自我的过程，教师能够在表达、展现与理解的过程中提升自身的自我意识、专业意识，从而建构积极的身份认同。

（此文原载于《当代教育科学》2007年第21期）

顶岗实习：助推教师教育人才培养模式改革

【摘　要】 高校推行顶岗实习是基于对基础教育服务能力整体提升的角色需要，也是基于对教师教育人才培养模式改革的必然要求；推行顶岗实习工作，有利于促进教师教育人才培养方案的调整及信息沟通平台的构建。高校要从单纯教育实习向人才培养模式改革拓展，从"管制"倾向向竖立"服务"意识拓展，从过于突出顶岗支教向注重置换培训拓展，从学校主导向社会力量参与拓展，通过创新实践方式，带动师范生培养模式的改革。

【关键词】 顶岗实习；教师教育；人才培养模式改革

改革教师教育人才培养模式，大力推进师范生教育实习工作以及鼓励师范生到农村地区进行顶岗支教是一种必然的趋势。如何创新性地提升师范生的综合素质，助推教师教育人才培养模式改革，是教师教育理论和实践关注的焦点和热点，更是师范院校必须正视的重大责任。

一、研究现状概述

在已有的研究中，谈及师范生顶岗实习或实习支教与人才培养模式改革之间关系的文章较少，可借鉴的实践经验不多，笔者梳理了一下，大致可分为以下几类：第一类，解读相关政策文件，分析顶岗实习的由来及意义；第二类，分析顶岗实习的概念，汇报学校经验及事迹；第三类，顶岗实习的理论与实践概述。

以上研究提供了一些有益的经验，但也存在不少问题：大多数以一所学校且多为中职院校的经验谈及琐碎事迹，视角偏狭窄；没有探讨师范生内在素质的提高与欠发达地区教育整体质量提升之间的联系；没有深入分析影响顶岗实习工作顺利开展的深层次原因；没有提及从实习方式的转变带动高校教师教育人才培养模式的改革，或者说没有从教育实习向教学改革和教育服务拓展。

二、高校推行顶岗实习的原因分析

1. 外因：基于对社会服务能力整体提升的角色需要

大学不仅承担着人才培养、科学研究、文化传承创新的任务，还必须服务社会。高等师范院校与基础教育有着天然的联系：师范生由基础教育输送，所培养的毕业生又大都回归基础教育。在短时间内，让大批师范毕业生回归农村或欠发达地区任教，并不现实。要提高农村基础教育的水平，在一段时间内仍然要靠提升现有农村师资力量的素质。实习支教给高校提升服务基础教育提供了一条捷径，成为高校与中小学校沟通的桥梁。

2. 内因：基于对教师教育人才综合素质全面提升的必然要求

要培养出高质量并适合当前社会发展的教师教育人才，极为重要的一环是对教育实习模式进行改革，进而推动人才培养模式的改革。教育实习是学生走向教师岗位前的一次实战演习，对于学生陶冶思想、提高素质、培养技能具有重要作用。传统的实习模式限于角色的定位及实习时间，师范生大多是旁观者、辅助者的角色；顶岗实习则将学生定位为主导者、决策者的角色。因此，无论是实习前、实习中和实习结束后，对学生们都会有更高的要求，而这些要求，是作为一名合格教师的基本要求，也是对教师教育人才综合素质全面提高的必然要求。

三、顶岗实习与大学教学及管理制度的完善

1. 促进实习时段的调整

顶岗实习时间至少为一个学期，实习时段的选择就显得尤为重要。如果放在大一或大二，则学生们的理论知识尚待提高，教师教育技能还需要磨炼；如果放在大四上学期，则许多学生一般要准备考研、修双学位，且招聘会又多安排在这个学期，难免相冲突。因此，综合考虑，把顶岗实习的时间安排在大三的第二学期，较为合适。理由如下：首先，学生们理论知识体系已基本成型，可以结合实践加以检验；其次，学生们经历了各种各样如微格训练、教育见习、技能竞赛等技能的锤炼，已基本具备了教师的素质，基本可以站上讲台；最后，大学三年级还未进入考研报名、就业招聘等阶段，学生们可以较为安心地支教，可以有效保障教学质量。

2. 促进教师教育人才培养方案的调整

顶岗实习时段的调整，必然带动培养方案的调整或重新设计。目前，大多高师院校尤其是综合性师范大学针对师范生的培养方案中，除了部分课程显现师范性质外，极少在其他方面彰显教师教育特色。顶岗实习时段的提前和时间跨度的加大，必然会涉及课程方案的重新设计及调整，譬如增加教师教育类课程比重，将专业技能课程提前等。这个系统工程，需要将师范生培养四年一体化通盘考虑，真正凸显教师教育特色。通过培养方案的重设，逐渐形成精英引领、层次多样、特色鲜明的师范生培养机制。

3. 促进请假制度的完善

由于实习时间较长，且实习期间涉及诸多与学生课程调整等相关事宜，因此必须制定较为严格而又不失人性化的请假制度，以保证工作健康有序进行。学校应明确准予请假的情况、请假期限、请假手续等，并形成制度性的文件，让学生有"法"可依，不至于造成管理的混乱和影响实习学校的工作进度。

4. 促进信息沟通平台的构建

随着实习学生数量的增多，实习点的日益增加，实习范围也会日益扩大。如何管理好这个庞大的群体，是一个很值得研究和思考的问题。传统的实习过程管理，信息的传递和反馈过分依赖于实习生及指导教师，沟通方式较为单一，层级管理明显，不利于高效、及时地帮助实习生解决疑惑。目前，随着数字化、网络化的普及，利用现代教育技术与网络资源优势进行教学和管理是必然趋势。学校管理部门和指导教师要考虑如何充分利用网络资源优势并结合先进的教育技术方法，建立顶岗实习交流平台，从而达到信息传送、沟通、反馈及时的远程管理目的，同时也有利于宣传和推进实习支教工作。

四、以顶岗实习带动教师教育人才培养模式改革的理性思考

顶岗实习不仅是一项任务，也是提升师范生综合素质的重要一环，更是带动教师教育改革的助推器。如何以师范生的实习支教来带动人才培养机制的整体革新，是值得深思的课题。只有将师范生的培养与实习支教结合起来思考，才能达到双赢的效果。结合几年的实践操作经验，笔者认为，学校管理者和组织者至少应关注如下几个方面：

1. 从单纯教育实习向人才培养模式改革拓展，全面提升师范生的综合素质

教育实习是检验教师教育人才培养质量的试金石，可以反映出学生的整体基本素质。常规教育实习由于时间和角色的限制，实习生无法真正进入教师的角色，获得的锻炼有限。顶岗实习由于时间跨度的加大及角色定位的转换，使实习生面临更为严峻的考验，因而对高校的培养过程也提出更严格的要求。在针对顶岗实习学生的调研中，我们发现了许多问题，大致梳理了一下，基本可以分为如下两类：第一，学生本身能力问题。由于实习生是一个完整的教师角色，除了正常的教学任务外，还要开展班主任工作及其他工作，他们的任务是全方位的。学生们认为最匮乏的，除了教学技能外，便是心理学的知识，面对大批农村留守儿童，他们的班主任工作开展得举步维艰，间接也影响到他们的课堂质量。第二，大学内部存在的教学与管理问题。即上文提及的请假制度的履行、顶岗实习学分的给予、信息的沟通、课程的调整等，在实际的操作过程

中，都需要学校管理部门与学院之间保持信息的畅通，并制定科学的制度。

以上两个方面的问题，已不单纯是教育实习问题，涉及整个人才培养模式的改革。为了配合顶岗实习，鼓励更多的优秀师范生参与进来，高校应探索如何由顶岗实习带动学校的教学改革，探索新的师范生培养模式。譬如，可以通过调整专业课程模块、增加技能课程与实践课程的比例，通过举办系统教师教育技能竞赛、打造教师教育实训平台等，使实习生在走出去之前能充分锻炼自己；也可以通过出台系列保障措施、组建跨学科的"混编"实习队伍、加强教育见习等，确保顶岗实习的质量；还可以通过探索和启动大类招生与培养、综合人才实验班、"完全学分制"、寒暑假的"小学期制""弹性学年制"等多项举措，确保有更多的渠道完成学分的修读，提高学生的综合素质，拓宽就业渠道。

2. 从"管制"倾向向竖立"服务"意识拓展，提高学生的主人翁意识和责任感

这种服务意识的核心价值体现在如下三个方面：第一，服务本位。把为实习学生服务作为出发点和归宿，重视与他们之间的互动和反馈。第二，平等与尊重。破除过去把学生当成被管制对象的观念，充分尊重并平等对待学生。制定的规章制度，不应只是从管理者的角度出发，而应该充分考虑学生的权益，尊重他们的意见。第三，合作与参与。学校管理者在充分听取学生意见的基础上，出台方案，让学生参与到学校决策中来，让他们有主人翁意识和责任感。

3. 从过于突出顶岗支教向注重置换培训拓展，提升农村教育质量

过去的宣传导向及工作重心，过于倾向于实习支教的性质，而弱化了置换培训的工作。主要原因是推动该项工作的主要是高校一方，有较大的话语权。但实践证明，顶岗实习工作要确有成效地开展，必须取得当地教育部门的支持，即置换教师的培训工作必须做好。高校的工作应向注重置换培训拓展，系统思考，与当地教育主管部门共同制定详细的培训方案，考虑多种形式的培训相结合，并让媒体积极参与，增加社会对这些地区师资建设的关注度，确实推行置换教师的培训工作，从而使支教与培训工作连成一条主线，自然衔接。

4. 从学校主导向社会力量参与拓展，形成区域示范带动效应

顶岗实习的时间跨度较大，实习地点通常较为偏远，实习生的生活及交通补助是一笔较大的开支。此外，对置换教师的培训也需要庞大的经费支撑。以往主要由政府部门和高校来承担这笔费用，在预算有限的情况下，工作开展举步维艰，规模始终难以扩大，效果无法保证。在实践工作中，应开始转变观念，从学校主导向社会力量参与拓展，通过各种渠道宣传，让一些企业基金及慈善组织参与进来，不仅可以筹集更多的启动资金，借助企业人力资源管理的先进理念来管理学生团队，制订有针对性的培训方案，也可以增加社会的关注度和曝光率，让更多的社会人士关心和支持农村基础教育的发展，形成区域示范带动效应。

我国自改革开放以来，历经多年发展，教育有了长足的进步。但仍不可否认，与西方发达国家相比，我们仍存在着诸多亟待解决的问题。在教师教育改革过程中，笔者认为，应认真关注如下几个方面：首先，通过创新实践方式，在支援欠发达地区发展教育的同时，在实践中检验师范生的整体素质及教学效果，从而带动师范生培养模式的改革；其次，从国家及区域发展大局审视师范大学的办学定位，推进教育教学改革，突出办学特色，培养更多更好的创新型人才，形成精英引领、层次多样、特色鲜明的师范生培养机制；最后，动员各方面力量支持、参与教师教育改革，通过先行先试，推广成功经验，拓展实习支教的内涵，提升实习支教的价值，从而提升服务基础教育的能力。唯有如此，教师教育改革才能取得实效，才能走上一条健康的可持续发展之路。

（此文原载于2012年《中国大学教学》第1期）

中小学特级教师结构现状及其发展对策
——基于广东省的实证研究

【摘　要】特级教师是师德的表率，育人的模范，教学的专家。特级教师是当地基础教育的宝贵财富。弘扬特级教师精神是时代的要求，社会的需求，教育的需求。为了充分发挥特级教师的示范辐射作用，本文以广东在职的中小学特级教师为例，结合特级教师基本现状调查的思考，从特级教师评选指标、评选方法、激励政策、成长平台等方面提出了相关的建议与对策。

【关键词】特级教师；结构现状；对策

"特级教师"——国家为了表彰特别优秀的中小学教师而特设的一种既具先进性，又有专业性的称号。特级教师应是师德的表率、育人的模范、教学的专家。弘扬特级教师精神是时代的要求，社会的需要，教育的需求。[1] 2010年，广东省共评出 8 批中小学特级教师。当前，全省在职的特级教师分布如何？基本情况如何？近年来，从省外引进补充到中小学教师队伍中的现状又如何？为了对广东省在职特级教师有一个整体的认识，特进行了此次调研。

一、问卷设计

问卷主要针对全省在职的中小学特级教师的学历、毕业学校、性别、年龄、学科分布、地区分布、担任领导职务、评定地点、类别等情况设计问卷。[2]

二、调查实施

调查对象：广东省在职中小学特级教师（含中职、中专、幼儿园、特殊教育学校等），包含最新一批特级教师（2010年第八批）。

调查时间：2012年10月—12月。

调查方式：由各地市汇总到省教育厅师资管理处的全省在职特级教师相关数据为依据，目前全省在职特级教师986人，有效数据100%。

其中，特级教师的毕业学校信息不完整，故采取抽样调查的方式，由全省各县区分管人事工作的负责人协助问卷调查，然后汇总而成。共计回收有效问卷涉及特级教师291人，占全省特级教师总数的29.5%。

数据统计：对收集的数据，采取分类统计的方式，借助SPSS统计软件进行有关分析。

三、调查基本情况分析

（一）学历情况

从全省范围看，特级教师中本科学历占主体，为80.8%，硕士及以上占11.0%，大专及以下占8.2%。

从地区差异看，硕士以上学历比例最高的为省直属学校，为23.5%；其次是粤东，为12.1%，最低的是粤北，为0。而大专学历所占比例最高的是粤北，为15.8%；其次是粤西，为14.7%，最低的为省直属学校，为0。（图1）

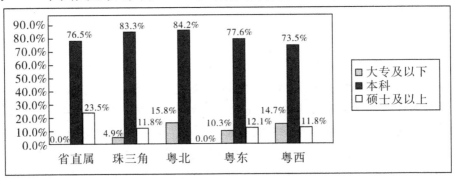

图1　特级教师学历的地区差异

（二）年龄分布

从年龄分布看，特级教师人数最多的年龄段是41～50岁，占62.7%（其中46～50岁，占33.8%；41～45岁，占28.9%），最年轻的是32岁，有3人。（图2）这反映了特级教师成长的规律：特级教师的成长需要一定的周期[3]，同时也反映了近年来广东省特级教师年轻化的一个重要趋势：部分优秀教师脱颖而出，成为学校的骨干和中坚力量。

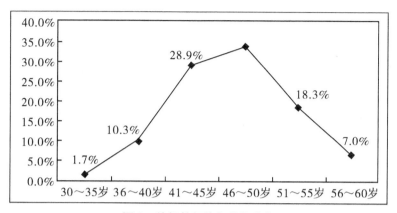

图 2　特级教师的年龄段分布

（注：年龄计算截至 2010 年 12 月）

（三）性别比例

从全省范围看，特级教师中男性占 62.8%，女性占 37.2%，男性约是女性的 1.7 倍。这与目前中小学教师队伍中女教师明显多于男教师的现状不匹配。[4] 据《中国中小学教师发展报告（2012）》统计表明，[5] 截至 2009 年，全国中小学专任教师队伍中，总体上女性教师所占比例已达 52.93%。

（四）毕业学校分布情况

从毕业学校的地域分布看，省内院校毕业的占 72.9%，省外院校毕业的占 27.1%。可见特级教师大多数出自本省院校。

从毕业学校类别看，师范院校毕业的占 79.9%，非师范院校毕业的占 20.1%，可见特级教师中绝大多数出自师范院校。

从单个毕业院校情况看，华南师范大学毕业的特级教师占的比例最高，为 30.6%，其次是广东教育学院（已更名为广东第二师范学院）占 18.0%，而教育部直属 6 所师范大学（北京师范大学、华东师范大学、东北师范大学、华中师范大学、陕西师范大学、西南师范大学（已更名为西南大学）毕业生占 6.9%，湖南师范大学毕业生占 3.5%。

从地区差异看，华南师范大学毕业的特级教师在省直属学校占的比例最高，达 64.7%，在粤东地区最低，占 28.8%。韩山师院毕业的特级教师在粤东地区最多，湛江师院毕业的特级教师在粤西地区最多，这反映了地方院校在当地发挥着重要的影响力。而 6 所部属师范大学在珠三角地区占有不小的份额，占 13.2%，这从一个侧面反映了近年来珠三角发达地区对重点师大毕业生有较大的吸引力（表1）。

表1 全省特级教师毕业学校地区差异

	省直属	珠三角	粤北	粤东	粤西	全省
华南师范大学	64.7%	31.3%	34.2%	28.8%	39.4%	34.2%
广东教育学院	5.9%	14.6%	21.1%	36.5%	24.2%	20.1%
湛江师院	0.0%	1.4%	0.0%	0.0%	3.0%	1.1%
韩山师院	0.0%	0.0%	0.0%	7.7%	0.0%	1.4%
广州师院	5.9%	4.2%	5.3%	0.0%	0.0%	3.2%
省内其他院校	5.9%	8.3%	18.4%	23.1%	15.2%	13.0%
6所部属师范大学	5.9%	13.2%	2.6%	0.0%	3.0%	7.7%
湖南师范大学	0.0%	6.9%	0.0%	0.0%	3.0%	3.9%
省外其他师范院校	5.9%	9.7%	10.5%	3.8%	9.1%	8.5%
省外非师范院校	5.9%	10.4%	7.9%	0.0%	3.0%	7.0%

（五）学科分布

从学科看，语文、数学两个学科在所有特级教师中占的比重最高，分别达26.9%和22.8%，两科合计占49.7%，占了特级教师的"半壁江山"。这与基础教育各级各类学校都开设语文、数学课有一定的关系。紧跟其后的是英语，占8.0%。这是传统意义上的"三大主科"。

其他科目中，位于前三的分别为：物理占7.2%，思想政治（品德）占7.0%，化学占6.9%。其他科目所占比例均低于总数的4%（图3）。

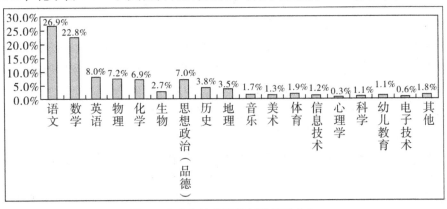

图3 全省各地特级教师的学科分布

（六）地区分布

从特级教师任教地区来看，特级教师主要集中在珠三角，占 55.2%（如果算上省直属学校 1.9%，则高达 57.1%）；粤西占 17.2%；粤东占 16.0%；粤北最少，占 9.6%。从地市分布来看，特级教师最多的地市是深圳，占全省特级教师的 19.5%（图4）。这与近年来深圳待遇高吸引了大量省外特级教师到深圳有密切关系。以 2009 年在职特级教师为例，深圳当时特级教师总共有 167 人，其中在广东省评定的只有 37 个，占 22.4%；省外评定的 130 人，占 77.6%。其次是广州，特级教师总共有 90 人，其中在广东省评定的有 61 人，占 67.8%，省外评定的 29 人，引进的占 32.2%。仅是深圳、广州两地从省外引进的特级教师就有 159 人，占全省引进特级教师总数的 77.3%。其他各地市引进特级教师比例不大，主要来源为本省评定。

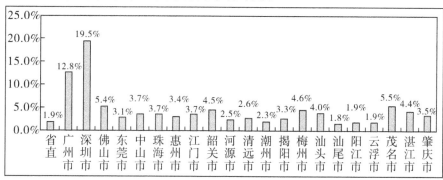

图4　全省特级教师各地市分布

（七）特级教师类别

从特级教师类别看，特级教师目前主要分两个类别，分别为小学特级教师和中学特级教师。统计结果显示，中学特级教师数大约是小学特级教师数的 2 倍，两者所占比例分别是 66.6% 和 33.4%。

（八）是否担任领导职务

我国历来有"学而优则仕"的传统。特级教师是我国基础教育界教师的最高荣誉，是教师中的佼佼者。而我国基础教育界的领导基本上是由教学骨干来担任。调查数据显示，特级教师中担任单位领导（含正副校长、党支部书记、正副局长等）的占 39.4%，担任中层干部（主任、科组长、年级长等）的占 29.9%，无领导职务者占 30.7%，即有七成左右的特级教师担任了中层干部以上职务。

（九）评定地点分布

调查数据显示，截至 2010 年我省在职特级教师中，79.4% 是广东省内评定的，20.6% 是非广东省评定的。其中，省外引入我省的特级教师所占比例超过 1.0% 的省份有：湖北 5.4%、湖南 4.2%、广西 1.2%、黑龙江 1.2%、吉林 1.1%、江西 1.1%、河南 1.0%，其他省份均不足 1.0%。可见，由于地域相近的缘故，从湖南、湖北到我省工作的特级教师较多。

四、问题及发展对策

从调查数据来看，广东省特级教师呈现出学历高、年龄低的良好态势。同时，也有一些问题值得我们重视。

（一）适当增加评选的名额指标

目前全省特级教师的总量偏低。而特级教师每四年评一次，每次每个地级市才十几个名额，已较大程度地制约了教师的发展。以 2009 年 74.8 万专任教师[6]为基数测算，我省现有 986 名特级教师，占全体教师的比例为千分之一点三，略低于教育部《特级教师评选规定》中评选比例不超过千分之一点五的规定。在现阶段，是否可以探索设立地市级特级教师，由地级市根据本市的教师情况而设定。

（二）继续注重向一线教师倾斜

教育部《特级教师评选规定》明确指出，特级教师评选的重点是在普通中小学教育教学第一线工作的教师。但统计表明，不少特级教师是当了领导才评上的。为了提高特级教师评选的公信力，我们应该继续坚持国家的要求，注重向一线教师倾斜。

（三）坚持标准与统筹兼顾相结合

在坚持评选标准的同时，应充分考虑到特殊群体的需求，统筹兼顾，促进教师的均衡发展。建议做好"三个加大"：一是加大对农村偏远地区的倾斜力度。农村地区条件艰苦，待遇偏低，这种倾斜政策能鼓励当地优秀教师更快更好地成长，形成良好的示范带动作用，促进农村偏远地区教师整体素质的提升。二是加大对小科目的倾斜力度。注意发掘和推荐史地生、音体美、信息技术等小学科的优秀教师。三是加大对女教师的倾斜力度。毕竟当前中小学教师以女教师居多，故在评选特级教师时，建议适当加大女教师的比例。

（四）重视本土培养与引进相结合

珠三角地区是特级教师聚集最多的地方。但有一个不容忽视的现象是，从省外引进特级教师最多的也是珠三角地区。过多地从外地引进,对本地本校教师专业发展的积极性会产生很大的冲击。建议各地区各学校在吸引外地特级教师的同时,也要注意促进本地本校教师的水平提升,使之相互促进。

（五）制定科学的后续发展激励政策

从调查情况看,有些教师不到四十岁就评上了特级教师。如果缺乏后续发展的激励政策,则不利于特级教师的后续发展。[7] 广东省从2009年启动的正高级教师试点是一个有力的举措,对激发教师的工作积极性和创造性,使之产生更高的目标动机和理想追求发挥了积极的作用。建议逐步加大正高职称评审的力度,给老师更多的希望和发展动力。

（六）充分推动地方高校为地方服务

调查结果表明,广东省特级教师毕业学校来源有两个显著的特点:以地方高校为主体,以师范院校为主体。一方面,地方高校为地方服务是义不容辞的,地方师范院校应勇于承担起提升教师素质的责任;另一方面,地方政府和教育行政部门也应充分调动地方高校的积极性,发挥其参与地方师资队伍建设的作用。建议积极探索高校、地方政府、中小学三方合作培养师资、促使师资队伍向高水平发展的新机制。

（七）构建省级或者市级特级教师平台

榜样的力量是无穷的。为充分发挥特级教师作为基础教育优秀资源的示范引领作用,建议组建省级或者市级的特级教师平台,改变特级教师"单打独斗"的状况,实现特级教师"落地"。既强化特级教师个人作用,又与当地学校的教育教学工作结合在一起,形成一个团队,加强统筹和组织管理。凝聚特级教师的力量,营造良好的氛围,帮助年轻教师成长,带动越来越多的教师向特级教师学习,越来越多的教师争当特级教师。

参考文献

[1] 王芳,蔡永红. 我国特级教师制度与特级教师研究的回顾与反思 [J]. 教师教育研究, 2005 (6): 41.

[2] 赵光鼎. 湖北省特级教师现状调查 [J]. 教育研究与实验, 1988, 33 (1): 33.

[3] 李红惠. 中小学特级教师的教学情况调查研究 [J]. 上海教育科研, 2010 (2): 49.

［4］周建伟．中小学教师性别结构失衡成因及其对策［J］．教学与管理，2007（18）：28．

［5］曾晓东．中国中小学教师发展报告（2012）［M］．北京：社会科学文献出版社，2012：129．

［6］洪奕宜．广东中小学教师空编6万，超过代课教师人数［N］．南方日报，2009 - 09 - 16．

［7］杨黎方．最大限度地发挥特级教师的骨干作用：浙江省中小学特级教师的现状调查［J］．人民教育，1997（1）：38．

（此文原载于2014年《教师教育论坛》第6期）

骨干专家型教师"五位一体"培养模式构建与实践

【摘　要】 骨干专家型教师可由"教育信念、教育理想、教育情感、教育能力、教育意志"要素构成。一个教师只要具有"信、想、爱、能、会"等特征，其骨干专家型教师的追求就会成为现实。骨干专家型教师的要素结构预示，骨干专家型教师的培养必须做到校内与校外相结合、理论与实践相融合。

【关键词】 骨干专家型教师；要素结构；培养实践

一、骨干专家型教师培养的背景

骨干专家型教师既是教师专业发展的要求，又是教育事业发展的需要。正因如此，国家十分重视对骨干专家型教师的培养，出台了各种各样的措施。如2002年教育部发布了《中小学教师队伍建设"十五"计划》，提出在第十个五年计划期间，将继续实施"跨世纪园丁工程"中的"特级教师计划"，务使骨干教师队伍建设取得突破性进展，培养一批"造诣高深的中小学特级教师"，支持和培养一批"在教育界有重大影响的教育专家和名师"。2010年国务院颁布了《国家中长期教育改革和发展规划纲要（2010—2020年）》，明确提出要"培养教育教学骨干、学术带头人""造就一批教学名师和学科领军人才"，并且出台了一系列相应的促进措施，如"中小学教师国家级培训计划"等。

"创强"是指创教育强省、强市、强区（县）等，"争先"是指迎娶实现教育现代化。"争先建高地"是广东教育今后若干年的发展目标。无论哪个学段的教育，其目标的实现均需要培养一批具有追求卓越意识和能力的骨干专家型教师。

作为国家"211工程"重点建设大学，我校"十二五"本科人才培养目标定位为"追求卓越、具备自主发展能力的高素质人才"。具体到师范专业，就是为中小学校培养造就骨干专家型教师。

二、骨干专家型教师"五位一体"要素分析

"骨干教师"一词在我国始于1962年12月，教育部《关于有重点地办好

一批全日制中、小学校的通知》明确提出要培养一批骨干教师。相关资料的研究显示，"骨干教师"一般被界定为：在一定范围的教师群体中，师德修养、职业素质相对优异，有一定知名度、被大家公认的、具有较为丰富的中学教育经验，在学校的实际教育教学活动中承担了较重的工作量，在教育研究方面有一定兴趣和较为突出的能力，取得过一定的教育教学研究成果，并对一般教师具有一定的示范作用和带动作用，能够支撑所在地区或学校的学段或学科教学和教学研究工作的优秀教师代表。

骨干专家型教师应具有"骨干"和"专家"教师的特质，应是善于教学、育人和研究，乐于助人，在学科教学、学生培养、学科研究、同事成长上具有较高深造诣、起着一定示范和带动作用的教师。这样的教师需要具有良好的教育信念和理想，怀有对教育事业的热爱之心，具有驾驭学校教育工作的知识和能力，具有逾越教育教学挑战的勇气和决心。换言之，教育信念、教育理想、教育情感、教育知能和教育意志等是影响一个教师能否成为骨干专家型教师的重要因素。

教育信念对教师能否成为骨干专家型教师的影响主要表现为"信不信"，如教育能否促进人的成长、教师能否促进学生发展、学生能否转变发展。教育理想的影响主要表现为"想不想"，如想不想把教育工作干好、想不想追求卓越，想不想成为骨干专家型教师。教育情感的影响主要表现为"爱不爱"，如是否热爱教育、是否热爱学生。教育知能的影响主要表现为"能不能"，如能不能把课程讲授好、能不能把学生引导好、能不能与家长沟通好、能不能把日常事情诠释好、能不能对教育活动反思好、能不能对教育现象诊断好、能不能与同事合作好等。教育意志的影响主要表现为"会不会"，如遇上教学挑战时会不会坚持深入思考、遇到学生叛逆时会不会创新方法与继续引导。一个教师只要具备了"信、想、爱、能、会"的特质和行为，其对卓越的追求将会成为现实。

骨干专家型教师的主要影响因素预示着要培养这种教师，仅校内培养是不够的，必须校内与校外相结合。仅课堂学习是不够的，必须课内与课外相结合。仅理论学习是不够的，必须理论学习与教育实践相结合。仅有是专业知识不够的，必须具有正确的学生观、教师观和教育观。仅有教育信念是不够的，必须具有理解学生、教育学生和促进自身发展的知识和能力。仅具有上述因素是不够的，必须懂得各个因素及因素之间的组合优化。

为此，我们从培养机制、主体、课程、路径、平台、师资队伍、实践环节等进行了探索和实践，形成了"五位一体"培养模式，并取得了一定成效。

三、骨干专家型教师"五位一体"培养实践

内容决定形式。"信、想、爱、能、会"五个主要特征构成了骨干专家型教师的要素结构,显示出骨干专家型教师的培养内容与途径。

1. 理顺部门关系,构建"五位一体"培养机制,实现优势互补

保持"本色"、迈向综合是国内师范大学的发展趋势。如何在迈向综合性大学的过程中保持"本色",甚至更加"出色"是师范大学在培养机制上必须逾越的藩篱。为此,前些年我们也一直在思考,是否成立类似教师教育学院这种机构统管师范生培养工作。对这设想,仁者见仁,意见不一,原因在于这种机构的功能定位。比如它究竟是一个教学单位还是管理单位?如果是教学单位,教育类课程的任课教师、学科教学法教师、师范生是否归并一起由它管理?如果把教育类课程任课教师从原教育科学学院剥离出来,教育科学学院的根基何在?如果学科教学法教师从原专业学院剥离出来,这些教师后续的学科根基何在?他们的工作意愿与积极性是否会更高?如果师范生从原专业学院剥离出来,专业学院是否会抱着像开设公共必修课的心态开设专业课?师范生的专业知识和能力是否有保障?

如果拟成立的机构作为一个管理单位,它与教务处的关系如何?教务处很多常规性的工作是否进行了师范与非师范边界的划分?如果划分了,拟成立的机构不就是另一个教务处吗?

反复的论证以及管理的功能整合趋势使我们打消了增设机构的念头。为此,我们对原有机构的功能、关系等进行了理顺,构建了"教务处统筹-专业学院培养-教心院参与-学生工作部、校团委配合"的培养机制。(图1)教务处负责培养方案的审核、教育实习布点与组织、通识课程设置及教育类课程的把控、"'为了明天'课堂教学技能大赛"等校内外赛事的组织、教学法师资队伍建设等。专业学院负责学生的管理、专业课的开设、教育调查、见习、技能训练等。教心院(教育科学学院、教育信息技术学院、心理学院)负责教育类课程的开设。学生工作部负责学生思想的引导。团委负责课外活动等。五方职责明确,发挥各自优势,形成校内协同机制,使整个培养工作有效有序进行。

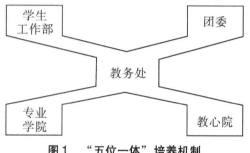

图1 "五位一体"培养机制

2. 拓展培养路径，构建"五位一体"培养主体，丰富学生体验

骨干专家型教师"信、想、爱、能、会"的特点预示着培养仅有校内力量是不够的，必须充分发挥校外优质资源的"为我性"，让这些资源服务于骨干专家型教师的成长。为此，我们拓展了培养主体。一是与国内外知名大学如北京师范大学、陕西师范大学、西南大学、美国辛辛那提大学等开展一学期或一学年的交换培养，以丰富学生的学习体验，拓展他们的知识视野，进一步激发他们的学习斗志，形成更好的学风。二是与华南师范大学附属中学、广东实验中学、广州执信中学、广州广雅中学等名校以及华南师范大学附属中学爱学网、春桃慈善基金会、狮子会、合生珠江教育基金会等社会组织开展联合培养，使学生在应对真实的教育问题中成长。与此同时，设立学校、学院两级讲堂，定期邀请基础教育名校长、名教师在学校层面开设教师专业发展通识类专题讲座，在学院层面开设专业类专题讲座。一线教育精英的演讲不仅引导了师范生的学习，而且增强了他们的教育信念，激发了他们的教育理想和情怀，强化了他们的教育意志。

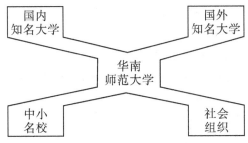

图2 "五位一体"培养主体

3. 深化教学改革，采取"五位一体"培养策略，促进目标实现

培养职责明确了，培养主体拓展了，队伍建设、课程设置、平台建设、技能训练、教育实践便成为骨干专家型教师培养的关键因素。只有这五要素协调运行，骨干专家型教师的培养才能产生预期的效果。

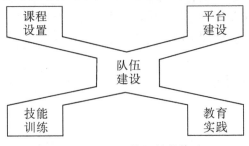

图3 "五位一体"培养策略

（1）加强队伍建设，提高培养质量。师资队伍质量的高低决定着教学质量、培养质量的高低。近几年来，我校在学科队伍建设上采用了引进与培育相

结合的"引育"策略。一是通过引进学科领军人才加强学科建设。目前已引进6名广东省领军人才、2个创新团队，他们的加盟进一步激发了学科教师的活力，提高了学生的科研兴趣和能力；二是通过分类设岗调动教师的从教积极性。目前我校教师岗位分为教学型、教学研究型和研究型。三是通过与中小学开展学科共建创设理论与实践对话平台，促进教师研究中小学教育实践、改进中小学教育实践，从而实现自我改进。四是通过研训改善教育管理者的心智模式，如学校把学院院长、教学副院长、学生工作副书记等送往新加坡、中国香港地区的知名大学研修培训。

（2）优化课程结构，促进协调发展。课程是学生成长的依赖途径，没有合理的课程结构难有学生的协调发展。因此，我们在课程设置上进行了较大调整，把课程划分为四类：通识类、学科大类、专业类和教育类，要求师范生修读168学分，其中，通识类课程49～50学分，学科大类课程30学分，专业类课程60学分，教育类课程28学分。

通识类课程包括提供师范生必须获得的基础知识以及必须达到的基本技能的必修课程，如思想政治理论、军事、体育、英语、计算机等，以及体现基础性、广博性、综合性和通用性的选修课程。通识类选修课程分为"人文与艺术""自我与社会""自然与科技""教育与心理"四个模块，每模块下设若干门课程，每门课程2学分。

师范生必须在"教育与心理"模块修读4学分。通读和精读一些教育心理类名著，研读一些名校长、名教师的成长事例，以增强他们对教育、教学、教师的理解，对中小学生成长规律和学习心理的认识，强化他们成为骨干专家型教师的信心。

教育类课程分为理论类课程、研究与拓展类课程、实践类课程，总学分28。其中，理论类课程8学分，教育研究与拓展类课程8学分，实践类课程12学分。师范生通过对教育类课程的学习树立正确的学生观、教师观与教育观，增强育人意识和社会责任担当意识，具有改革创新精神，掌握必备的教育知识与能力，学会因材施教，关心和帮助每个中小学生逐步树立正确的世界观、人生观、价值观。

（3）实施以赛促练，促进技能提升。训练是学生技能提升的重要途径。为了调动学生日常训练的积极性，我们引入了竞赛机制，以校级、省级、国家级、国际级四级别比赛为载体，构建公共基础竞赛、专业技能竞赛、综合创新竞赛三层次竞赛体系。不同级别、类型的系列竞赛既为学生训练及才华施展提供了平台，又培养了他们的反思精神，锻炼了他们的意志力，提高了他们的心理承受力。

（4）优化平台建设，提供条件保障。实验实训平台是学生动手能力和创新精神培养的物质条件，也是激发学生自主性、促进合作的舞台。学校建有包括25个微格室及多个多媒体素材制作室的广东省教师教育教学技能实训中心，采用预约式管理。物理与电信工程学院建有物理学科国家级实验示范中心，数学科学学院建有数学建模实验室、基础实验室，化学、生物、计算机、教信等学院均建有多个科技创新实践室。此外，学校成立了"华南师大－普通中小学"协同发展发展联盟，发展了遍布粤东西北珠三角地区的180所名校（国家级示范性高中为主）作为教育实践基地。这些实验实训实践平台不仅解决了培养学生实践能力和创新精神所需的物质条件，而且形成了一系列促进师范生自主训练、合作交流的管理制度，促进了他们自我管理意识和能力的提高。

（5）改进教育实践，拓展实践知识。针对以往教育实践目标的模糊性，我们构建了"分段式、层次性四年一体"实践模式。该模式强调教育实践贯穿大学四年，不同年级的实践要求、内容、形式不同，但相互之间又是连贯、一体的。如大学一年级的目标是感悟，通过寒暑假对优秀教师和普通教师进行访谈区分出优秀教师与普通教师特质和行为的异同，为后续的学习明确方向。大学二年级的目标是领会，通过课堂观察了解课堂教学环节和规范，体验教学激情，领会教师课堂教学技巧，增强成为骨干专家型教师的动力。大学三年级的目标是掌握，通过微格教学或传统训练掌握必备的教学技能。大学四年级的目标是提升，通过到基地学校扮演教师角色进一步巩固和提高教学技能。

我校教育实习分为常规实习和顶岗实习，无论是常规或者顶岗，均采用混合编队形式，由来自不同专业的学生组成实习队到基地学校开展实习。常规实习安排在国家示范性高中或广东省一级学校进行，时间为2个月。参加这种实习的学生，他们能享受到优越的教学条件，能得到具有先进教育教学理念的教师的指导，能参加形式多样的校本教研。他们在实习中的所见、所闻、所为会强化其成为一名骨干专家型教师的欲望。顶岗实习安排到革命老区或边远山区的农村中小学进行，时间为4个月。参加顶岗实习的学生，他们能体会到农村中小学办学条件的艰苦，能感受到留守儿童的需求，能体验到通过自身努力而促进学生行为与学业改进带来的喜悦。艰苦的工作和生活环境能磨炼他们的意志，激发他们对美好教育追求的情怀，增强他们成为骨干专家型教师的决心和信心。双元的教育实习满足了不同学生群体的实习需要，为学生实践性知识的增加提供了选择的空间。

（此文原载于2015年《中国大学教学》第5期）

中小学"教师资格统考"制度实施的若干思考
——基于《教师教育课程标准》的视角

【摘 要】 中小学教师资格考试制度是严格教师资质、提升教师素质的积极探索。从反映教师培养过程的《教师教育课程标准》进行审视,现行的中小学教师资格考试制度在教师培养理念、考试内容等方面与"课程标准"存在一定的冲突,很有必要进行调和。应授予部分师范院校和师范专业一定权限的考试自主权,实行强制性教师教育,提高考试难度,完善报考对象的条件,建立严格的考后教学实习制度以及建立"导师制",有利于促进中小学教师资格考试制度的有效实施。

【关键词】 教师资格统考;职前教师教育;《教师教育课程标准》;冲突

一、问题的提出

2011年秋季,中小学教师资格考试改革试点工作首先在湖北、浙江开展,2014年试点扩大到13个省(直辖市),2016年将在全国范围内推行。改革后的中小学教师资格考试(以下简称"教师资格统考")在考试标准、考试对象和内容等方面都有较大变化。其中,考试标准方面,以国家考试标准取代以往各省自行编制的考试标准;考试对象方面,将以往修完课程且及格便可直接申请教师资格的师范生纳入考试范围;考试内容方面,笔试不再考《教育学》和《心理学》或《教育心理学》两门,而是幼儿园和小学教师资格的申请者要考《综合知识》《教育教学(保教)知识与能力》两科,初中、高中及中职教师资格申请者要考《综合知识》《教育知识与能力》《学科专业知识与教学能力》三科,考试内容体现"育人导向、实践导向、能力导向和专业化导向"。[1]可以说,"教师资格统考"制度是"努力造就一支师德高尚、业务精湛、结构合理、充满活力的高素质专业化教师队伍"[2]战略目标的具体化,是"严格教师资质、提升教师素质"的具体体现。然而,"教师资格统考"制度的推行引发了各方的热议,尤其是"重结果、轻过程"的管理价值取向与强调过程养成的职前教师培养产生了矛盾,因为这种价值取向会引发高校在新入职教师培养中的应试倾向,是对"建构开放式教师教育体系"的误用……总之，很多学者担忧"教师资格统考"制度对职前教师教育可能产生的负面影响。

自 1999 年以来，我国实行开放的教师教育体系，师范院校和综合性院校都可以开办职前教师教育。这一改革的初衷是扩大高校办学自主权，让办学实力雄厚的综合性大学参与教师教育，以提升教师教育质量。然而，现实中参与举办教师教育尤其是职前教师培养的综合性大学并不多见。自 2001 年起，教师资格认定工作在全国范围内推行，非师范生和师范生都可以申请教师资格认定。这一举措旨在扩大教师遴选范围，以选择乐教、适教的从教人员。然而，单一的选拔形式，仅凭笔试难以选拔到有理想信念、有道德情操、有仁爱之心的人从事教书育人这一太阳底下最光辉的职业。

可见，现阶段提高教师教育质量尤其是新入职教师培养质量的重任仍然必须依靠师范院校的支撑。众所周知，师范院校在职前教师培养上的传统优势在于强调过程培养，在于在培养过程中使师范生逐步养成良好的师德和师风、掌握扎实的学科知识、练就较强的教育教学能力。正因如此，《国家中长期教育改革和发展纲要（2010—2020 年）》明确指出，要"增强实习实践环节，强化师德修养和教学能力训练，提高教师培养质量"；也因如此，教育部颁发了《教师教育课程标准》（以下简称"课程标准"）。然而，通过"课程标准"，笔者以为"教师资格统考"制度与提高教师培养技师之间存在一定程度的冲突，有必要对两者进行调和。

二、"教师资格统考"制度与"课程标准"的冲突

通过对"课程标准"文本内容及其意义进行的解读，不难发现"课程标准"在基本理念、培养目标、课程设置等方面均有重大突破，尤其是在教育实践方面"课程标准"强调延长教育实习时间，注重教师的教学实践体验。"课程标准"是师范院校和综合院校制定职前教师培养计划的纲领性文件，它规定着职前教师培养的主要内容，体现着在职前教师培养这一过程中的价值和特色，反映出国家对职前教师培养过程的重视。

（一）"重结果，轻过程"的考试理念与"重过程"的教师培养理念存在冲突

考试制度本质上是一种标准化测验。从"文化再生产"的视角看，标准化测验标榜的"客观、公正""分数面前，人人平等"等价值追求在实际中往往难以成立。首先，考试带有城市化倾向；其次，考试对象的"文化资本"有差异，将其视为"同质群体"并给予评价有失合理；再次，考试结果容易

将教育这一过程的局部功能整体化，从而掩盖教育本身应该具有的多样性和丰富性，最终会使部分"文化资本"处于劣势的考生遭到淘汰。"教师资格统考"也是这样，它忽视了考生的差异，仅关注考生考试的结果。事实上，考试结果并不能完全反映出考生的差异和考生学习的整个过程。试想，通过"教师资格统考"的师范生和非师范生具有同样的教师职业情感、同等的教书育人能力吗？答案是否定的，结果并不等同于过程。恰恰相反，作为教师专业发展关键环节的职前教师培养重在强调"过程"，当把师范生纳入考试范围，仅以统一考试的结果来衡量教师资质时，这种"重结果，轻过程"的考试理念与"重过程"的教师培养理念之间的冲突是必然的、明显的。在统一考试的驱动下，无论是考试对象中的师范生和非师范生抑或是重视过程培养的师范院校，都显现出"重结果，轻过程"的倾向，具体表现在以下几个方面：

首先，从教师资格考试的对象看，一方面，将师范生纳入"教师资格统考"且以"一考定胜负"的做法使教师资格考试越来越重要。无论师范生的学习基础如何，出于对能否通过教师资格考试的担忧，师范生大多只重视学习考试中要求的内容，以应试为导向或是直接进入看似高效、快捷的短期培训班参加培训。"考什么学什么"的思想倾向很可能导致师范生不去学习和掌握不考的科目，如音乐、体育、舞蹈等，导致师范生知识面的狭窄，而知识面狭窄的教师无法适应素质教育的深入实施。这与职前教师培养重视师范生过程培养的理念是冲突的。另一方面，非师范生与师范生处于同一考试的"起跑线"上，他们或许没有足够的教师资质，但通过短期的突击也能通过教师资格考试。因而，"教师资格统考"进一步强化了非师范生的应试取向，同时助长了他们忽视职前培养过程的风气，这与职前教师培养重视"过程"的理念也是相冲突的。

其次，在考试结果的驱动下，师范院校和师范专业也容易出现"重结果，轻过程"的倾向，进而与自身"重过程"的理念产生冲突。这种冲突必然导致师范院校和师范专业面临边缘化和应试化倾向。其一，在开放的教师教育体系下，不同水平的综合性大学出于不同目的参与职前教师培养过程，事实上，师范专业在很多没有教师教育传统的院校一般情况下得不到重视。师范生与非师范生在"教师资格统考"制度下被一视同仁，甚至有部分师范生考不过非师范生，如此，本来在高等教育系列中就得不到重视的师范院校和师范专业更加缺乏存在感。长此以往，师范院校和师范专业将越来越被边缘化，师范院校在职前教师培养方面的传统优势将逐渐褪色；其二，在教师资格考试的压力下，高校极可能改革职前教师培养的课程，使其迎合考试要求，这会直接导致职前教师教育走向应试，无疑会给着力于培养"师德高尚、业务精湛、充满活力的高素质专业化教师"[2]的高校教师教育者的教学带来限制和压力；其三，随着师范院校和师范专业的日益被边缘化，越来越少的学生选择师范院校和师范专业，转而进入看似高效、快捷的短期培训班。这些短期培训班或许没有足够的教师教育资质，却有可能因为参与培训的考生在考试中取得了较好的成绩而受考生推崇。种种迹象表明：师范院校和师范专业在"重结果"的考试背景下出现的"重结果"倾向与其自身"强调过程"的理念是冲突的。

（二）"教师资格统考"与"课程标准"强调教学实践能力存在冲突

新课程标准要求教师不再单纯是知识的传授者，更应该是学生学习的组织者、反思性实践者以及课程和教学的研究者，应更多地关注教师的教学实践能力。在相当长的时期内，我国传统职前教师培养过程中存在轻实践、重理论的倾向，在此背景下，"课程标准"提出了"教师要成为反思性实践者"[3]且适当延长了师范生教育实习的时间。这就意味着，一方面，教学实践能力是国家规定的职前教师培养过程的重要内容，是教师专业化发展的必要条件，也是评价教师资质的重要指标；另一方面，教学能力是要经过较长时间的实践才能练就的。"教师资格统考"虽然在笔试中有对教学实践能力的考核内容，但"纸上谈兵"很难考核出考生的真实教学实践能力。尽管通过笔试的考生仍需通过面试（面试过程设置有模拟授课环节，不可否认，面试能在一定程度上检测考生的教学能力）才可申领教师资格，但因为面试内容、面试时间有限性，面试并不能完全反映考生日常开展教学实践的全过程，也不能成为考生重视教育实践、强化教学技能训练的保证。可见，"教师资格统考"虽然有对教学实践能力的考核，但其考试内容、形式以及时间的有限性难以保证考生开展全面的教育实践，不利于落实"课程标准"强调的教学实践能力培养理念。

三、"教师资格统考"制度与"课程标准"的调和

（一）两者调和的必要性

首先，从性质上来看，"教师资格统考"制度与"课程标准"之间的冲突具有一定的破坏性。以上所述的任何一种冲突，都显现出破坏力，如果不及时加以管理，极有可能使其中一方牺牲或是两败俱伤。就我国的国情而言，"教师资格统考"制度和职前教师教育在保证教师质量方面均是不可缺少的，因此，当两者出现冲突时，最佳的解决方式无疑是调和，使两者合作共赢。

其次，当"教师资格统考"与"课程标准"二者都不可缺少但存在冲突

时，我们应该采取必要的管理策略，最大限度地发挥三者在提高教师质量中的建设性作用。教师资格考试制度与职前教师培养在"加强教师队伍建设"上的初衷是一致的，促进二者的双向互动有利于最大限度地提高教师质量。"教师在基础教育改革中发挥着越来越大的作用，教师专业化是提高教师质量的主要途径，而对教师进行的专业规范又是教师专业化的关键环节。"[4]"教师资格统考"与职前教师培养都是对教师的专业规范，"教师资格统考"将师范生纳入考试范围、完善考试科目等措施与"课程标准"中模块化的课程设置、强调教学实践能力、突出师德修养等做法均是保证教师质量的重要举措。因此，调和两者之间的冲突，可以使教师质量得到双重保证。

最后，调和"教师资格统考"与"课程标准"之间的冲突，有利于中小学教师资格考试制度的有效实施。两者并存，优势可以互补的双方，当从其中一方视角审视另一方时，往往能促使对方正确认识自己，发现自身不足，从而汲取和融合对方的优势。"教师资格统考"制度与"课程标准"就是这样一种状态，从"课程标准"这一视角审视中小学"教师资格统考"制度的实施，促使人们认识到中小学教师资格考试制度实施中的不足，而采取策略调和其与"课程标准"冲突的过程正是中小学教师资格考试制度完善和改进的过程。

（二）两者调和的路径

1."重结果，轻过程"的考试理念与"重过程"的职前教师培养理念冲突的调和

（1）授予部分师范院校和师范专业一定权限的考试自主权。[5]笔者认为，教育管理部门应从国情和现实情况出发，给予以下师范院校和师范专业一定权限的考试自主权，一是有长久优良教师教育传统、在教师培养过程中成绩斐然的学校和专业。这些学校和专业由于长期的历史传统和经验积累，已经形成了自己的教师考核体系，师范生水平也相对较高。现阶段，我们应该尊重有特色且有文化底蕴的教师教育，鼓励优秀的学校和专业进行教师资格考试创新探索，这对于强化过程培养和完善教师资格考试制度都十分有意义。二是民族地区的学校或专业。有些民族地区的考生受地域、语言、人际交往及风俗习惯等因素影响，极有可能理解不了部分考试题目，在此情况下，应鼓励民族地区在相关部门的监督下自主命题。三是边远地区服务的学校或专业。当前我国的教育资源还不平衡，需鼓励部分教师到边远地区任教。鉴于"教师资格统考"表现出的城市文化倾向，有必要给予为边远地区服务的学校或专业一定的自主权。例如，让他们自己命题，考核能胜任当地教育教学改革工作、能促进当地教育事业发展的相关内容。

（2）实行强制性教师教育。"教师资格统考"与职前教师培养最大的冲突是前者使后者陷入可有可无的境地，使后者承受合法性危机。当有着历史传统和人才培养独特性的教师教育面临着比较大的挑战时，我们应该采取一些更强有力的措施。例如，硬性规定只有修完符合《教师教育课程标准》相关要求的课程、成绩合格的师范专业学生才能参加教师资格考试。以美国法律教育为例，多数州规定法学院毕业是参加美国律师资格考试的必要条件，这就使法学院的重要性大大提高。[2]直到现在，法学院毕业仍然是参加美国律师资格考试的必要条件，法学院因此成为律师职业的"把门人"，作用非常明显。我国中小学教师资格考试制度可以尝试借鉴这一制度，使师范院校或师范专业毕业成为教师资格考试的必要条件。

（3）提高考试的灵活性和难度，使考生难以通过短期的突击训练通过考试。教师是一项专业性很强的职业，只是通过变换考试形式或是单纯扩大知识面的考试并不足以体现教师的专业性。真正有效的教师资格考试必须突出教师独有的职业特征，在内容上应注重考查核心、关键的知识和能力。例如在教学实践能力、师德等方面，教师最为核心和关键的特质是难以通过突击达到的；在形式上应结合教师职业的特点，注重考核内容的创新而不是生搬硬套，采取类似于一般考试的形式；考生最后的考试结果应结合考生平时的学习表现，而不应仅仅根据考试结果片面得出。

2."教师资格统考"与"课程标准"强调教学实践能力方面冲突的调和

关于"教师资格统考"与"课程标准"强调教学实践能力的冲突如何调和，笔者以为可通过以下三种途径中予以实现：

（1）完善报考对象的条件。现有教师资格考试制度仅从国籍、职业态度、思想品德、学历、身体条件等对报考者提出了要求，并没要求报考者一定要参加过教育实践。这种条件的设计是对"教师工作是一种实践性工作、教师职业是一种专业"认识的否定，也是对《国家中长期教育改革和发展规划纲要（2010—2020年）》中"增强实习实践环节""着力提高学生的实践能力"的忽视。笔者以为，在报考条件中可增加"参加过不少于一个学期的教育实践"的内容。

（2）建立严格的考后教学实习制度，规定考生只有完成教学实习才能申请相应的教师资格证书。教师是专业性很强的职业，教师的养成是一个长期沉淀过程，如果仅仅凭借考试结果就能获得教师资格证书，那么很多考生凭死记硬背就能通过考试。然而，作为教师，无论是新入职抑或是在职教师，少则面对几十、多则一二百具有强烈求知欲的学生。教师是否懂教、善教涉及是促进学生成长还是抑制或束缚学生成长。新入职教师只有在入职前经过严格的实习锻炼才能缩短成熟期，最大限度地避免误人子弟。为此，笔者认为，应建立严格的考后教学实习制度,时间应不少于半年。教育行政部门应根据考试成绩和教学实习的综合表现确定是否给相关考生颁发教师资格证书。

（3）建立"导师制""师徒对接""师徒制"等制度。非师范专业新入职教师在入职的第一学期应由经验丰富的教师进行系统而持续的指导,尤其是应加强对他们开展教师职业认知及教育教学技能的指导,推广"师徒制"。笔者在与地方教育行政部门领导及中小学校领导座谈时了解到,近年来一些非师范专业毕业的新入职教师容易离职。非师范专业新入职教师可以通过担任经验丰富教师的助教进行跟班学习。当"师傅"认为"徒弟"可以上讲台而徒弟又乐意上讲台时,"徒弟"方可独立开展教育教学工作。非师范专业新教师的入职期既是对其成为教师职业信心的考验期,又是其专业发展的关键时期。新教师在这一阶段遇到的问题较为复杂,他们不仅要将所学的理论知识转化为实际的教学实践,而且随着身份的转换,也要重新为自己定位并调整心态。他们只有在实践中热爱教师职业以及掌握了基本的教育教学技能,日后才能踏踏实实从事教书育人的工作,才不会轻易产生挫败感、失落感。因此,在此阶段为非师范专业的新入职教师建立"导师制",让导师对他们进行有针对性的指导,实际上是为他们创设体验教师生活、有效开展教育教学活动的场景。这种方式既可以检验他们是否适教、乐教,又可以帮助那些适教、乐教的新入职教师尽快完成身份转换,更好地开展教书育人工作。

参考文献

[1] 中华人民共和国教育部. 教育部关于印发《中小学教师资格考试暂行办法》《中小学教师资格定期注册暂行办》的通知. 教师［2013］9 号［EB/OL］. http://www.moe.gov.cn/srcsite/A10/s7151/201308/t20130821_156643.html.

[2] 新华社. 国家中长期教育改革和发展规划纲要（2010—2020 年）［EB/OL］. http://www.gov.cn/jrzg/2010-06/06/content_1621777.html.

[3] 中华人民共和国教育部. 教育部关于大力推进教师教育课程改革的意见. 教师［2011］6 号［EB/OL］. http://www.moe.gov.cn/srcsite/A10/s6991/201110/t20111008_145604.html.

[4] 郭志明. 美国教师专业规范历史研究［M］. 北京：中国社会科学出版社, 2004：231.

[5] 王军. 国家教师资格统一考试对职前教师教育的影响［J］. 高校教育管理, 2015.

（此文原载于 2015 年《教育发展研究》第 24 期）

分段式、层次性四年一体教育实践模式构建与实践

【摘　要】"增强实习实践环节""着力提高学生的实践能力"是《国家中长期教育改革和发展规划纲要（2010—2020年）》的明确要求。"增强实习实践环节"不仅要求延长实习实践的时间，而且要求明确实习实践的目标、丰富实习实践的内容、创新实习实践的方式、加强实习实践的管理。"分段式、层次性四年一体教育实践模式"把教育实践贯穿于师范生培养的四年，不同年级的实践目标、内容、方式不同，但相互之间又是连贯的、一体的。

【关键词】师范生培养；教育实践模式

一、分段式、层次性四年一体教育实践模式的诠释

1. 师范生大学一年级以感悟为目标，通过教师访谈予以形成

新入学的师范生尽管在中小学教师的伴随中成长起来，对怎样的教师才是好教师有一定的认识，然而这种认识从方法上更多地带有直觉性，在结果上更多是零散的。为了使学生更全面、更深入地认识教师，为其后续学习训练明确方向、激发动力，我们要求师范生在大学一年级的寒假和暑假期间分别选择两位教师进行访谈。每个假期访谈的两位教师中必须有一位优秀教师、有一位普通教师，在两位优秀教师和两位普通教师中必须有男女教师各一位。这样可使得访谈样本较有代表性。访谈内容要求围绕教育信念、教育理想、教育情感、教育知识和能力、教育意志等五方面展开，访谈结束后紧扣这五方面撰写一篇不少于3000字的访谈心得，对优秀教师与普通教师、优秀男教师与优秀女教师、普通男教师与普通女教师进行比较，找出他们的异同。访谈心得交给各学院相关教师评阅，同学之间也可以互相传阅彼此的访谈心得。

访谈使得师范生在大学一年级便对优秀教师和普通教师的特征获得了一定的认识、感悟。这些对不同性质教师的认识与感悟对于怀揣着日后成为卓越教师目标的师范生而言自然是一种积极的导向，既明确了努力方向又激发了学习斗志。同时，访谈本身也在促进师范生学习、掌握访谈的方法和技巧，践行了"做中学"的理念，为他们未来从教后指导学生开展探究性学习提供了经验与方法的指导。

2. 师范生大学二年级以领会为目标，通过教育见习予以促成

学生进入大学二年级后带着他们对优秀教师和普通教师访谈而获得的认识和感悟开展教育见习。见习由各学院组织，通常在"华南师大－普通中小学"协同发展联盟中的各知名中小学进行。见习一般每个学期安排一周。见习形式包括现场见习、远程见习、录像观摩等。见习内容包括教学设计、课堂教学、课后辅导、观课评课、班级管理、主题班会、家长会、课外活动、教师集会等。通过不同形式对不同内容、主题的接触，学生对作为一个科任教师、一个班主任的工作内容、要求等有大致的认识，对学好"教育学""心理学"等课程有着促进作用。这种实践中产生的领会既能促进他们加深对大一访谈所获得的认识感悟的理解，又能促使他们更加明确后续开展教育教学技能训练的方向。

3. 师范生大学三年级以掌握为目标，通过日常训练予以达成

师范生进入大学三年级则在教师指导下通过同辈互助开展微格教学，以掌握教育教学基本技能。微格教室实行预约式管理，一方面便于学生结合自身实际开展训练，另一方面可使微格教学资源有计划、有步骤地为学生掌握教育教学基本技能服务。微格训练内容包括多媒体平台操作使用、课堂教学、班级管理、教研活动、综合实践活动、书写等。训练方式包括观摩相关录像、实际演练、同伴点评等。学生开展微格教学的现场通常进行录像，摄录下来的资料发给相关教学法教师或中学优秀教师进行点评。

为调动学生训练的积极性、促进学生自主发展，我们引入了考核和竞赛机制。针对学生的书写能力，我们采取了学院、学校两级考核机制，简笔画、粉笔字的考核由相关各学院组织实施，钢笔字的考核由学校教务处组织实施。学生只有通过这些考核才可参加大学四年级到基地学校开展的临床实习。

对于学生的多媒体使用及课程制作能力、课堂教学能力等则通过举办竞赛予以促进提高。我们每年在大三师范生中举办校内"三赛"："'为了明天'师范生课堂教学优秀奖评奖活动""师范生课件制作大赛""师范生基本技能竞赛"。竞赛实行三级组织管理，班级负责初赛、学院负责预赛、学校负责复赛和决赛。校内"三赛"有效地激发了学生自主训练的意愿，促进了学生间比学赶帮超的积极性，从而实现彼此的提高。

日常训练、考核及竞赛不仅促使学生掌握了必备的教育教学技能，而且逐步形成了以赛促练、赛练结合的教育教学技能训练特色。

4. 师范生大学四年级以提升为目标，通过角色扮演予以实现

师范生在大学三年级通过日常训练、考核及竞赛方式初步掌握了教育教学基本技能，基本懂得如何像一个教师那样工作。然而，这些技能更多是在模拟场景中获得，而模拟场景总是有别于真实场景。学生唯有把这些技能应用于真实场景、通过真实场景检验，才能得到验证、发展与提升。为此，我们在师范生进入大学第四学年第一学期时便安排他们到基地学校开展为期2~4个月的临床实习，使他们通过真实教师角色的扮演巩固、发展和提高其教育教学能力。

大学四年级师范生的教育实习可谓类型多、项目多、形式多，以满足他们实习的个性需求。从实习类型分，有顶岗实习和常规实习。从组队方式分，有单专业的统一编队和多专业的混合编队。从项目运行分，有学校项目、广州项目、深圳项目。从实习时间分，有2个月、4个月的实习及4个月的"2+2"模式实习。

参加2个月实习的学生，他们主要到"华南师大-普通中小学"协同发展联盟中遍布粤东西北珠三角地区的160多所知名中小学（以国家级示范性高中为主、珠三角地区名校为主）进行实习，在那儿他们接受先进校园文化的熏陶、优秀教师的指导。

参加4个月实习的学生，有些奔赴革命老区、边远山区农村中小学进行顶岗实习，在那儿他们在较为艰苦的环境中锤炼自己，用大学所学促进农村学校教师更新教育教学观念，促进农村学校学生体验更丰富的教育教学活动。有些奔赴广州市和深圳市教育局指定的学校开展实习，在那儿他们先接受相关学校名师的指导，然后以全职教师的身份投入到教育教学实践中去，并享受每月600~1000元的生活补贴。

参加4个月"2+2"模式实习的学生，他们前2个月到粤东西北农村中学实习，后2个月回到"华南师大-普通中小学"协同发展联盟中珠三角地区的名校实习。不同环境的实习使他们能更全面地了解教育，形成不同的教育体验，为后续的发展找到更准确的定位。

二、分段式、层次性四年一体教育实践模式的实践

1. 编印《师范生教育实践手册》，导引四年的教育实践

《华南师范大学师范生教育实践手册》（以下简称"实践手册"）分"（一）"和"（二）"。"实践手册（一）"的内容包括教育类课程方案、实践类课程实施、四年一体教育实践模式解读、教师访谈记录、教育见习记录、教育反馈。"实践手册（二）"主要涉及大学第四学年第一学期到基地学校进行为期2~4个月真实教师角色扮演的相关要求，内容板块分听课、备课、上课、教学反思、教研活动、班级管理、主题班会组织、综合实践活动开展、教师集会、实习总结等，每项内容既有量的约束也有质的要求。"实践手册（一）"在师范生进校后2个月下发，旨在使学生对教育类课程的设置与实施，

分段式、层次性四年一体教育实践模式的含义、目标、要求等一目了然，为后续学习做到心中有数。"实践手册（二）"在师范生就读大三时下发，旨在使学生提前准备相关工作，迎接大学第四学年第一学期到基地学校开展为期 2～4 个月的教师角色扮演的到来。

2. 成立"华南师大－普通中小学"协同发展联盟，为学生提供量足质优的实践基地

我们通过互惠共进机制成立了"华南师大－普通中小学"协同发展联盟，发展了遍布粤东西北珠三角地区的 160 多所知名中小学（以国家级示范性高中为主）加盟，通过师范生培养、课堂教学改革研讨、学校发展论坛、在职教师专业发展、教师互派等任务建立了稳定的、制度化的合作关系。协同发展联盟的成立不仅为学生开展临床实习提供了量足质优的基地，而且形成了融职后发展于职前培养的教师教育一体化模式，丰富了大学与中小学的合作内涵。与此同时，我们对学生规定的实习任务以及协同发展联盟中的这些知名中小学对实习学生提出的高要求对实习学生完成相关实习任务提出了挑战，正是这种挑战形成了倒逼学生日常努力学习、刻苦训练的机制。

3. 构建五层面管理机制，明晰分工职责，保证教育实践有序进行

分段式、层次性四年一体教育实践模式目标多样、内容丰富、时间跨度长、涉及面广。为确保该模式有序运行，我们成立了校、院、片区、基地学校、实习团队五层面管理机制。学校层面的管理小组由分管教学副校长任组长、教务处处长与分管师范生培养的副处长任副组长、教务处相关科室人员为成员。负责规划、统筹、组织、指导、监督全校师范生的教育实习，包括了解各基地学校的实习需求、向各学院反馈各科实习需求，颁发实习通知、编印实习指导手册，开展对实习指导教师和实习队长的培训，组织中期检查，办理实习保险购买、实习补助发放、实习经费报销审核，审核优秀实习生、实习队长的评选，收集和组织评选实习征文，编辑出版优秀的实习征文等。学院层面的管理小组由分管教学副院长任组长、分管学生工作副书记任副组长，成员包括教学法教师和学生辅导员。片区管理小组由片区带队指导教师和各实习队队长组成。负责与实习学校沟通，与实习队长一起编写实习计划，对实习学生开展指导。实习学校层面管理小组由分管教学副校长任组长、教务处主任和总务处主任任副组长，负责安排实习学生住宿、生活及相关的实习工作，对实习学生进行实习指导。实习队层面的管理小组由实习队员选举产生的队长负责。

不同层面的管理分工明确，职责分明，使教育实践工作有条不紊地进行。

4. 开展多维度指导培训，提高执行力，确保教育实习有效开展

为使分段式、层次性四年一体教育实践模式有效开展，我们开展多维度指导培训，使相关人员明确该实习模式的要求，提高他们实施该模式的能力。

（1）举行新任教学院长研讨交流，保证实践模式有条不紊地实施。

（2）举办片区带队指导教师培训，提升他们的工作有效性。

（3）举行实习队队长培训，提高他们的团队领导力。

（4）编印《实习工作手册》，指引实习工作方向。学生第四学年第一学期进行的为期 2～4 个月的临床实习类型多、项目多、时间不一、要求有别。为使纷繁复杂的临床实习工作相关要求清晰化、明文化，我们编印了《实习工作手册》，指引实习工作开展。《实习工作手册》内容包括当年实习工作流程、学校下发的关于做好当年实习工作的通知、当年实习计划、当年实习点校分布及分工、优秀实习学生/队长评选细则、教育实习征文、实习结束后相关要求、教育实习请假规定、教育实习工作报账说明、给即将成为实习教师的同学的一封信等。在"给即将成为实习教师的同学的一封信"里，针对以往学生在实习中遇到的各种困惑，我们通过书信与同学们进行对话沟通，内容主要包括"为什么要开展教育实习""教育实习要干些什么和注意些什么"等。通过书信与同学进行沟通，既对即将成为实习教师的同学可能遇上的困惑进行了相关回应，也对同学们后续的实习进行了指引。

（5）开展实习中期指导和检查，确保实习有序有效进行。学生在第四学年第一学期进入基地学校进行临床实习后，他们的管理与指导主要由片区带队指导教师负责。为确保实习工作有序、有效开展，在给片区带队指导教师下放学生管理权力的同时也充分发挥过程的调控作用。待学生进行临床实习 3 周后，教务处召开片区带队指导教师座谈会，具体了解学生在实习学校的表现和实习学校的需求反馈，对后续实习指导工作提出要求以及布置中期检查任务等。待学生进入实习 4 周后，学校领导率领相关学院领导、教师代表等到基地学校看望实习学生、与基地学校相关领导和实践导师进行座谈，详细倾听他们对实习学生的评价以及他们的需求反馈，为进一步密切彼此关系、发展彼此合作夯实基础。

（此文原载于 2016 年《中国大学教学》第 2 期）

卓越教师培养的实践探索

【摘　要】 卓越教师是在学科教学、学生培养和学科研究中具有较深造诣，起着示范和带动作用的教师。在卓越教师的培养中，教育信念、教育理想、教育情感、教育知能和教育意志等是重要因素。华南师范大学通过构建协同化培养主体，设置层次化课程体系，形成多元化培养策略，形成立体化训练空间，探索多样化实习模式，突破了封闭式、单一性、知识性的培养传统，建构了开放式、协同化、系统化的培养体系，推进了卓越教师培养。

【关键词】 卓越教师；培养路径；教师专业发展

卓越教师是一个内涵丰富的概念，一般来说包含骨干教师、专家型教师、教育家型教师、名师、特级教师等，是在学科教学、学生培养和学科研究中具有较深造诣，起着示范和带动作用的教师。卓越教师是教育事业发展的需要。《教育规划纲要》明确提出，要"培养教育教学骨干、学术带头人""造就一批教学名师和学科领军人才"，教育部出台了一系列措施，如"卓越教师培养改革项目"等。在卓越教师的培养中，教育信念、教育理想、教育情感、教育知能和教育意志等是重要因素。为此，华南师范大学（以下简称"我校"）进行了协同化、层次化、多元化、立体化、多样化的"五化"探索，突破了封闭式、单一性、知识性的培养传统，建构了开放式、协同化、系统化的培养体系，推进了卓越教师培养。

一、改革培养机制，构建协同化培养主体

保持"本色"、迈向综合是国内师范大学的发展趋势，这需要构建协同化培养主体。为此，我校以发挥相关各方优势、凝心聚力为原则，构建了"教务处统筹—专业学院培养—教育类学院参与—学生工作部校团委配合"的校内协同培养机制。在培养分工上，教务处负责培养方案的审核、教育实习布点与组织、通识课程设置及教育类课程的把控、技能竞赛校内"三赛"和校外"三赛"的组织、学科教学论师资队伍建设等；专业学院负责学生的管理、专业课的开设、教育调查、见习、技能训练等；教育类学院（教育科学学院、教育信息技术学院、心理学院）负责教育类课程的开设；学生工作部负责学生思想的引导，团委负责课外活动等。分工明确、责任清晰、优势各异的校内

协同机制使培养工作有序有效地进行。

"卓越教师的造就是多主体、多因素合力的结果。"[1]《教育规划纲要》和《国务院关于加强教师队伍建设的意见》（国发〔2012〕41号）明确提出了创新教师教育培养模式的要求。为突破原有封闭式、单一性的培养模式，形成多主体的校际协同培养的模式，我校增强了协同培养主体。

一是交换培养。我校先后与北京师范大学、陕西师范大学、西南大学、香港岭南大学、美国辛辛那提大学等几十所境内外名校开展一学期或一学年的交换培养。交换培养一方面丰富了交换生的学习体验，拓展了他们的知识视野，另一方面交换生回校后所见、所闻、所为的传播犹如"种子"，激发了其他学生的学习志向，促进了良好学风的形成。同时，交换培养本身也是一种竞争促进机制，在一定程度上调动了教师教学的积极性。

二是建设同步课堂。我校每学期组织师范生修读部属六所师范大学名师开设的教育类课程，技术的进步使我校学生足不出户就能与部属六所师范大学的学生一起同时聆听名师的授课，在校外优质教育资源的浸润下得以更好地成长。

三是成立协同发展联盟。以师范生培养、学校发展论坛、课堂教学改革研究、教师职后发展指导、教师互派等五项任务为纽带，通过互惠互利机制成立"华南师大－普通中小学"协同发展联盟，发展遍布粤东西北珠三角地区的160多所知名中小学加盟，聘请这些学校校长担任"名校长/名教师讲堂"讲座教授。这些知名中小学的优秀教师通过个别指导、专题讲座、课程共建、课题共研等形式参与指导、培养师范生。协同发展联盟的成立建立了一种制度化、优势互补、互惠共生的高校与中小学间的协同培养机制。

二、推进课程改革，设置层次化课程体系

课程是学生成长的有效途径，卓越教师所需具备的五大要素要求课程设置在内容上既要反映人文性、社会性、自然性，又要体现专业性和教育性，在各类内容课程学分比例上要相对合理。只有内容全面、结构合理的课程才可能扎实学生的知识基础，优化学生的知识结构。为此，我校设置了通识类、学科大类、专业类和教育类四个层次的课程，每层次的课程又设必修课和选修课，选修课的设置呈模块化，如通识类选修课程分"人文与艺术""自我与社会""自然与科技""教育与心理"四个模块，每个模块开设若干门课程；各模块内容上要求理论与实践相结合，实现知识与能力、思维与方法、情感态度与价值观的相互融合，如通识类选修课中的"教育与心理"模块，内容包括通读和精读教育心理类名著，研读名校长、名教师的成长事例，修读教育心理类通

识网络课程，聆听名校长/名教师讲座等。

要成为卓越教师，必须爱教、善教、勤思、乐学。在教育类课程设置上，我校坚持"育人为本、实践取向、终身学习"的理念，设置理论类课程、研究与拓展类课程、实践类课程三个模块的课程，旨在使师范生通过相关课程的学习，增强育人意识和社会责任担当意识，具有改革创新精神，掌握必备的教育知识与能力，遵循因材施教的理念，关心和帮助每个中小学生逐步树立正确的世界观、人生观、价值观，朝着"师德高尚、专业基础扎实、教育教学能力和自我发展能力突出的高素质专业化中小学教师"[2]的方向迈进。

三、创新培养途径，形成多元化培养策略

课程实施是课程价值显性化的重要途径，是人才培养的关键环节。不同层次、类型的课程要求不同的实施途径。这就要求打破"理论灌输""大学本位""教师本位"的讲授传统，为此，我校实施以校内与校外、课内与课外、理论与实践、线上与线下、系统与专题、指导与自主等相结合为特征的多元融合创新培养策略。

一是设立学校、学院、基地学校三级讲堂，定期从中小学联盟学校中邀请名校长、名教师在学校层面开设教师专业发展通识类专题讲座，在学院层面开设专业类专题讲座，在学生实习期间在所在学校开设专题讲座。同时，邀请各相关学院领导及名师定期在学院讲堂围绕教育信念、理想、情感、知能、意志等主题开设专题讲座。这些讲座不仅增强了学生的教育信念，激发了教育理想和情怀，也强化了教育意志。

二是引入竞赛促进机制。以校、省、国家、国际四个级别的比赛为载体，构建公共基础竞赛、专业技能竞赛、综合创新竞赛三个层次的竞赛体系。如一、二年级学生参加公共基础竞赛，二、三年级学生参加专业技能竞赛，三、四年级学生参加综合创新竞赛。不同级别、类型的系列竞赛既调动了学生自主和合作训练的积极性，也为他们展示才华提供了平台、锻炼了意志力、提高了心理承受力，逐步形成了以赛促练、赛练结合的教育教学技能训练特色。

三是倡导朋辈教育。在艺体和国防素养的养成上，实施了朋辈教育，通过挑选和聘请艺术、体育类专业学生和国防生担任非专业学生的指导教师，传授艺术、体育和国防军政素质等方面的知识与技能，并指导相关实践活动。朋辈教育的开展有效调动了学生自主和互助训练的积极性，不仅提高了非专业学生的艺术体育素养和国防军政素质，而且增强了艺术、体育类专业学生和国防生的学习动力和专业技能，达到了优势互补、共同成长的目的。

四、加强平台建设，形成立体化训练空间

实验实训平台是培养学生动手能力和创新精神的物质条件，也是激发学生自主性、促进学生合作的舞台。加强学生开展实验、训练、实习所需的硬件建设，如建有拥有25个微格室及多个多媒体素材制作室的广东省教师教育教学技能实训中心、网络同步课堂教室，建有物理学科国家级实验示范中心、数学建模实验室、基础实验室，化学、生物、计算机、教信等学院均建有多个科技创新实践室。此外，成立了"华南师大－普通中小学协同发展联盟"，通过互惠共生机制发展了160多所以国家级示范性高中为主的学校作为教育实践基地，一些学院结合自身特点还发展了学院实践基地。这些校内外、校院间和实验、实训、实习间的平台构成了立体化的训练空间。

加强平台的软件尤其是相关管理使用制度的建设，保证了育人效益的发挥。一是实施了信息化管理，保证平台有序有效开放。如学生通过网上预约即可到教育教学技能实训中心开展微格教学；二是完善了相关制度建设，释放了学生训练潜能。如《教育实习管理制度》对大四学生到中小学开展临床实习独立讲授新课的节数做出了规定。这种任务导向的实习管理制度成为倒逼机制，有效地调动了学生日常自主训练、合作交流的积极性，促进了学生自我管理意识和能力的提高。

五、改进实践教学，探索多样化实习模式

实践知识是教师知识的核心，教师的实践知识是教师专业发展的主要知识基础，在教师的工作中发挥着不可替代的作用。[3]增强实习实践环节不仅要求延长实习实践的时间，而且要求明确实习实践的目标、丰富实习实践的内容、创新实习实践的方式等。

一是改变目标模糊性、时间片段性的实践模式，构建分段式、层次性四年一体的实践模式，丰富学生的实践体验，把教育实践贯穿大学四年，虽然不同年级的实践要求、内容、形式不同，但相互连贯。大学一年级的目标为感悟，要求学生在寒假和暑假期间分别选择两位教师围绕教育信念、教育理想、教育情感、教育知能、教育意志等五方面展开访谈，紧扣这五方面撰写访谈心得，对优秀教师与普通教师进行区别，找出他们的异同，为后续的学习明确方向。大学二年级的目标为领会，学生带着他们大学一年级对优秀教师和普通教师的访谈心得开展见习，形式包括现场见习、远程见习、录像观摩等，内容包括教学设计、课堂教学、课后辅导、观课评课、班级管理、主题班会、家长会、课外活动、教师集会等。大学三年级的目标为掌握，通过微格教学、传统训练或

竞赛促进等方式掌握教育教学的基本技能。微格训练的内容丰富多彩，包括多媒体平台操作使用、课堂教学、班级管理、教研活动、综合实践活动、书写等，方式包括观摩相关录像、实际演练、同伴点评等。大学四年级的目标为提升，通过到基地学校扮演教师角色进一步巩固和提高教育教学能力。

二是改变单一性，构建多样化的实习模式，最大限度地满足大四学生到基地学校开展实习的个性化发展需求。大四学生的教育教学能力能否在实习过程中得以提升以及提升到什么程度，受实习意愿、实习学校条件、实习时间长短等因素的影响。为此，我校提供了多样化的实习选择。从类型分，有顶岗实习和常规实习；从组队方式分，有单专业的统一编队和多专业的混合编队；从项目运行分，有学校项目、广州项目、深圳项目；从实习时间分，有 2～4 个月的实习以及 4 个月的"2＋2"模式实习。如参加 4 个月实习的学生，既会奔赴革命老区、边远山区农村中小学进行顶岗实习，也会奔赴广州市和深圳市教育局指定的学校开展实习。不同环境的实习使他们能更全面地了解教育，形成不同的教育体验，为后续的发展找到更准确的定位。

参考文献

［1］刘益春．协同创新，培养卓越教师［J］．中国高等教育，2012 (23)．

［2］中华人民共和国教育部．关于实施卓越教师培养计划的意见［EB/OL］．http://www.moe.gov.cn/srcsite/A10/s7011/201408/t20140819_ 174307.html．

［3］陈向明．实践性知识：教师专业发展的知识基础［J］．北京大学教育评论，2003 (1)．

（此文原载于 2016 年《教育研究》第 7 期）

"一体三维多元"师范生实践能力养成机制：构建与实践

【摘　要】 高校师范生卓越的实践能力，是以掌握学科专业技能为基础，以练就艺体、信息、心理等综合素养技能为特色，以精通课堂教学技能为核心的。高校作为培养主体，需要聚焦内涵提升，创新教师教育模式，构建"三维"校内实践能力养成机制；需要着眼追求卓越，形成"多元"校外教育实践模式；同时也需要发挥师范院校的主体作用，筑造校内校外"一体"共生平台，融通校内培养与校外实践。

【关键词】 师范生；卓越教师；教育实践；培养模式

一、"一体三维多元"师范生实践能力养成机制的诠释

卓越教师的核心素养包括教育信念、教育理想、教育情感、教育知能和教育意志五要素，不仅要善于研究，更要专于教学；不仅要拥有扎实学科知识，还要善于教学育人、具备自主学习意识和能力。[1]师范生要成为未来的卓越教师，不仅要拥有立德树人的教育情怀、博约相济的知识涵养，更要具备知行合一的专业实践技能。为形成师范生优异的实践能力，本文提出了"一体三维多元"实践能力养成机制的内涵与思路。（见图1）

"一体"是指筑造校内校外一体共生平台，通过发挥师范院校的主体作用，有目标、分阶段、按计划地稳步建设高质量的卓越教师协同育人平台，将校内培养与校外实践融会贯通、连成一体，并通过整合优质资源，规划、统筹、导引协同育人工作，为造就未来的卓越教师奠定基础；"三维"是指通过创新校内体制机制，导引师范生以掌握学科专业技能为基础，以练就艺体、信息、心理等综合素养技能为特色，以精通课堂教学技能为核心，构建三维实践能力养成机制；"多元"是指形成多元化的教育实践模式和路径，提升教育实践活动的目的性和有效性。

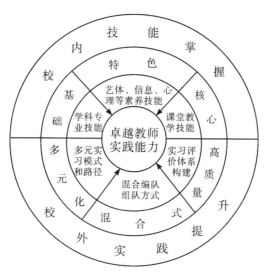

图1 "一体三维多元"师范生实践能力养成机制

二、校内技能培养体系:从单学科独立发展到多学科联动发展

目前,高校在培养师范生的过程中,普遍存在着"教师培养的适应性和针对性不强、课程教学内容和教学方法相对陈旧、教育实践质量不高、教师教育师资队伍薄弱等突出问题"[2],如果要完成教育部提出的"培养一大批师德高尚、专业基础扎实、教育教学能力和自我发展能力突出的高素质专业化中小学教师"[2],高校需要改变以往各学科独立发展的局面,加强不同学科之间在人才培养模式、课程设置、教学资源等方面的互动与合作,通过凝练专业特色、搭建高水平实践平台、融合优势特色学科、拓展技能训练路径等方式构建校内师范生技能培养体系。

(一)注重基础:搭建立体实践平台,引导学生掌握扎实的学科专业技能

学科专业技能是构成卓越教师优异实践能力的基础。对于教师学科专业技能的研究,盛行于20世纪六七十年代能力本位主导时期的美国。90年代以来,针对教师专业化的研究与实践逐渐升温,教师学科的专业技能进入更为广阔的研究视野,更为重视学科教学的艺术性和科学性。有人认为,这种能力是教师个体顺利完成某一专业领域整个教学任务所需的必备能力,是通过实践将专业知识、个人智力加以转化而形成的一种职业素养。[3]但无论发展至何种阶段,学科专业技能都至少应包含两个基本的内容,一是这种技能总是由可操

作、可观察、可测量的各种外显行为所构成，二是教师个体既有的认知结构对教学行为的选择、对学科专业知识的理解、对教学情境的把握等构成了一个较为复杂的心理过程，即学科专业技能是教师个体在掌握必备的基本功的基础上，在某一专业领域经过长期教学实践与经验所累积而成的。[4]

目前，在教师的日常教学中，日益强调其专业态度、专业精神及专业知识的重要性。[4]师范生学科专业技能可以通过品牌专业建设、高水平学科实践平台搭建、多学科联动发展等方式加以培养和提升。首先，着力打造品牌专业，凝练专业特色，提升专业内涵，使各专业在培养师范生实践能力方面逐渐形成"一学科一品牌，一专业一特色"的优势，全程高质量培养师范生学科专业实践技能。这些厚实的专业积淀可以为培养师范生扎实的学科基本技能提供高水平的理论平台，促成师范生卓越的学科实践能力；其次，高校需要在逐级培育、强化应用、示范引领的建设思路下，打造一批高水平、立体化的实践教学平台，为培养师范生扎实的学科实践技能提供强有力的支撑；最后，需要改变以往单学科独立发展的局面，以高水平实践平台为纽带，促进不同学科间联动发展、优势互补。

（二）形成特色：融合优势学科，促进学生养成实用的综合素养技能

首先，融合音、体、美学科，提升艺体素养。艺术、体育是人类文化的重要组成部分，也是社会文明进步重要标志之一。"艺体素养"即人们对艺术、体育的认知和修养，[5]日益成为卓越教师不可或缺的重要品质。通识教育课程在提升高校师范生艺体素养方面发挥着重要作用，其中艺术类通识课程主要是激发学生思维想象力，培养学生艺术审美实践能力，继而提高学生艺术素养；体育类通识课程主要是提高学生体育运动兴趣，提升学生的基本运动技能，增强学生体能素质。此外，高校融合音乐、体育、美术等优势学科，构建"专业化"带动、"课程化"规范、"大众化"普及的长效运行机制，打造影响力大、感召力强、特色明显的校园文化精品，实施朋辈教育，也是提升师范生艺体素养的有效途径。"朋辈教育"不同类型、不同层级任务的驱动，不仅可以调动学生自主和互助训练的积极性，培养学生的合作意识，同时也可以提供施展才华的平台，提高其批判与反思精神，进而提升学生的教育教学能力，以此助推师范生在走向一线实践教学的过程中，不仅拥有扎实的学科专业实践技能基础，也注重艺体素养的养成，成为"一专多能"的高素质人才。

其次，基于教育信息技术等学科，提升信息素养。信息素养是与"信息获取、分析、加工和利用"紧密相关的基础知识及实际能力[6]，已成为信息

时代评价人才综合素质的一项重要指标。现代教师在教学过程中，已逐渐改变了以往单向灌输的方式，更多地采用传统媒介与现代信息技术相结合的交互方式。[7]高等师范院校作为师范生培养的主要机构，要将提升师范生信息素养作为造就卓越教师的重要内容。譬如依托教育技术学、计算机信息技术等学科，为师范生开设《现代教育技术》《教学设计》《在线学习与混合学习》等课程，举办各类学术知识讲座及教育技术类竞赛，提升师范生信息素养。

再次，依托心理学科，提升班级管理技能。心理疏导技能、班级管理能力也是卓越教师优异的实践能力中不可或缺的重要组成部分。高校需要充分发挥心理学等相关学科的优势，鼓励其科研引领教学，教学促推科研，对师范生培养做出应有的贡献，譬如为师范生开设《学校心理学》《学校管理心理学》等公共基础课，举办各类关于心理学知识的学术讲座和竞赛，并对教育实习学生进行"心理疏导技能"岗前培训，为师范生在教育实习过程中应对复杂的班级管理、后进生转化、农村留守儿童心理疏导等工作打下基础。

（三）聚焦核心：拓展技能训练路径，帮助学生练就出色的课堂教学技能

国内外有诸多对课堂教学技能的理解，如有人认为课堂教学技能是指教师根据教学理论，利用专业知识和经验，在课堂教学中使学生掌握学科基本知识和技能所采用的一系列教学行为[8]；有的则从现代认知心理学的角度，认为课堂教学技能是教学操作系统与操作知识表征系统的整合，是动作技能与心智技能的统一，既包括外显的行为活动，也包括内隐的心理活动，是由一系列既相互联系又相互独立的基本要素所组合而成的知识－动作系统[9]。因此，在具体的教学情境中，教师课堂教学技能必定呈现为教学技巧与专业基本功的整体性效应，是一种可以观察到而且具体的教学行为，是教师经过长期教学实践而累积成的教学能力的反映。以教学过程为线索，教师课堂教学技能大概可以分为课前的教学设计、课中教学、课后指导及学生与教学评价等阶段。由于课堂教学技能与教师个体完成教学任务的专业知识、教学技巧与整体把控能力紧密关联，因此教师的课堂教学技能就成为卓越教师优异实践能力的核心组成部分，即教师的课堂教学技能总是经教师的教学行为而反映出来的。

在校内，师范生课堂教学技能的提升过程中，首先需要有明确的教育实践目标，并有相应的技能训练措施加以支撑；其次，需要打造高水平的教学技能竞赛品牌，在师范生中营造自主训练、竞技交流、共同进步的浓郁氛围；最后，还需要搭建自主训练实践平台，解决师范生自主训练、团队学习所需的设备与场所问题，使师范生结合课程学习及不同时段的实践目标，通过自主训练

及团队互助的方式提升课堂教学技能。

三、校外实践提升路径：从注重规模效应的单一途径到追求内涵建设的多元模式

校内技能培养的成效，需要通过校外的实践加以检验和巩固。目前，在教育实践环节中普遍存在"目标不够清晰，内容不够丰富，形式相对单一，指导力量不强，管理评价和组织保障相对薄弱"[10]等问题。因此，师范生优异实践能力的形成，需要改变以往过度注重教育实践基地数量和规模的理念，转而更为关注教育实践体系的整体构建，更重视内涵及质量建设，实施更为多元的实践模式，以满足个性化的发展需求。

（一）构建四年一体实践体系，细化技能训练目标

师范生实践能力的提升，需要遵循教育教学规律，以循序渐进、过程锤炼、自然养成为原则，改变以往大学四年教育实践环节碎片化、割裂化、零散化的状况，构建"分段式、层次性、四年一体"的教育实践连续体，将教育实践贯穿大学四年，不同年级的实践要求、内容、形式不同，但相互之间又是连贯、一体的。譬如师范生大学一年级的实践目标是感悟，通过假期对中小学优秀教师和普通教师进行访谈区分出两者的特质和行为的异同，为后续的学习明确方向；大二的实践目标是领会，通过课堂观察了解课堂教学环节，体验教学的激情与魅力，领会教师的课堂教学技巧，增强成为卓越教师的动力；大三的实践目标是掌握，通过微格教学或传统训练掌握必备的教学技能；大四的实践目标是提升，通过到实习学校扮演教师角色，进一步巩固和提高课堂教学能力。[11]

（二）创新混合编队组队方式，增强团队合作能力

"混合编队"教育实习组队模式是以"相信学生，依靠学生"理念为指导，站在多学科联动、高校与中小学校互补的视角下进行创建和实践的[12]，其成员由不同学科的师范生组成，总规模一般不超过20人，每专业一般不超过2人，其核心组成部分包括信息化混合编队实习模式管理系统和质量监控系统，综合性、发展性、多元化的实践质量评价体系等。该模式一方面能充分发挥实习生自主学习、主动探索、自我管理的能力，另一方面可以通过团队合作激发学生创造性思维，高效优质地完成实习任务，培养大批具有"自主、合作、创新"意识和较强教育实践能力的卓越教师。

（三）实施多元实习模式，满足个性化发展需求

教育实习是检验和提升师范生实践能力的重要环节。为满足师范生不同的实习需求，需要构建并实施多元实习模式，形成多维协同育人机制。从实习类型分，可以有顶岗实习和常规实习；从组队方式分，可以有单专业的统一组队和多专业的混合编队；从项目运行分，可以有学校项目、社会项目等；从实习时间分，可以有2个月、4个月甚至一个学期的实习。多元化的实习模式，一方面可以满足师范生个性化的实习需求，另一方面也可以从多途径提升师范生的教育实践能力。

（四）借助多元实习体验，促进实践反思能力

通过实施多元化的实习模式，可以让师范生感受不同的实习体验和感悟，提升其自主学习意识和实践反思能力，为练就卓越教师奠定良好的基础。譬如，通过"混合编队"实习模式的体验，可以培养实习生的自主、协作、创新意识，提高实习生自主学习、自我管理、团队协作能力；通过顶岗实习的推行，可以让师范生到边远山区、贫困欠发达地区的农村中小学磨炼意志，提升课堂驾驭能力；通过"2+2"实习模式的创新，则可以让师范生经历两段式有鲜明对比、具有强烈反差的实习体验，感悟教育资源不平衡产生的差异，反思不同教育环境中对教育教学技能的掌握和应用。

四、筑造校内校外"一体"共生平台：从短期合作到长久互惠式发展

只有充分发挥师范院校的主体作用，加强教师教育体系建设，将校内培养与校外实践连成一体，师范生的实践能力才能真正得以提升，才能造就一批未来的卓越教师。而要筑造校内校外一体共生平台，则需要摈弃以往功利式的合作方式，构建更为长久和互惠式的发展机制，使高校、中小学校协同共生、一体化发展。

（一）通过协同育人平台融通校内培养与校外实践

高质量的校外实践平台，是师范生优异实践能力形成的基础和保障。高校需要以协同发展为主线，改变以往教育实习基地建设主要关注拼数量、拼规模的传统观念，聚焦到重质量和重内涵上，通过有目标、分阶段、按计划地稳步建设高质量的卓越教师协同育人平台，将校内培养与校外实践融会贯通、连成一体，并通过整合优质资源，规划、统筹、导引协同育人工作，造就卓越教

师。这些优质的协同育人平台，可以为提升和检验师范生优异的实践能力提供保障，并架设联通校内培养与校外实践的桥梁，使高校与普通中小学校协同共生、一体发展。

（二）通过"5-G-S"发展共同体完善教育实践能力培养体系

"5-G-S"（大学-政府-中小学）模式日益成为高校师范生提升实践能力的重要路径之一。这种合作方式一方面可以构建"大学-政府-中小学"的发展共同体，保障高校师范生高质量的教育实习场所，另一方面可以在帮助地方政府解决实际问题的同时，也借助政府、中小学的力量促进和完善高校师范生校内教育实践能力培养体系，有效提升师范生的教育实践技能。

（三）通过"三级讲堂""双导师制"增强师范生的实践教学经验

"三级讲堂"即由学校、学院、联盟中小学校共同组成的一个发展共同体，其活动形式和内容可以自主设定，较为灵活。譬如，可以至少包括如下两部分活动，一是在每年师范生实习期间，邀请联盟中小学学校校长为正在该校实习的师范生开设一次讲座[13]；二是要求师范生培养学院在第6学期开设《中小学优秀校长和教师系列讲座》公共选修课，学校及各学院以"师范生教育实践能力提升"为主题每月开设一次专题讲座，邀请联盟中小学学校的优秀校长或名师演讲，要求每个学生至少聆听3次以上。"双导师制"即在协同发展联盟中小学校中聘请以特级教师、高级教师为主体的校外兼职硕士生导师队伍，与高校导师队伍共同组成教学团队，为师范生提供高质量的指导。"三级讲堂""双导师制"一方面可以通过一线教学名师的经验传授，有效提升师范生课堂教学技能，增强其对教师职业的认同感和归属感，另一方面也可以巩固与政府、中小学校的联系与合作，拓宽合作路径，深化合作内涵，为提升师范生的教育实践能力提供持续、可靠、有力的保障。

参考文献

[1] 林天伦，沈文淮，熊建文. 骨干专家型教师"五位一体"培养模式构建与实践 [J]. 中国大学教学，2015（5）：45-48.

[2]《教育部关于实施卓越教师培养计划的意见》教师 [2014] 5号 [Z]. 2014-8-18

[3] 张波. 教师教学能力的培养途径和方法 [J]. 教育理论与实践，2008（12）：39-40.

[4] 荀渊. 教师教学技能研究 [J]. 上海教育科研, 2004 (8): 18-20.

[5] 李啸瑜. 关于构建学校艺体课程体系的思考 [J]. 现代教学, 2014 (7): 116-117.

[6] 何克抗, 李文光. 教育技术学 [M]. 北京: 北京师范大学出版社, 2002: 381.

[7] 张伟坤, 沈文淮, 林天伦. 顶岗实习: 助推教师教育人才培养模式改革 [J]. 中国大学教学, 2012 (1): 81-83.

[8] 李雅娟. 教师的教学技能 [J]. 辽宁教育学院学报, 2000 (3).

[9] 陈旭, 李雪梅, 韩红艳. 教师课堂教学技能变革的理论探讨及结构模式分析 [J]. 教师教育研究, 2005 (11): 28-31.

[10] 《教育部关于加强师范生教育实践的意见》教师 [2016] 2 号 [Z]. 2016-3-17.

[11] 林天伦, 沈文淮, 熊建文. 骨干专家型教师"五位一体"培养模式构建与实践 [J]. 中国大学教学, 2015 (5): 45-48.

[12] 陈冀平, 张伟坤. 混合编队教育实习完全实操手册 [M]. 北京: 高等教育出版社, 2009: 25.

[13] 林天伦, 沈文淮, 熊建文. 卓越教师培养的实践探索 [J]. 教育研究, 2016 (7): 156-15

(此文原载于2017年《青海师范大学学报(哲学社会科学版)》第2期)

教育实践工作坊的构建与应用研究

【摘 要】 教育实践工作坊是利用信息技术构建的网络平台,由个人空间、工作坊、共享社区、质量监控四个功能模块组成,为职前教师教育实践课程提供新的学习环境。本文以18个教育实践工作坊为研究对象,分析工作坊的整体参与度以及不同学科、不同研修项目和不同人数的工作坊参与度,结果发现工作坊群体发言量偏少、发言内容以说明型居多,坊主和学员的参与度属于浅层参与,群体之间缺乏深层互动。建议组织合理有效的工作坊,提高坊主的执行力和协作力;制订高品质的研修项目,促进群体间的深度交互;建立完善的评价体系,确保工作坊教学有序推进。

【关键词】 教师教育;工作坊;教育实践;参与度

目前,高师院校教师教育课程体系中的实践课程以教育调查、教育见习、微格教学、教育实习等为主,以部分理论课程的实践环节为辅。这些课程教学存在"三张皮"现象,即师范生单打独斗地开展教育实践,任课教师浅尝辄止地给予指导,管理部门终结性地"静态"监控和评价。[1]本研究将信息技术与课程深度融合,构建"教育实践工作坊",重新设计实践课程的学习环境;并以奥利弗(Oliver R.)和麦克洛克林(Mcloughlin C.)1997年针对远程教育课程中师生交互问题提出的多层次互动分析模型为依据,分析教育实践工作坊的整体参与度以及不同学科、不同研修项目和不同人数的工作坊参与度,了解目前工作坊开展的现状和不足,据此提出提高工作坊参与度的若干建议。

一、"教育实践工作坊"的构建:结构模型与运行程序

工作坊(workshop)是一种最早源于德国包豪斯学院的实践教学模式,用于培养工程设计师和建筑设计师。在包豪斯学院,学生的身份是"学徒工",教授理论课程的教师称为"形式导师",负责实践教学的称为"工作室师傅",学习过程有如"工厂学徒制"。由于实践环节需要特定的场地,因此学生日常实践空间——工作坊逐渐成为实践环节的核心,以此形成的实践模式亦被称为"工作坊教学"[2]。随着信息技术的发展,工作坊概念的外延从线下的实体学习场所延展到线上的网络研修平台。本研究所指的"教育实践工作坊"是利用信息技术构建的网络平台,是教师教育实践课程教学的一种新方式。

1. 结构模型

从"教育实践工作坊"的结构模型来看,在功能上,工作坊作为一种集教学、实践、研究于一体的新型教学模式,有助于实现教师教育实践课程目标——促进职前教师提升教育实践能力,使其成为反思性学习者和实践者。在组织上,工作坊以学科为单位,由坊主、学员组成学习共同体。正坊主为高校专业教师,起到专业引领、课程实施、学习促进的作用;副坊主为中学名师,为学员提供实践性知识交流和指导;学员是学习主体,积极发挥主观能动性;学校教学行政管理部门对工作坊活动进行全面管理和质量监控。在时空上,工作坊贯穿大学四年,分阶段、分层次地推进实践课程;协同大学和中学的教育力量,实行"双导师"制度,给予学员理论和实践双重指导。在形式上,网络平台由个人空间、工作坊、共享社区、质量监控四个功能模块组成,承载实践课程的线上教学和管理任务。个人空间是为学员设计的一个有存储功能、可自由添加应用程序的系统,包括在线学习工具、个人学习助理和个人学习记录档案袋;工作坊由坊主管理,以项目来驱动有组织的实践学习,以在线协作会话确保实践学习质量;共享社区支持坊内成员开展学习交流、知识共享、教学观摩等活动;通过上交作业、在线讨论、活动跟踪、学习档案等实行管理监控和自我监控。

2. 教学运行

"教育实践工作坊"的建设目标是为双导师和职前教师搭建线上会话平台,通过专业引领和亲身实践,促进职前教师发展实践性知识和能力。工作坊教学模式的运行程序包括五个步骤:

(1)组建工作坊,坊主和学员在网络学习平台获得注册账号。

(2)坊主在工作坊中发布课程通知、制订研修项目、安排实践活动,在共享社区上传各类教学资源。

(3)学员利用工作坊和共享社区获得课程信息、学习资源,开展具体的实践活动,在个人空间记录学习档案袋,并与其他学员进行协作交流;坊主实时调控和评价实践过程,解决学员在教学实践中遇到的问题,必要时提供远程教学观摩和指导。

(4)在"双导师"的指导下,学员完成实践活动和研修项目,发展实践性知识,创造个性化再生教学资源。

(5)根据学员访问痕迹、讨论次数、项目研修等活动跟踪,坊主给予过程和结果评价;学员利用个人学习记录档案袋记载整个学习过程,通过可视化学习成果进行自我监控,并确立下一阶段的学习任务和目标。

二、"教育实践工作坊"的应用：参与度的实证分析

教育实践工作坊为四年一体化的教师教育实践课程提供了一种新的教学模式，帮助职前教师将分散的实践课程学习串联起来，构建起一个反映实践性知识和能力发展脉络的图谱。教育实习是课程体系中历时长、难监控、最为重要的实践环节，利用工作坊教学模式，职前教师的实习活动能够获得高校教师、中学名师的远程指导和实时调控，可以借助研修项目促进教学反思和教学研究。参与度是指学员在完成规定学习任务中的持续性行为参与，包括参与的广度和深度，广度是指参与的时间，深度是反映学员参与活动的深浅程度。本研究主要聚焦参与深度，考察工作坊在教育实习远程指导中的应用状况。

1. 研究样本

本研究以某高校用于教育实习远程指导的18个"教育实践工作坊"为研究对象，共涉及语文、英语、物理、化学、生物、历史、地理和政治8个学科。参加工作坊教学的坊主和学员分别有60人、1129人，正坊主均由1名高校教学法教师担任，若干名中学名师作为副坊主。坊主设计的研修项目是公布在工作坊中供学员学习研讨的内容，分为专题研讨、资源研习、文档或视频作业三类，分别有85项、135项、77项，其中政治学科的项目占52.53%。发言量的计算来自三方面内容：专题研讨的互动跟帖量、文档或视频资源的评价发言量、文档作业的提交量和评语量，其中坊主发言量共1089条，学员为5187条。

2. 研究方法

奥利弗和麦克洛克林的多层次互动分析模型由浅入深地将交互内容分为五个维度：社交型（Social）、程序型（Procedural）、说明型（Expository）、解释型（Explanatory）、认知型（Cognitive）。[3]本研究结合该模型将参与度划分为表层参与、浅层参与和深层参与三个层次，每个层次对应不同的交互内容维度。其中，表层参与包括社交型和程序型两种交互内容，前者指为建立和发展融洽关系而进行的会话，后者是解读课程要求和程序的语言；浅层参与的交互内容被界定为说明型，是应彼此直接要求展示知识和技能的发言；深层参与的交互内容分为解释型和认知型，前者是教师根据学生的反应解释知识和发展学习内容的言语，后者是指具有建设性的反馈意见和批判性的思维方式。对递进的交互内容维度分别赋予1~5递增的分值，从工作坊中交互内容类型和发言频率两方面评价参与度，假设某位学员在某项目研修中，社交型、程序型、说明型、解释型、认知型文本发言的次数分别为 $N1$、$N2$、$N3$、$N4$、$N5$，则其参与度的平均得分公式为 $(N1 \times 1 + N2 \times 2 + N3 \times 3 + N4 \times 4 + N5 \times 5) / (N1 + N2 + N3 + N4 + N5)$。

3. 数据统计

每个工作坊的坊主和学员平均人数分别约为 3.3 人、63 人，生师比分布在 11∶1～23∶1 之间。本研究采用内容分析法，对所有文本发言进行定量编码统计。

（1）工作坊发言内容的类型及其分布情况统计结果。从工作坊的发言内容类型及其分布来看，坊主和学员的交互情况具有以下特点。第一，坊主与学员的发言量不足。平均每位坊主发表 15 条言论，而每位学员仅有 3.5 条，如果忽略表层参与的发言，每位学员才 2.1 条。第二，学员参与的深度比坊主略高，但总体处于浅层参与。坊主的说明型发言占 70.62%，解释型和认知型发言仅有 25.16%，说明坊主处于浅层参与的教学状态。学员的社交型和程序型发言共 2144 条，几乎全部集中在政治学科，不具有普遍性。如果不考虑该学科的这两类发言，学员整体发言类型多为说明型和解释型，分别占 52.42% 和 46.76%，参与状态比坊主略为深入。第三，群体之间缺乏深层交互。学员发言的大部分内容是个人经验性总结，缺少对知识的深刻解析，基于批判性思维的认知型发言不多。坊主对学员的发言很少追问，浅层点评较多，群体之间并未通过辩论和交流构建起深度学习。

（2）不同学科的工作坊参与度统计结果。从 8 个学科课程教学指导工作坊的参与度统计结果来看（表1），虽然政治学科设置的研修项目量超过总量的二分之一，整体发言量最多，但无关言语较多，所以参与度偏低，如果排除社交型和程序型发言，参与度平均得分为 3.42，仍未表现出优越性。生物学科发言总量以及坊主和学员的发言量并不是很多，而且研修项目仅有 15 项，但是整体参与度得分最高。经分析发现，生物学科坊主的解释型和认知型发言内容最多，表明坊主能与学员积极互动，提出具有建设性的反馈意见，促进学员发展批判性思维方式。由此，坊主作为在线研修的组织实施者和引领者，是工作坊的核心，直接决定研修的成效。

（3）不同研修项目的工作坊参与度统计结果。参与度与研修项目的形式也有很大关系（表2），对于资源研习类项目，除非坊主组织学员对资源进行专题研讨，学员很少给予反思性评论，表层参与居多，群体互动极少，整体平均得分最低。对于作业类项目，除少数坊主的监管力度不足，大部分学员都能提交经过深入思考的解释型文本作业，参与度较高；但是，坊主对作业的评价发言大多为说明型，是三类研修项目中参与度最低的。由于专题研讨类项目具有一定即时性，在线互动过程中大多学员是为了讨论而发言，坊主积极参与的工作坊讨论内容的深度优于坊主参与较少的坊。此外，作业和专题研讨项目又分为两类内容，一类是与教学实践有关的，一类是与教学实践无关的，前者更能激发学员积极参与研讨，促进群体深入交互。

（4）不同人数的工作坊参与度统计结果。根据学员人数分布，将工作坊分为五组：19～30人（坊主2人），39～50人（坊主2人），59～70人（坊主3～4人），79～90人（坊主4～5人），100人以上（坊主6～7人），各组的参与度统计结果见表3。人数较少的前两组工作坊的参与度属于表层性质，即使剔除大量无关讨论，总体参与度也不超过3.45，所以人数少的工作坊并不一定研修效果是最佳的。79人以上大组的参与度偏低，学员与坊主发言的比例约为5∶1，也就是说学员平均发5条言论，坊主才回复一条，说明群体之间互动较少。第三组的参与度最高，坊主和学员的发言数量比较接近，而且坊主的认知型发言最多，再次证明坊主是决定研修成效的关键因素。

表1　不同学科的工作坊参与度数据统计

参与度	交互维度	语文		英语		物理		化学		生物		历史		地理		政治	
		主	员	主	员	主	员	主	员	主	员	主	员	主	员	主	员
表层参与	社交型	2	6	4	0	0	0	4	0	2	0	6	0	0	0	1	1756
	程序型	1	0	1	0	0	0	14	0	1	0	7	0	0	0	16	3
浅层参与	说明型	70	253	5	192	34	71	181	192	159	126	34	138	19	183	267	440
深层参与	解释型	18	134	13	99	2	64	27	225	36	258	24	105	12	57	25	481
	认知型	0	0	2	0	4	0	1	8	74	4	28	5	5	1	3	7
参与度平均得分		3.1	3.3	3.3	3.3	3.3	3.5	3.0	3.6	3.7	3.7	3.6	3.5	3.6	3.2	3.1	1.9
		3.28		3.34		3.39		3.38		3.67		3.51		3.22		2.00	

注："主"指坊主的发言量，"员"是学员的发言量。

表2　不同研修项目的工作坊参与度数据统计

参与度	交互维度	专题研讨		资源研习		文本作业	
		坊主	学员	坊主	学员	坊主	学员
表层参与	社交型	10	56	2	1706	7	0
	程序型	13	382	2	0	12	0
浅层参与	说明型	135	1026	27	349	607	220
深层参与	解释型	55	663	11	79	91	681
	认知型	114	25	0	0	3	0
参与度平均得分		3.76	3.10	3.12	1.44	3.10	3.76
		3.19		1.47		3.46	

表3 不同人数的工作坊参与度数据统计

参与度	交互维度	19～30人		39～50人		59～70人		79～90人		100人以上	
		坊主	学员	坊主	学员	坊主	学员	坊主	学员	坊主	学员
表层参与	社交型	0	813	5	943	9	0	0	0	5	6
	程序型	0	226	17	140	2	0	7	16	1	0
浅层参与	说明型	106	233	284	470	269	223	35	298	75	371
深层参与	解释型	21	256	33	422	57	423	22	114	24	208
	认知型	0	0	8	15	77	4	32	6	0	0
参与度平均得分		3.17	2.00	3.06	2.21	3.46	3.66	3.82	3.25	3.12	3.34
		2.05		2.36		3.61		3.36		3.30	

三、结论与建议

通过以上分析，得到以下结论：

（1）工作坊有助于促进教育反思和发展实践性知识，坊主和学员的参与度直接决定工作坊价值的实现程度。

（2）工作坊群体发言量偏少、发言内容以说明型居多，坊主和学员的参与度属于浅层参与，群体之间缺乏深层互动。

（3）研修项目多、人数少的工作坊并不是参与度最高的；坊主与学员互动较多、坊主有深层参与的工作坊的整体参与度较高。

（4）专题研讨和文本作业类研修项目更能促进群体反思性学习，学员对文本作业的参与度最高，而坊主在专题研讨中的参与深度最强。根据实证研究结果，为加强教育实践工作坊的参与度，促进职前教师深度学习，提出以下建议。

1. 组织合理有效的工作坊，提高坊主的执行力和协作力

虽然人数较多的工作坊可能会为学员提供更多的交互机会和共享信息，但若缺乏有效的团队协作，会导致发言讨论流于形式，无法形成深度参与学习。人数较少的工作坊易于管理，学员发言内容比较集中，讨论主题不易偏离，坊主更容易引入深度学习，但坊主的配备数量会受到一定限制。所以，工作坊的组建需要考虑坊主和学员的数量比例，在考虑实际人员情况的基础上尽量保证参与质量。而且，工作坊是一个学习和实践共同体，协作会话是工作坊活动的灵魂，而坊主是提高人际互动、激发智慧、凝聚力量的关键，为促进群体间通过分享、协作、互助等途径开展深度学习、实践和反思，为维系群体间真诚和信任的情感存在，坊主自身需要具备全面的专业素养。特别地，同一学科甚至全部工作坊之间应该互联互通，形成坊主工作团队，在知识共享共生共创中为学员提供深入的理论支持和实践指导。

2. 制订高品质的研修项目，促进群体间的深度交互

研修项目是开展实践学习的驱动力、脚手架，参与是否发生以学员与项目是否有效联结为标志，高质量的研修项目是提高群体参与度的必要条件。坊主在制订实践课程学习计划和项目主题时，首先，要与教学实践密切相关，只有来源于真实教学经验中的问题才能引起群体的共鸣，才会有助于学员增强认知临场感，浅表层的无效讨论会相应减少。其次，应有具体的教学情境设计，例如"函数的概念课应该如何设计"要比"数学课堂实施过程中存在哪些问题"更有针对性，对情境化的视频资源加以研讨比单纯观看视频更能够引发学员批判性思考。最后，反思总结性课题不可或缺，在线学习具有开放性和发散性特点，为帮助学员更为深刻地理解理论和实践知识，实现意义建构，需要特别重视阶段性反思总结学习，相关课题既可以为学员提供自我反思和评价机会，也能使坊主及时掌握学员的认知、情感态度和行为变化，从而改进教学策略。

3. 建立完善的评价体系，确保工作坊教学有序推进

若在工作坊教学中伴随积极的情感体验，群体的行为参与就会具有持续性、主动性，否则可能很快就会放弃参与机会，所以评价监控是工作坊运行的重要保障。在评价对象上，坊主、学员和网络平台属于需要实时监控的空间维度，实践结果和过程是需要评价的时间维度。在评价形式上，坚持静态考评与动态考评结合、他人管理与自我监控并重的原则，学校管理部门对工作坊教学进行全面监控，坊主对学员的学习进行组织管理，学员利用个人学习记录档案袋来实现自我管理。在评价方法上，工作坊的教学评价不能简单套用传统教学的考核标准和方法，尽管难以对教学进行科学的前测和后测评价研究，但是可以采用问卷调查、话语分析、行动研究等方法，收集、整理和分析教学信息，对坊主和学员的教与学状态以及网络平台的运行情况等形成较为准确的评价结果。在评价机制上，学校应设立激励政策，营造良好的信息化教学氛围，鼓励教师广泛参与工作坊教学工作。

参考文献

[1] 刘喆. 基于个人学习空间的师范生教育实践课程学习路径研究[J]. 教师教育论坛，2016，9（28）：67-72.

[2] 刘禹，王来福. 基于工作坊的高等教育实践教学体系的研究[J]. 东北财经

大学学报,2009(1):93-96.

[3] SAMI N,TOMI J. The Open University Malaysia Learning Management System:A Study of Interaction in the Asynchronous ForumBoard [J]. International Journal Of Instructional Technology And Distance Learning,2005,2(11):3-10.

(此文原载于2017年《中国大学教学》第7期)

新时代与新师范：背景、理念及举措

【摘　要】 新时代给师范专业建设及教师培养带来了新的机遇与考验，一方面，教师培养从"量"的追求转为"质"的提升；另一方面，师范专业建设将更关注"标准规范"与"内涵特色"的相互融合。对于高校而言，面对新时代，在教师培养过程中，需要提出发展"新理念"、构建培养"新标准"、探索合作"新路径"、形成评价"新体系"，培养造就一大批符合"四有"标准的高素质专业化卓越教师，全方位服务基础教育。

【关键词】 新时代；新师范；教师教育；专业建设

一、引言

20世纪30年代以后，西方"教师教育"概念逐渐取代"师范教育"并成为世界通用的概念。我国于2001年在《国务院关于基础教育改革与发展的决定》中第一次在政府文件中将长期使用的"师范教育"概念用"教师教育"加以代替，提出"完善以现有师范院校为主体，其他高校共同参与、培养培训相衔接的开放的教师教育体系"。其意义不仅仅是简单的概念替换，而是观念的更新和制度的变革[1]，标志着教师培养进入到一个新的历史发展阶段。区别于传统"师范教育"封闭性、理论性、终结性等特征[2]，"教师教育"理念更体现出教师培养的整体性、开放性、专业性和终身性[3]。十九大明确提出"新时代"的到来，党中央、国务院相继出台了《全面加强新时期教师队伍建设的意见》《教师教育振兴行动计划》等纲领性文件，加快推动了教师教育模式改革创新的步伐，师范专业建设及教师培养迎来了新的机遇与考验。

二、"新"师范提出的背景及基础

（一）新时代教师培养从"量"的追求转为"质"的提升

时代之"新"，一个很重要的方面就体现在矛盾的变化上。党的十九大明确提出"新时代"的到来，其重要标志之一，便是社会主要矛盾已经发生变化，由人民日益增长的物质文化需要同落后的社会生产之间的矛盾，转化为人民日益增长的美好生活需要和不平衡不充分的发展之间的矛盾。十九大报告也明确提出要"努力让每个孩子都能享有公平而有质量的教育"。在新时代背景下，对于基础教育领域而言，其主要矛盾已经不再是教师数量紧缺的问题，而是社会公众对优质教育资源及教育公平的强烈需求与优质教育资源稀缺及教育不均衡发展之间的矛盾。从表1的数据看，近年来基础教育领域对于教师的需求数量总体趋于稳定并有下降趋势，与我国师范生培养人数规模存在一定程度的结构性矛盾。从现实来看，我国绝大部分地区的基础教育无论是义务阶段抑或是高中阶段均已实现了普及，正从规模满足到质量提升、均衡优质发展转变，这意味着解决师资短缺问题已经不再是首要任务，培养造就一大批"有理想信念、有道德情操、有扎实学识、有仁爱之心"的卓越的中小学教师、全方位服务基础教育、持续提升教育质量、促进教育公平，才是首要目标。

表1 2000—2015年我国本专科师范毕业生与中等教育机构及以下专任教师逐年增减情况一览表[4]

年度	本科	专科	合计	中等教育机构及以下专任教师逐年增减情况
2015	366664	189923	556587	21045
2014	364225	171317	535542	17112
2013	342076	176354	518430	6104
2012	328571	183755	512326	10686
2011	302990	198650	501640	-19997
2010	293421	228216	521637	578
2009	295630	225429	521059	-25351
2008	303253	243157	546410	588
2007	279328	266494	545822	52377
2006	241787	251658	493445	43711
2005	223715	226019	449734	63203
2004	185868	200663	386531	39566
2003	158569	188396	346965	90004
2002	107661	149300	256961	46124
2001	87023	123814	210837	58254
2000	52516	100067	152583	152583

（二）师范专业建设更关注"标准规范"与"内涵特色"的相互融合

当前在师范类专业建设过程中，面临着一些普遍问题：一是更强调教师的素质和课程的改革，对学生的培养质量和效果缺乏有效的评价机制，对毕业生通过专业学习后的学识和技能等方面的状态和程度缺乏有效评判；二是高校间甚至是高校内部专业间的信息相对封闭、共享不足、协同性不强，体现在课程相互不兼容、资源重复建设、培养模式相对单一固定等方面；三是高校与地方教育行政部门、中小学校间合作不够，体现在教师职前培养与职后发展衔接不够、专业建设标准与教师职业标准衔接不够、人才培养目标与基础教育实际要求存在差异等。

2017年教育部印发了《普通高等学校师范类专业认证实施办法》及《中学、小学、学前教育专业认证标准》，标志着师范专业认证工作在全国范围内正式拉开帷幕。从发展趋势看，师范专业建设将会体现如下发展方向：一是师范专业认证会成为促进教师教育走向专业化、职业化、职前职后一体化的有效手段和重要抓手，推进教师教育改革创新、提高师范生培养质量将会成为重点工作；二是"学生中心、产出导向、质量持续改进"会成为重要的指导思想和理念，师范类专业的建设将不仅要考虑与"认证标准"的衔接，也要考虑突出自身的内涵建设及特色发展，两者相互融合，以"标准规范"为基本要求，以"内涵特色"为发展方向，促进高校明确专业定位、发挥专业优势、优化专业布局，更新教师教育办学理念，提高师范专业建设水平。

三、"新"师范的发展理念及其改革思路

新时代及师范专业认证的背景，赋予了教师教育新的目标和任务，需要高校在发展理念、培养目标、合作路径、评价体系等方面有创新思考和实践。

（一）提倡发展"新理念"：从单一封闭走向多元开放

新的发展理念主要体现在培养思路的开放性、培养形式的灵活性和课程设置的连贯性等方面。坚持需求导向、协同创新、深度融合、开放多元的基本原则，针对教师培养的薄弱环节和深层次问题，深化教师培养模式改革。

首先，在培养思路上，以追求卓越为目标，以系列化、层次化课程为载体，通过实学、实训、实习逐步使学生形成远大的教育理想、坚定的教育信念、深厚的教育情感、坚强的教育意志以及宽广的教育知识和突出的教育能力。强调当代教师培养的国际视野和本土特色相结合，凸显中西教育经典元素

相融合、理论与实践相结合,强化自主训练和合作训练、自我养成与他人促成的相结合。

其次,在培养形式上,强调凸显特色,并通过主辅兼容、复合培养、"本科+教育硕士"一体化培养、"本－硕－博"连贯式培养等模式,造就符合"四有"好标准的卓越中小学教师。

最后,在课程设置上,以往的培养主要是"理论学习+教育实习"两段式模式,主干课程主要以"教育学""心理学""学科教学法"为主;新的发展理念更强调"四年一体"连贯式的培养,提倡以实学、实训、实习理念为培养路径导向,构建理论课程、实践研习、教育实习三位一体的师范教育课程体系。其中,理论课程力求模块多元化、内容丰富化;实践研习则更多地以项目形式实施,并注重项目之间的层次性、连贯性及创新性;[5]教育实习则更强调学生通过真实体验与角色扮演,达至对教师职业的融入理解、对教学技能的掌握提升、对理想信念的坚定坚持、对教师情怀的增强升华。

(二)制定培养"新目标":从强调"学科基础"转为重视"综合素养"及"追求卓越"

在基础教育师资相对紧缺的时代,高等师范院校的主要培养目标,是缓解中小学校教师相对不足的矛盾,培养一大批掌握基本教育教学技能、能胜任中小学教育岗位的教师。在教师培养要求上,较为重视打牢学科基础知识,掌握"三笔字"、普通话等教师基本技能,对于师范生的艺体素养、信息素养、心理疏导能力、实践能力等强调不足或重视不够。

从教育部《关于实施卓越教师培养计划的意见》《中小学教师专业标准》等相关文件可以看出,新时代高校在师范生培养目标上,将与时俱进,清晰定位,结合基础教育的发展提升师范生的综合能力,培养造就一大批"四有"的高素质专业化卓越中小学教师,全方位服务基础教育。对于高校而言,在师范生培养过程中,除了强调扎实的学科知识外,更要重视学生解决问题的能力,尤其要重视艺体、信息、心理等综合素养的养成,逐渐形成"以扎实的学科基础为重点,以艺体、信息、心理等素养养成为特色,卓越的实践能力为目标"的培养思路[6]。首先,提升学生对艺术、体育的认知和修养,使师范生具备较好的艺体素养,通识教育课程在提升高校师范生艺体素养方面可以发挥重要作用。其次,使师范生具备较高的信息素养。新时代对师范生的信息素养有了更高要求,信息素养成为评价人才综合素质的一项重要指标。[7]高校需要依托教育技术学、计算机信息技术等学科,为师范生开设相关课程、举办各类学术知识讲座及教育技术类竞赛,提升师范生的信息素养。再次,使师范生具备较强的班级管理、心理干预与疏导能力。新时代背景下，对师范生应对突发事件能力、心理疏导与干预技能、班级管理能力等也有了更高的要求。[8] 高校需要充分发挥心理学等相关学科的优势，鼓励科研引领教学，教学促推科研，对师范生培养做出应有的贡献。

（三）探索合作"新路径"：从独立发展走向协同共享

卓越教师的培养，涵盖职前教育与职后实践的全过程，需要与兄弟院校共享经验，需要得到各级政府的支持，更需要中小学校的参与。高校需要改变以往各自独立发展的思路，通过理论引领、共建共享、联合培养等方式途径，加强高校间、高校与政府间、高校与中小学校间的合作，实现教师教育研究与实践成果的共享，提升基础教育教师培养质量和专业化水平，促进中小学教师队伍素质，推动教师教育可持续发展。

首先，发挥好区域"引领示范"作用，促进高校间的合作共享。高校要以社会公众对优质教育资源及教育均衡发展的强烈需求为发展动力，秉持互惠共生、优势互补、相互促进的原则，促进高校间教师教育资源共建共享，加强教师教育理论和实践研究的合作，推进教师教育改革创新，引领教师教育发展，提升教师教育的办学水平和核心竞争力。

其次，担当好服务政府部门的"智囊"角色，促进高校与政府间的合作。一方面，以促进基础教育向优质和均衡方向发展为立足点和合作基础，通过学科共建、招生就业、职后培训等方式途径，对接政府在基础教育整体提升战略、中小学教师素质提高等方面的需求；另一方面，加强师范专业建设与教师职业标准之间的衔接，以师范专业认证及教师资格制度等为导引，增强高校服务基础教育的能力和水平。

再次，利用好高校专家团队及课程资源，促进高校与中小学校间的合作共建。首先，利用高校强大的专家团队、丰富的课程资源，提升中小学校教师的专业素养，促进科组发展，推动校园文化建设；其次，通过建设高质量的卓越教师协同育人平台，汇聚优质教育资源，将校内培养与校外实践融会贯通、连成一体，通过高校兼职教师制度，稳定一批优秀中小学名教师、名校长参与到高校人才培养方案制定及课程改革建设中来，共同造就卓越教师；最后，充分利用互联网技术，探索与推进线上线下相并行、理论实践相结合的混合式教学模式，发挥基础教育名校长、名教师在师范生信念、理想、情感、知能、意志等培养中的促进作用，提升师范生专业的核心素养。

（四）形成评价"新体系"：从强调"教师教学质量"的评价转为关注"学生培养质量"的评判

当前的评价体制，更为强调对教师教学质量的评价，而对学生培养质量及培养效果的评价机制有待完善，对毕业生通过专业学习后的学识和技能等方面的状态和程度缺乏有效评判。未来师范专业建设及评价体系构建过程中，一方面，《专业认证标准》会成为促进专业建设及完善评价体系的重要参考，新印发的《专业认证标准》，从培养目标、毕业要求、课程与教学、合作与实践、师资队伍、支持条件、质量保障、学生发展等八个方面对师范专业的建设提出了基本要求，将会成为高校制定专业建设方案和评价体系的重要参考和依据；另一方面，学生培养质量的评价机制将成为制度建设的重点难点，新的认证标准明确提出"学生中心、产出导向、质量持续改进"的基本理念，并致力于能对毕业生们通过专业的学习后的学识和技能等方面的状态和程度作出有效评价。因此，高校在完善评价体系的过程中，要体现"学生中心、产出导向"的理念，突出师范专业内涵建设及特色发展，不仅重视对教育过程的考察，更要加强对教育结果的评价，包括毕业生通过专业的学习后的学识和技能等方面的状态和程度、教师职业素养、社会及用人单位对毕业生的认同度等。此外，制度的建设将更重视"专业"与"职业"之间的紧密关联，使专业建设不仅符合教育规律，也符合行业要求。

四、创新教师教育"协同共享"合作模式的思考及举措

新时代师范专业建设及教师人才培养，需要在新的发展理念指导下，从单一封闭走向开放多元，从独立发展走向共建共享，与兄弟院校、教育行政部门和中小学校构建起权责明晰、稳定协调、合作共享的"校际－校政－校校"协同培养机制。

（一）重视高校间的合作，构建"校际"（U－U）共建共享机制

校际合作主要是指高校之间的合作，包括省内、省外高校，也包括国际间的高校。总体思路可以是高校间整体的战略合作，也可以是以点带面引领式的合作。主要举措包括：

（1）共建课程团队。教育部于2011年印发了《关于大力推进教师教育课程改革的意见》，要求深化教师教育改革，全面提高教师培养质量，建设高素质专业化教师队伍。从发展趋势看，课程改革仍然是教师教育改革发展的核心任务，而课程团队的建设则是推动课程改革创新的重要一环。高校需要发挥各

自优势,利用专家团队的力量,秉持互惠共生、优势互补、相互促进的原则,组建跨校式、开放性的课程团队,开发优质的《教育学》《心理学》《教育信息技术学》等课程资源,集中解决课程建设过程中遇到的重点难点问题。

(2) 共建共享教师教育类课程。在推进教师教育改革创新、提高师范专业建设水平的过程中,教师教育类课程改革是重中之重。各高校都在紧锣密鼓完善和修订教师教育类课程方案。利用此契机,各高校应通过共享教师教育课程建设成果,构建体现先进教育思想、开放兼容的教师教育课程体系,争取在创新教师教育课程理念、优化教师教育课程结构、改革课程教学内容等方面取得突破。

(3) 联合培养学生。包括本科生交换培养、硕士生联合培养。一方面,构建起课程共建共享体系。充分利用"互联网+"优势,共享丰富的线上课程资源,形成开放式、多元化、现场与网上相结合的共享课程体系;另一方面,充分利用和发挥目前已有的优质教育实践基地的优势,共享基地资源,在提高师范生培养质量的同时提升高校服务基础教育的能力和水平。

(二) 加强与行政部门的沟通,创新"校政"(U-G)合作模式

"校政"合作主要是指高校与地方教育行政部门之间的合作,发挥好高校"社会服务"的功能及扮演好"智囊智库"的角色。

(1) 以多层次、多向度的教师职后培训模式为基础,对接政府提升在职教师的专业能力及学历需求。按照国家和各省的教育中长期规划,提升基础教育教师队伍整体素质、促进优质教育均衡发展是重要任务。各级地方政府陆续制定了"在职教师专业素质提升计划",对教师的学历、职业技能等提出了明确的要求。高等师范院校作为教师培养培训的重要机构,应构建多层次、多向度的教师职后培训模式,服务基础教育,满足基础教育教师学历提升、专业素养提高等方面的需求。

(2) 以学科共建为抓手,助推地方政府达成区域内学科水平整体提升目标。学科共建,主要是利用高校的专家团队力量、丰富的课程资源、前沿的理论研究,帮助提升区域内某一学科的整体水平。一般以3~5年为一个共建周期,一方面,利用高校资源帮助提升区域内学科教育的整体水平,使区域内的中小学教师在专业素养上得到长足进步;另一方面,推动高校教师尤其是学科教学论教师队伍深入基础教育一线,熟悉和研究中小学教师专业标准、教师教育课程标准和中学教育教学工作,形成丰富的基础教育研究成果。

(3) 以"补强扶弱"理念为导向,促进区域间教育均衡发展。目前,部分区域内教育发展极不均衡,社会公众对优质教育资源及教育公平性有强烈需

求,各级政府对于促进教育公平、推动教育均衡发展有强烈意愿。高等师范院校在教师培养、理论研究、社会服务等方面有得天独厚的优势和条件,需要秉持"补强扶弱"的发展理念,以教育发展尤其是教师教育和基础教育创新发展现存的问题为导向,以社会公众对优质教育资源及教育公平的强烈需求为动力,在促进教育公平,推动教育均衡发展,扶助薄弱地区、欠发达地区、边远山区基础教育的发展等方面做出应有的贡献。譬如,实施"种子"教师定向培养计划,通过招收免费师范生,与地级市教育局开展协同培养,为中学培养"种子"教师,带动农村基础教育改革,提升农村教育发展水平,实现城乡协调发展。

(三)促进与中小学校间的交流,形成"校校"(U-S)协同联盟

"校校"合作主要是指高校与基础教育中小学校间的合作。主要通过打造协同发展联盟等方式路径,实现高校与中小学校在职前教师培养、职后教师培训、科组团队建设、校园文化提升、课堂教学研讨、教师互派互访等领域的合作。

(1)通过构建"高校-普通中小学"协同发展联盟,实现高校与中小学校多元合作。"高校-普通中小学"协同发展联盟的主要目的,是聚合、分享、开发更多优质教育资源,创新大学与中小学协同发展模式,探索教师专业发展一体化有效路径,全面提升教师教育质量,促进基础教育发展,实现高校与普通中小学协同发展,造就卓越教师。[9]通过与联盟中小学校开展合作,建成协同发展联盟运行机制与优质教育资源共享机制,完成职前教师培养、职后教师培训、科组团队建设、校园文化提升、课堂教学研讨、教师互派互访等任务。

(2)通过创新在职中小学教师专业发展体系,满足中小学校教师再教育需求。首先,考虑构建在职中小学教师培训与学历教育相互衔接的课程体系,建立"学分银行",实行学分互认。其次,构建以教育硕士和教师发展与管理专业为支撑的研究生培养体系。譬如,开设面向教育管理者的教育硕士专业,实行单招单考。开设教师发展与管理研究生专业,以教师职后专业发展与教师管理为研究对象,培养造就一批专业化、高水平的管理者队伍。最后,实施中小学教师及校长访问学者计划,选派优秀的中小学教师、校长到高校访学进修,以各地市骨干校长、名校长、骨干教师、名教师和教育行政领导培训项目为依托,形成教师、校长梯度发展培养模式。

(3)通过服务合作项目,安排高校学科课程与教学论教师轮流到中小学

校挂职锻炼。新颁布的专业认证标准对专任学科课程与教学论教师队伍的数量、学历、境外研修经历、中学教育服务经历等方面做出了明确的规定，提出"教师教育课程教师熟悉中学教师专业标准、教师教育课程标准和中学教育教学工作，每五年至少有一年中学教育服务经历，能够指导中学教育教学工作，并有丰富的基础教育研究成果"[10]，这意味着未来师范专业的发展，不仅要重视专任教师的"量"，更要重视"质"；不仅要求专任教师们要紧跟国际学术前沿，更要及时关注和研究基础教育的发展动态。高校需要出台《加强专任学科课程与教学论教师队伍建设的意见》，每年选拔一批学科课程与教学论教师到中学任教、挂职，为期半年或一年，从制度、经费、评价体系等方面对教学法教师队伍服务中小学教育加以明确和支持。

（4）通过质量提升计划，稳定一批一线优秀中小学教师作为高校兼职教师。专业认证标准中明确规定，在师范专业教师队伍中，"基础教育一线的兼职教师队伍稳定，占教师教育课程教师比例不低于20%"。[10]与以往许多"走过场"式的兼职教师队伍不同的是，这次明确要求他们"能深度参与师范生培养工作"，即这支兼职教师队伍不能是随意的、临时的，而是稳定的、高素质的，他们所开设的相关课程需要编入师范生教学计划、按正常教学管理制度加以执行、监督和评价。高校需要通过出台相关政策，稳定一批以省市级学科带头人、特级教师、高级教师为主的一线优秀教师作为高校兼职教师，为本科生开设课程、提供讲座、担任实践导师，提升师范生培养质量。

五、结语

国家明确提出要"严格教师资质，提升教师素质，努力造就一支师德高尚、业务精湛、结构合理、充满活力的高素质专业化教师队伍"。作为高等师范院校，无论是其内涵发展要求，还是其社会历史责任担当，都应该义无反顾地担当起教师教育改革创新的重任，为区域以及全国教师教育改革创新以及培养培训质量的提高提供经验和智力支持，为造就一支"具备家国情怀、国际视野、创新精神、实践能力、终身学习能力与适应能力的高素质'新师范'人才"而努力作为。

参考文献

[1] 袁振国. 从"师范教育"向"教师教育"的转变[J]. 中国高等教育，2004（5）：29-31.

[2] 钟启泉，王艳玲. 从"师范教育"走向"教师教育"[J]. 全球教育展望，

2012 (6): 22-25.

[3] 黄崴. 从"师范教育"到"教师教育"的转型 [J]. 高等师范教育研究, 2001 (11): 14-17.

[4] 张松详. 我国师范专业认证需要关注的若干问题及对策研究 [J]. 教育发展研究, 2017 (15-16): 38-44.

[5] 陈冀平, 张伟坤. 混合编队教育实习完全实操手册 [M]. 北京: 高等教育出版社, 2009: 25.

[6] 林天伦, 沈文淮, 熊建文. 骨干专家型教师"五位一体"培养模式构建与实践 [J]. 中国大学教学, 2015 (5): 45-48.

[7] 何克抗, 李文光. 教育技术学 [M]. 北京: 北京师范大学出版社, 2002: 381.

[8] 张伟坤, 沈文淮, 林天伦. 顶岗实习: 助推教师教育人才培养模式改革 [J]. 中国大学教学, 2012 (1): 81-83.

[9] 林天伦, 沈文淮, 熊建文. 卓越教师培养的实践探索 [J]. 教育研究, 2016 (7): 156-159.

[10] 教育部《关于印发普通高等学校师范类专业认证实施办法(暂行)的通知》教师〔2017〕13号 [Z]. 2017-10-26.

(此文原载于2019年《高教探索》第1期)

学科课程与教学论教师专业发展：
现实困境与突围路径

【摘　要】 教育是国之大计，党之大计。教育大计，教师为本。在理论与实践上被视为"师之师"的学科课程与教学论教师面临着"八维"专业发展困境，表现出"五维"工作状态。困境的突围必须基于系统性思维，要求学科课程与教学论教师、所在院校和外部评估机构的协调联动。

【关键词】 课程与教学论；教师专业发展；协调联动

教育是国之大计，党之大计。[1]教育大计，教师为本。[2]教师在党和国家事业发展中的重要地位要求大力振兴教师教育，强化教师教育师资队伍建设。肩负着塑造灵魂、塑造生命、塑造人的时代重任的教师，不仅要懂得教什么，而且还要懂得怎么教、教到什么程度等，这就要求教师要学会把学科知识与教学方法有机融合。事实上，师范专业与非师范专业学生的根本区别在于前者不仅要掌握学科知识，还要掌握教人的知识和方法。只有掌握了教人的知识和方法，学科知识的拥有者才具备从教的资格，走上教师专业化的发展道路。可见，是否掌握教人的知识和方法是衡量一个人能否获得从教资格的关键因素，也是从业者之所以成为专业人士的重要标志，更是教师成为名师、大师的必然要求。如何教人的知识和方法之于从业者专业发展所具有的价值，要求"加强高校教师教学能力发展中心建设，全面开展教师教学能力提升培训"，[3]提高立德树人效果。

教人的知识和方法之于教师专业发展的价值，要求师范专业配备学科课程与教学论教师，专职于指导中小学职前教师和在职教师建构学科教学知识、发展学科教学能力、培养学科教学智慧。[4]正是这支队伍使得学生更好地把学科知识与教人的知识和方法有机融合起来，进而学会如何教。只有懂得如何教，才能从"教"的活动中产生对职业的认同，才能体悟到职业的获得感和幸福感。研究指出，近年来一些非师范专业毕业的新入职教师容易离职，[5]究其原因，这些新入职教师在大学期间没有系统地学习过从教知识以及接受过教学方法的训练。因此，他们在与学生、教材、教学媒体等要素的实践联动中难以产生获得感、成功感。教书育人的挫败感使他们不得不弃教。可见，学科课程与教学论教师一定程度上也决定了新入职教师的从教态度、职业认同和职业幸福。因此，这支队伍无论在理论或实践上都有着"师之师"的称谓。国家十分重视这支队伍的发展，要求高校"在岗位职数、评聘条件等方面专门制定相关政策，为学科课程与教学论教师的职务（职称）晋升创造条件"。[6]

学科课程与教学论教师主要活跃在师范院校。笔者对不同区域师范院校的这支队伍抽样调查发现，其专业发展面临着严重困境，制约着教师教育的效果，不利于为实现"努力让每个孩子享有公平而有质量的教育"的教育追求而造就一批又一批高素质的新入职教师。

一、"八没"：学科课程与教学论教师专业发展的现实写照

笔者对受访资料整理、分析发现，学科课程与教学论教师专业发展存在八维困境，可概括为"八没"。

（一）学科交叉没中心

学科课程与教学论归属于教育学一级学科，然而在实际教学中又与数学、语文、英语、化学、生物等学科专业密切相关。该学科的教学内容需将学科专业知识与教育学知识相联系，并且需要将教育理论与实践教学紧密联系在一起。因此，课程与教学论教师如果归属于学科专业，会由于研究背景偏教学论方向而缺乏竞争力；如果归属于教育学方向，又会因偏向学科教学而缺乏认可度。这种特殊的学科交叉性，犹如受访者所言"对自身发展方向不清，对身份定位模糊"，一定程度上降低了课程与教学论教师的专业化程度。

（二）人员分散没合力

正如受访者所言，"课程与教学论教师往往只能各自为战、自成一体，犹如一盘散沙"。学科课程与教学论教师通常归属于二级学院管理，但因其专业的学科交叉和理论应用型特点，导致其无论是在学科专业水平，还是在科研成果层次上均难以与学科专业教师相提并论，逐渐成为学院里的"边缘人"。一个专业拥有的课程与教学论教师的数量均比较有限。如果仅隶属于某个二级单位管理，他们会因"人单力薄"缺少关注和支持，少有机会与其他学科的课程与教学论教师交流和沟通，难以形成科研团队，课程与教学论学科发展难以凝聚合力。同时，他们在二级单位的存在感和归属感也低。

（三）专业发展没重视

学科课程与教学论是建立在专业知识、教育理论和教学实践融会贯通基础

上的一门学科,课程与教学论教师只有掌握扎实的学科专业知识和教育学相关原理,并富有基础教育实践教学经验,才能真正"好"上课和上"好"课。研究指出,现有的课程与教学论教师大致由三部分人员组成:一线的中小学教师,他们实践经验丰富而教育理论薄弱;师范院校相关学科的专业教师,他们学科专业功力深厚而缺乏教育理论和实践经验;课程与教学论专业出身的教师,他们教育理论扎实而学科专业欠缺。[7]三类人员组成的结构有互补性、合理性,本应有利于整体性发展,但现实中这三类人员缺乏相应的发展机会。有受访者写道,"专业培训平台欠缺、培训机会较少、专业学术会议和学术共同体尚未建立,使课程与教学论教师的专业提升受到了较大限制"。

(四)工作要求没轻松

笔者调查了解到,各学科的课程与教学论教师肩负的工作任务远比学科专业教师繁重。有受访者写道,"大多数课程与教学论教师既要承担全学院的课程与教学论教学任务,还要辅导学生参加教学实践活动;不仅要到中小学参与基础教育教学实践,还要编教材、写教参、搞培训。即使实践性是课程与教学论的鲜明特征,教学和实践指导已占据课程与教学论教师大量的时间和精力,但在科研要求方面,学校对课程与教学论教师和学科专业教师'一视同仁'。面对学术研究的高标准,课程与教学论教师往往显得力不从心"。

(五)职称评定没区别

以指导他人教什么、怎么教、教到什么程度为己任的"师之师"群体,理应在职称评定上享有优势,可现实并非如此。据笔者了解,在师范院校中课程与教学论教师有高级职称的人数比例最低,原因在于高校设定的职称评定标准主要关注科研业绩,轻视教学业绩,更未能反映课程与教学论的学科特点,未能体现课程与教学论教师的工作实际。在一把"尺子"之下,课程与教学论教师与学科专业教师同场竞技,往往劣势尽显,成为职称评审中的"陪跑者"。

(六)业绩成果没分量

学科课程与教学论教师的"天职"在于为基础教育培养懂教、能教的新入职教师以及提高基础教育在职教师的施教水平。这就要求他们深入中小学、研究中小学、改进中小学。然而,多数师范院校的人事制度并不支持这支队伍深入中小学,业绩评价标准也不支持这支队伍与中小学开展合作产生的成果,如参编的基础教育教材和教参,虽然对基础教育来说弥足珍贵,但在师范院校评价体系中却显得微不足道。学校政策的不支持导致这支队伍不愿意研究中小学、不深入研究中小学、研究中小学不够深入，因而难以产生有分量的成果。与此同时，课程与教学论教师难以申报高水平的科研项目，研究论文也较难获得高层次学术期刊的青睐。

（七）经费待遇没指望

学科课程与教学论介于高等教育与基础教育、学科发展与专业发展、教育理论与实习实践之间，研究涉及面广，但缺乏深度，因此，有受访者写道，"课程与教学论教师在课题申报和高级别论文发表中难与学科专业教师竞争"。在科研导向日益凸显的高校，教师科研成果一定程度上决定了教师的专业地位和收入水平。缺乏有分量的课题和论文，意味着课程与教学论教师在科研经费的分配中"难以分得一杯羹"，在各级各类评优评奖中也难以脱颖而出，难怪受访者言道，"……荣誉、奖励属于别人的，而干活则属于我们的。别的学科少则几万、多则拿几十万；我们学科，几千也拿不到"。

（八）规则制定没话语

有受访者如是写道，"学校教学、科研、组织、人事等的规则制定者大多是相关职能部门领导以及重点专业、一流学科的教授和专家"。学科课程与教学论专业缺乏学术带头人，学科被边缘化，大大降低了课程与教学论教师群体在师范院校规则制定中的"话语权"，"马太效应"在一定程度上加剧了课程与教学论教师专业发展的困境。

专业发展中的"八维"困境致使"师之师"群体在现实工作中不同程度地存在"五维"状态：工作多，亮点少；抱怨多，行动少；困难多，办法少；沉默多，反思少；退化多，进步少。学科地位尴尬、专业发展受限等因素严重制约着课程与教学论学科的发展，结果犹如受访者所言"使越来越多的教师不愿意成为专职课程与教学论教师"。不改变这支队伍的现状必然不利于造就高素质的新入职教师，不利于促进在职中小学教师的专业发展，更不利于推动引领基础教育改革创新发展。

二、内外交织：课程与教学论教师专业发展困境的成因

学科课程与教学论教师专业发展面临着多维困境与挑战，既有外部因素的影响，也有队伍自身的原因，由外部因素交织共同制约着这支队伍的专业发展。

（一）外因：行为主义认为，人的行为受制于所在环境

可将制约着课程与教学论教师专业发展的环境因素归结为三类：

（1）高校外部评价的片面性。开展高校评价旨在通过评价导引高校充分发挥在人才培养、科学研究、文化传承和社会服务等方面的积极作用，提高办学效益。尽管各评估机构都在逐步探索更加科学高效的评价模式，但是外部机构实施的现有评价体系在指标选择上往往重视学科、项目、平台、经费、论文等硬指标，轻视高校在培养学生和开展社会服务等方面的软指标；重视对教师的评价，轻视对学生的评价；重视对现有条件的评价，轻视未来发展可能性的评价；重视定量评价，轻视定性评价。评价体系构建反映的"共性、硬性指标有余，个性、软性指标不足"片面性价值取向难以导引高校分类发展、个性发展、特色发展、持续发展；基于这种评价体系获得的高校排名不利于促进高校落实立德树人的根本任务，不利于推动高校开展一流本科教学的建设。相反，评估机构公布的高校排名在一定程度上助长了高校决策者"追名逐利之风"，正是这种"追名逐利"使得学校资源配置偏离了人才培养的宗旨，有碍于学科课程与教学论教师的专业发展。

（2）高校决策者价值的偏移性。高校之所以为高校，是因为其肩负着培养高层次人才的使命。然而，市场经济的急功近利、经济上的 GDP 崇拜一定程度上影响着高校主要领导者的决策，他们更多地关注高校的现实排名，认为"名次"是学校办学实力和社会声望的代名词，因此追求排名、宣传排名。为排名、为获得有利的排名，他们把有限的资源倾注于满足评价体系中能带来排名提升的项目、学科、平台、论文等。申报研究项目、开展学科建设、建设各类平台、撰写研究论文等本应服务于学生培养，作为立德树人的手段，现实中却成为决策者追求的目标。手段与目标的移位致使"副业"变"主业"、"主业"变"副业"，必然不利于以教会学生如何教书育人以及以如何提高在职教师立德树人水平为己任的课程与教学论学科的建设。事实上，当下一些高校在进行高水平大学建设时并未有效关注人才培养，更不用说关注到课程与教学论教师队伍的建设和发展。决策者价值的偏移进一步致使课程与教学论教师对自身价值定位迷失，对未来职业发展迷茫。

（3）管理制度的同质性。高校承担着人才培养、科学研究、社会服务等多元化职责，教师是实现这些职责的主体，因此，高校应针对教师的工作特点和实质进行有效分类，实施科学化、精细化管理，这是提升教师工作积极性、主动性和责任感的有效途径。然而，据笔者了解，受访者所在院校对教师聘用、考核、晋升、评优、评先等均采用统一标准，并没有根据学科课程与教学

论教师的工作特点采取与学科教师"和而不同"的考评方案。教师管理制度的同质性必然使这支"双专业"从业队伍在"单专业"从业队伍面前丧失整体优势，一定程度上妨碍学科课程与教学论教师群体在专业发展上的主观能动性。

（二）内因：学科课程与教学论教师专业发展受困不仅仅是外因所致，其自身也是困境的制造者

（1）工作特性的认识不到位。首先，学科课程与教学论教师对本学科认识不到位而没有把握学科带来的发展机遇。如前所述，学科课程与教学论是一门把学科知识和原理与教育学、心理学、教材教法的知识和理论融合在一起的交叉学科，是一个学科性知识和工具性知识交互作用的领域。虽不一定像非交叉学科那么专业化，但作为一个交叉领域，经过深耕可以产生新知识、形成新成果。"协同研究"的理念与实践就是强调开展"学科交叉"研究所具有的价值的有力例证。课程与教学论教师所从事的工作的"交叉性"理应是其专业发展的优势，可受访者中的多数却把其视为劣势，不予以重视。其次，课程与教学论教师对工作特性的认识不到位，自视低人一等。高校履行着人才培养、科学研究、文化传承、社会服务等职责，这些职责并无高低贵贱之分。对于高校不同学科和专业而言，其主要职责应有所侧重。课程与教学论是高校直接与基础教育对接的教师教育类课程，旨在为基础教育培养合格师资，为推进基础教育优质均衡发展提供人力资源保障。从事这门学科的教学与研究本应是"功在当代，利在千秋"的事业。然而，不少课程与教学论教师并没有深刻认识到其所从事的工作特性，认为自身的工作是"蹭饭吃"的活儿、没有多少"含金量"的活儿，不是什么"高大上"的工作，因此，未能对其产生强烈的价值认同感。工作价值的认识不到位很大程度上使他们对自己的工作不够热爱，使其难以在工作中表现出高度的责任感和专业性。

（2）发展困境的归因不对位。访谈中，不少课程与教学论教师都表达了对自身专业发展困境的忧虑，认为这些困境源于学科定位不清及学校制度环境等外部因素，缺乏在自身上寻找根源。任何问题的产生，必然受到外部因素和内部因素的双重制约，相比之下，起决定作用的是内因，外因通过内因而起作用。他们对专业发展困境的外向归因致使他们倾向于期待学校、社会以及教育行政主管部门能够为其专业发展提供更多有利的政策和条件，未能结合自身专业特点，主动出击，积极作为，寻求提升专业发展的有效途径。发展困境的归因不对位遮蔽了他们逾越困境的机会，阻碍了主观能动性的发挥。

（3）现状改进的方法不越位。课程与教学论教师专业发展陷于多维困境，

与其摆脱困境的方法不当有着很大关联。访谈中，笔者了解到这支队伍也曾努力尝试通过不同方法摆脱自身专业发展上的困境，然而，相对于以满足服务对象发展需求的利他思维出发，他们更倾向于以关注自身需要的利己思维采取应对困境的措施。有受访者如是说，"我也想过写文章、申报课题，可就是找不到好的选题"。在笔者看来，受访者之所以找不到好的选题，不是因为没有好的选题，而是因为他没有深入关注师范生培养过程的诸要素，不深入自身的服务领域，不了解中小学在学校管理、学生德育、课堂教学、课程建设、学生社团建设等方方面面正在发生的改变。师范生培养及基础教育改革创新发展进程中包含着大量富有价值的选题，亟待课程与教学论教师研究、探索。然而，局限于自身需求的思维方式和行为习惯，大量专业发展机会与他们擦肩而过，使他们很难摆脱自身的专业发展困境。

三、协调联动：课程与教学论教师专业发展困境的突围路径

如前所述，学科课程与教学论教师专业发展陷入多维困境，既有外因推动，也有内因作用，内外因交织在一起制约着该群体的专业发展。困境的突围必须基于系统性思维，要求该群体、所在院校和外部评估机构三方协调联动。三方中，作为"当事人"，学科课程与教学教师应率先发挥主观能动性，因为在事物发展进程中"外因是事物变化发展的条件，内因是事物变化发展的根据，外因通过内因而起作用"。[8]课程与教学论教师群体唯有自身改变才可寄希望于别人的改变，犹如受访者所言"先做好自己"。

（一）深化职业价值认识，反思自我，强化自我发展的意识与行为

（1）深化职业认识，增强工作动力。课程与教学论教师只有真正培养和建立起对自身职业的认同，解决好专业发展中"我是谁"这一基本问题，[9]才能有效提升工作动力。

一是强化职业价值的认识。人是价值追求的动物，只有当其认识到所从事的活动的价值时才会主动作为、勇于作为、积极创造价值。有关教师的价值，党和国家给予了高度的评价，认为"教师是教育发展的第一资源，是国家富强、民族振兴、人民幸福的重要基石"。[2]教师在教育事业以及整个国家发展的价值定位既是每个教师的荣光又是每个教师的担当，更是每位教师安教、善教的力量源泉。课程与教学论教师应潜心挖掘自身职业优势，立足于课程与教学论实践性、技能性、应用性的特色，通过加强自身知识底蕴、提升专业理论功底、强化现代职业技能等手段全面培养自己的职业素养，明确职业发展规

划，在不断学习和反思中加强责任意识和社会担当，为我国基础教育培养既具有扎实的教育理论知识，又具备创造性教学能力的高素质教师。

二是深化专业发展价值的认识。进入新时代，人民群众对教育的追求已从"有"向"优"转变，"发展素质教育""努力让每个孩子都能享有公平而有质量的教育"已成为基础教育改革与发展的价值追求与发展目标，教育环境变化的高要求需要造就一批批高素质的新入职教师以及提升在职教师的专业发展水平。学科课程与教学论教师的职责是培养懂教、会教的新入职教师以及善教、教好的在职教师。只有课程与教学论教师自身的专业获得发展，这些任务、目标才有可能更好地达成。同时，作为从事精神活动的教师，课程与教师论教师的幸福感也来自服务对象更好的成长，没有对象更好的成长，难言课程与教学论教师的幸福快乐。所有这一切无不要求课程与教师论教师深入研究服务对象，在促进服务对象的成长中实现自身的专业发展。

（2）确立良好信念，筑牢发展根基。信念支配人的行为。作为"师之师"的学科课程与教学论教师，担负着直接塑造未来新入职教师以及促进在职教师专业发展的责任。在言行举止以及对待事物的态度上应发挥示范引领作用，释放更多的正能量。如在困境、逆境面前学会控制情绪，懂得查找原因时"先己后人"；对待工作抱着"来之不易"的态度，增强工作的危机感和使命感；确立起"事在人为"的观点，学会以相互联系、相互制约的观点看待世界，形成"不嫌、不推、不拖、不等、不靠"的处事风格和行为习惯。有了良好的信念，就能夯实化解问题的思想基础。

（3）加强实践修炼，丰富工作智慧。学科课程与教学论教师意欲赢得他人的认可和尊重，不仅要通过理论学习夯实专业知识和理论基础，还要通过实践修炼不断丰富工作经验和智慧。

一是加强学习，丰富知识与理论。学科课程与教学论教师要不断完善教育教学理论知识体系，丰富学科专业知识，并发挥"边缘效应"的作用，促进学科专业知识和教育理论的有机融合，实现课程与教学论和学科专业 $1+1>2$ 的发展。课程与教学论教师可以通过自学、参加教育教学理论培训、参与专业学科学术沙龙、参加课程与教学论教学观摩和教研活动等途径，提升专业水平。随着教育信息技术的发展，课程与教学论教学也不应再简单地沿用传统的教学模式和方法，应在教学方式方法上敢于创新，通过学习和掌握现代化的教育信息技术，引入慕课、微课、翻转课堂等形式多样的教学模式，提升教学有效性。

二是开展研究，积累知识与经验。课程与教学论教师要积极申报诸如教学质量工程项目，开展教学研究，掌握、发展与创生教学理论和方法。只有自身知道教学要改什么、如何改、如何实施改，才能更好地指导师范生以及在职中小学教师开展教学改革。在专业研究中还需打破自我封闭，主动寻求不同学科的课程与教学论教师的合作，建立课程与教学论教师科研团队，加强科研项目合作与成果共享。

三是实施指导，完善自我与发展。"以研促教""以研兴学"是基础教育改革创新发展的时代主题。无论是教育行政部门下的教研部门抑或是中小学校自身都在通过课题立项推动教学研究的开展。然而，如何选题、选什么题、如何设计研究、如何实施研究、如何收集资料、如何结题、如何推广研究成果等涉及教学研究的各个环节，于中小学教师而言，这些都是陌生的，亟待学科课程与教学论教师予以指导。课程与教学论教师通过对中小学教师实施指导和培训，化解他们在教学改革过程中面临的难题，提升他们教书育人的水平，从而达致自身的改进。

四是总结反思，实现改进与提升。课程与教学论教师应对自身工作实践不断总结反思，找准制约专业持续发展的症结，不断启动学习、研究、指导三大武器，形成在学习上的研究、在研究上的指导、在指导上进一步学习的循环改进机制，从而实现专业发展的持续提升。

（二）树立正确的发展观，落实立德树人的根本任务，导引课程与教师论教师专业发展

（1）评估机构要发挥导引作用，为落实立德树人根本任务营造良好氛围、释放正能量。毋庸置疑，外部评估机构对高校的评估也是促进学校发展的手段，然而，学校的发展应是人才成长、个性发展、特色发展、长远发展。因而，在评估标准设计上应避免"重硬性、轻软性；重现状，轻未来；重科研，轻教学；重教师、轻学生"的"短视"理念与行为，应体现育人性、系统性、重个性、长远性的特点，为落实立德树人的根本任务发挥激励性、促进性的功能。

（2）高校决策者要从国家持续振兴、学校长远发展以及自身内心安宁的角度出发，谋划、统筹学校发展工作，落实立德树人的根本工作。

一是实行双重管理，释放发展潜能。辩证唯物主义认为，内容决定形式。[8]就教师而言，掌握学科知识是开展学科教学的前提，没有厚实的专业基础知识难有多彩的知识展现。对于课程与教学论教师而言，他们不仅自身要懂得"教什么"和"如何教"，而且要懂得指导别人"教什么"和"如何教"，这就要求课程与教学论教师不能脱离相关专业所在的二级教学单位管理。与此同时，"科学研究"已内化为大学的重要功能，科研业绩已成为评价教师的重

要维度，以指导他人"教什么"和"如何教"为己任的课程与教学论教师在二级教学单位不仅势单力薄，而且研究成果也难登大雅之堂，更不可与专业教师的成果相"媲美"，"数量"与"质量"上的"尴尬"局面既不利于释放其立德树人的潜能，也不利于与其他专业教师的深度研讨交流。因此，有必要在学校层面为课程与教学论教师设立专门机构，构建促进他们交流与竞争的机制，负责他们的专业发展，包括开展学术研究、培训、工作考评、职称评定等。"学院人"与"学校人"相结合的双重管理一方面有利于课程与教学论教师获取学科前沿资讯，夯实与丰富相关学科知识；另一方面有助于形成课程与教学论教师学术共同体，促进其在教育理论和教学方法上的学习交流与提升。

二是优化用人制度，激活队伍活力。"建立以师范院校为主体、高水平非师范院校参与的中国特色师范教育体系。"[2]党和国家教育事业发展的制度安排要求师范院校成为教师教育的主体。师范院校义无反顾要履行振兴教师教育主业的职责，担当起为"发展更加公平更有质量的教育"造就一支高素质专业化创新型教师队伍的时代使命。光荣而艰巨的任务要求师范院校加强学科课程与教学论教师队伍的建设，要求师范院校决策者在内心和行动上必须牢固确立"功成不必在我，功成必然有我，功成必在学生成长"的精神境界和价值定位，在高层次人才定位、培育与引进上体现自身特征，打破"一刀切"式的用人制度。根据师范院校的特点与发展需求制定更加适宜的用人制度，使学科课程与教学论教师队伍有方向、有盼头、有奔头。如在课程与教学论教师的招聘上破除唯博士的准入制度，激励有情怀、有担当、有能力、有硕士学位的年轻教师投入其中。加强课程与教学论学科带头人建设，构建老中青教师相结合、理论知识与实践经验互补的教师队伍，提升课程与教学论教师队伍的整体素质。

三是创新评价晋升机制，导引服务开展。课程与教学论教师不仅自己要懂得教什么、怎么教等，而且要懂得指导师范生教什么、怎么教等；不仅要有理论知识，而且要有实践经验；不仅要培养师范生，而且要培训在职中小学教师，指导他们适应和驾驭课堂教学改革。他们工作上的特殊性要求建立单列的评价晋升机制，将其"天职"涉及的师范生培养诸环节，如微格教学指导、实习指导、各类各级竞赛指导以及参与编写基础教育教材、培训中小学教师、举行课堂教学改革研讨等社会服务等纳入工作考核晋升内容。单列的考核晋升机制不仅能引导他们专注于主业，而且也能促进彼此间的合作与竞争，有利于调动其专业发展的积极性及提升专业发展水平。

四是实施多元促进策略，提升施教能力。课程与教学论是一门实践性很强的课程，教师不仅需要具备深厚的教育理论功底，更需具有丰富的教学实践经验。随着教育技术的不断发展，教学理念和方法日新月异。课程与教学论教师只有通过经常培训和学习，才能不断更新自身知识理论体系和教学理念方法，进而帮助学生更好地适应教育现代化的要求。因此，高校应重视课程与教学论教师的进修与学习，采用"走出去与请进来，内部研讨与外部交流"相结合的多元策略，一方面支持课程与教学论教师参加校内外各级培训班、进修班、学术研讨、实地见习等活动；另一方面邀请国内外课程与教学法专家到校开设讲座，组织不同学科课程与教学论教师和中小学教师开展学术沙龙等。与此同时，可通过任务驱动进一步促进他们自主与互助发展。如实施"七个一"工程，即要求他们每周阅读一篇文章、每学期交流研讨一次、每学期为中小学做一次讲座、每人对接一所中小学、每人出版一本中小学教学或管理案例集、每年每人在省级以上刊物公开发表一篇论文、每年每人举行一次公开课。相关任务完成情况可作为评先、评优、晋升等考核内容。

参考文献

[1] 习近平. 全国教育大会重要讲话 [EB/OL]. http://www.gov.cn/xinwen/2018 - 09/10/content_ 5320835. htm.

[2] 中共中央国务院. 关于全面深化新时代教师队伍建设改革的意见 [EB/OL]. http://www.moe.gov.cn/jyb_ xwfb/moe_ 1946/fj_ 2018/201801/t20180131_ 326148.html.

[3] 教育部. 关于加快建设高水平本科教育，全面提高人才培养能力的意见（教高 [2018] 2 号）.

[4] 侯小兵. 学科教学论教师的专业身份研究 [M]. 北京：科学出版社，2016 (10).

[5] 林天伦，刘荣华. 中小学"教师资格统考"制度实施的若干思考 - 基于《教师教育课程标准》的视角 [J]. 教育发展研究，2015 (24).

[6] 教育部. 关于实施卓越教师培养计划的意见（教师 [2014] 5 号）.

[7] 胡洪羽. 新形势下高校学科教学论教师专业发展的思考 [J]. 绵阳师范学院学报，2016 (6).

[8] 艾思奇. 辩证唯物主义历史唯物主义 [M]. 北京：人民出版社，1978.

[9] 史晖. "我"将何去何从 - 高师院校学科教学论教师的生存困境 [J]. 教师教育研究，2009 (4).

（此文原载于2019年《教育发展研究》第9期）

构建"五位一体"的教育实习质量保障体系
——以华南师范大学为例

【摘 要】 为保障教育实习质量，提高卓越教师培养质量，华南师范大学经过多年教育实习管理统筹工作实践，构建了实习基地协同化、实习指导团队化、资源平台信息化、日常管理规范化、经费支撑制度化的"五位一体"教育实习质量保障体系，可为师范院校提升教育实习质量提供借鉴参考。

【关键词】 新师范；教育实习；质量保障

进入新时代，师范教育迎来了新的发展机遇，也面临着新的现实挑战。教育实习作为师范生培养的重要环节，如何保障教育实习的质量，是当前新师范建设背景下卓越教师实践能力培养必须面对的重要问题。本研究以华南师范大学为例，探索教育实习质量保障体系的构建与实践。

一、为何建立教育实习质量保障体系

教育实习是教师教育课程的重要组成部分，也是高师院校教师职前培养不可或缺的环节。教育实习可以帮助师范生通过直接参与实践性教学深入体验教育教学工作，锻炼师范生的教学技能、班级管理能力和教学研究能力等；教育实习也可以帮助师范生养成良好的师德素养和增强教师的职业认同，提升师范生对基础教育的理解。科学、完善的教育实习质量保障体系为教育实习质量的提升保驾护航。

（一）教育实践能力是卓越教师必备的素养要求

有研究表明，卓越教师的理想规格应该包含"专业精神朴实高尚、专业知识融会贯通、专业能力卓著出色"[1]。其中，教师的专业能力包括：教育能力、教学能力、教管能力、教研能力等，而这些专业能力都是教育实践能力的重要体现，是教师赖以安身立命的看家本领，是卓越教师的核心素养之一。

（二）教育实习是培养教师实践能力的必需环节

无论是教师教育振兴行动计划，还是卓越教师培养计划2.0，均提出要加强师范生的教育实习工作。教育实习是教师教育课程的重要组成部分，是培养教师实践能力的必需环节。师范大学需要系统设计、有效指导教育实习工作，促进师范生深入中小学一线，亲身体验教育教学工作，逐步形成良好的师德素养和职业认同，"更好地理解教育教学专业知识，掌握必要的教育教学设计与实施、班级管理与学生指导等能力"[2]，为将来真正从事教育教学工作和持续的专业发展夯实基础。

（三）质量保障体系是实习有效有序开展的保证

教育实习质量保障体系是要通过一定的制度、规章、方法、程序和机构等把质量保障活动加以系统化、标准化及制度化。质量保障体系的核心就是依靠人的积极性和创造性，保障教育实习有效有序高质量完成的系列措施，进而提升卓越教师的培养质量。故教育实习质量保障体系建设在教育实习工作中起到保驾护航的作用。

二、如何构建教育实习质量保障体系

教育实习是一个系统工程，大学与实习基地学校之间，大学教师、中小学教师、实习生之间等都是一个动态变化的过程。通过深入剖析卓越教师培养的要素，结合多年的教育实习管理统筹工作实践，在遵循教育实习相关规律的基础上，华南师范大学从教育实习相关的三大因素——人的因素（大学指导教师、中学指导教师、实习生）、财的因素（经费支持）、物的因素（实习基地学校建设、配套资源平台建设、制度建设）出发，构建了实习基地协同化、实习指导团队化、资源平台信息化、日常管理规范化、经费支撑制度化的"五位一体"的教育实习质量保障新体系，（如图1）力图为师范生的教育实习提供良好的保障。以下分别作简要的阐述。

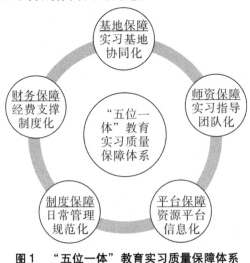

图1 "五位一体"教育实习质量保障体系

（一）实习基地协同化：建设中小学协同发展联盟，提供高水平稳定实习基地保障

高校牵头建立大学与中小学协同发展联盟，以任务驱动的方式，通过互利互惠机制实现师范大学与普通中小学的协同发展。任务主要包括：开展师范生培养指导、联盟学校发展研讨、联盟学校课堂教学研讨、联盟学校教师职后发展指导、教师互派等活动。[3]以华南师范大学为例，该校牵头组建了"华南师大-中小学"协同发展联盟，共吸纳了160多所国家级示范性高中和省一级中小学校加盟[4]，成员覆盖广东省的珠三角、粤东、粤西、粤北地区知名中小学。截至2020年，已有41所协同发展联盟学校升格为广东省级示范性教师教育实践基地。协同发展联盟的成立，为师范大学提供了稳定的实习场所，也促进了中小学的协同发展。

（二）实习指导团队化：组建专兼结合双导师团队，提供全员全程的专业师资保障

教师的培养，既需要教育理论，也需要教育实践，只有知行合一才可能成就卓越教师。[5]基于这样的特性，师范生的教育实习指导，需要组建专兼结合的"双导师"，即专职的大学导师和兼职的中学导师，有擅长理论的，有擅长实践的，为师范生全员提供全程的专业指导。中小学协同发展联盟基地学校，提供了量足质优的中小学兼职教师。可以优先从协同发展联盟学校选聘正高级、高级教师担任兼职教师。考虑到大学师资和中学的实际，建议每5个师范生配备1名中学导师和大学导师较为适宜。

（三）资源平台信息化：开发虚实结合的实习平台，提供教育教学技能资源平台保障

充分发挥信息技术和互联网优势，建立统一的实习平台，为实习生开展实习工作提供丰富的资源，师生可以随时随地互动交流。以华南师范大学为例，该校开发了基于"互联网+"的砺儒实习工作坊平台，由大学导师和中学导师组成的工作坊指导团队为实习生提供指导。[6]电脑版、手机版、微信公众号等多途径均可登录实习平台学习互动，大大提高了师生互动的效率。同时，工作坊也生动真实地记录了师范生的实习成长轨迹，为师范生的反思学习提供了宝贵的资源。

另外，为了让师范生在实习前获得过硬的教学技能，学校还建设了教师教育教学技能实训中心和砺儒新师范创新学习空间。其中，教师教育教学技能实训中心是省级实验教学示范中心，采取的是"1+N"模式："1"是学校层面

有一个统一的技能训练平台系统,"N"是指各个培养师范生的二级学院有本学院的微格训练室。"1+N"融为一体,互为补充,统一管理,既解决了不同平台相互兼容的问题,也为不同学科发挥自身的学科特色和优势预留了空间。譬如,物理、化学、生物等实验性较强的学科,需要建立与中小学实验相匹配的实验室,又如心理学科的心理健康服务、心理治疗等。砺儒新师范创新学习空间,全真仿造了目前中小学最先进的智慧课室,具有同步录播、自动跟踪等功能,同时还为师范生提供了远程见习、同步教研等服务功能,让师范生足不出户就能参与到真实的课堂教学和教研活动之中。

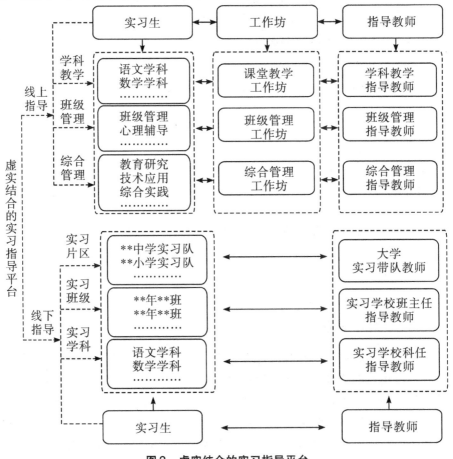

图2 虚实结合的实习指导平台

(四)日常管理规范化:完善教育实习管理制度,提供实习管理服务的制度保障

混合编队的实习模式,由学校教务处统一与实习基地对接联系。[7]由于涉

及整个学校实习生的组织协调，人数多，基地多，事务多，"人管人累死人，制度管人管灵魂"，因此需要不断完善相关的管理制度，将教育实习的规范、流程、要求等制度化。为此，学校每年都会编印《教育实习学生手册》《教育实习教师手册》。其中，《教育实习学生手册》包含课堂教学（含听课、备课、教案撰写等）、班级管理（班主任工作实习计划、主题班会、团队活动、转化学生）、教研活动、实习学校会议、实习总结等板块[8]；《教育实习教师手册》包含致即将成为"准教师"同学的一封信、关于做好教育实习工作的通知、教育实习工作流程、教育实习计划、教育实习学校分布、教育实习分工、优秀实习生评选细则、优秀实习队长评选细则、实习征文、实习结束上交材料要求、实习请假制度、实习带队报账规定等。相关手册的使用，为参加教育实习活动的师生提供了清晰的指引，为实习工作的顺利高效开展提供了制度保障。

（五）经费支撑制度化：设立教育实习专项经费，提供足额的规范的财务保障

"兵马未动，粮草先行。"教育实习工作的开展，需要有力的经费支撑。学校职能部门，特别是教务处、财务处、人事处等，协同推进，每年设立教育实习专项经费，纳入学校财务年度预算专项，并保持一定比例的增长。经学校校长办公会议审议通过《卓越教师培养（含教育实习）专项经费管理办法》，为实习基地学校教师指导费、实习生交通补助、资料费补助、大学带队教师的差旅与指导补助、协同发展联盟基地建设经费、各类研讨活动经费等提供足额保障。

三、教育实习质量保障体系效果如何

（一）师范生的师德和职业情感受到高度赞扬

在近几年教育实习中期检查时，不断接到实习学校的点赞，认为我校实习生"工作责任心强""专业知识扎实、工作热情高""能创造性地使用多种教学方法""整体素质非常高，教育教学能力一届比一届强，无论是工作态度，还是工作投入程度，都让在职教师非常满意"，等等。

（二）教育教学能力和创新能力得以极大提升

譬如，在教育部主办的"东芝杯·中国师范大学理科师范生教学技能创新大赛"中，从2008年至2019年共举办10届，华南师范大学届届大赛均获奖；能保持如此成绩的，全国只有4所师范大学；华南师范大学获奖累计人数及一等奖（冠军）人数均居全国第一。又如，从2013年起举办全国师范院校师范生教

学技能竞赛,至今举办了5届,华南师范大学每届成绩优异,获奖累计人数全国并列第二。再如2013年起广东省教育厅连续主办7届本科师范生教学技能大竞赛,华南师范大学届届成绩优异,获奖累计人数处于绝对领先地位。

(三) 师范毕业生受到用人单位的青睐和好评

如国家级示范性学校东莞中学近几年面向全国招聘了约70名教师,其中有30多名毕业于华南师范大学;华南师范大学师范生在参加深圳市部分区新入职教师的招聘时,与部属师范大学毕业生享有同等待遇:免笔试,只面试。

当前,国家在包括高等教育的各个领域,越来越重视质量保障和标准的构建工作。[9-10]各地的教师教育改革在持续推进,师范生教育实习在不断加强,但师范生教育实习依然是教师培养中的薄弱环节,师范毕业生的教育教学能力尚不能完全适应中小学的需要。而卓越教师的培养是一个渐进的过程,不可能一蹴而就。教育实习工作更是牵涉人数广,实习单位范围大,覆盖的环节多。因而,教育实习质量保障体系不可能是一成不变的,我们要不断地补充、改进、完善。这需要师范院校的同行共同努力,进一步改革、创新、探索,以质量保障体系来持续提升教育实习的质量,继而提升卓越教师的培养质量。

参考文献

[1] 柳海民,谢桂新. 质量工程框架下的卓越教师培养与课程设计 [J]. 课程·教材·教法,2011 (11):96-101.

[2] 教育部关于加强师范生教育实践的意见 [EB/OL][. 2020-04-20]. http://www.moe.gov.cn/srcsite/A10/s7011/201604/t20160407_237042.html.

[3] 林天伦,沈文淮,熊建文. 卓越教师培养的实践探索 [J]. 教育研究,2016 (7):156-159.

[4] 林天伦,沈文淮,熊建文. 骨干专家型教师"五位一体"培养模式构建与实践 [J]. 中国大学教学,2015 (5):45-48.

[5] 胡钦太. "新师范"建设的时代定位与路径选择 [J]. 华南师范大学学报,2018 (6):60-65.

[6] 彭上观,林天伦,熊建文. 混合式教育实习模式的理论与实践 [M]. 广州:广东高等教育出版社,2020:60-61.

[7] 陈冀平. 高师实习新概念:混合编队模式实习主体的体验与感悟 [M]. 广州:广东高等教育出版社,2003:8-9.

[8] 林天伦,熊建文,彭上观,等. 分段式、层次性四年一体教育实践模式构建与实践 [J]. 中国大学教学,2016 (2):79-82.

[9] 教育部高等教学指导委员会. 普通高等学校本科专业类教学质量国家标准[M]. 北京：高等教育出版社，2018：1.

[10] 教育部教师工作司. 教师教育课程标准（试行）解读[M]. 北京：北京师范大学出版社，2013：8–11.

（此文原载于2020年《韶关学院学报》第8期）